复旦卓越·跨境电子商务系列教材

跨境电子商务实务

Cross-border E-commerce Practices

主　编　周玲俐

副主编　冷卫安　刘计育　李灵杰

编委会

丛书总序　葛　朗
顾问团队　葛　朗　黄　岳　唐　生　李　悦　姚大伟　王一明
编委会主任　黄中鼎
编委会副主任　杨自力
编委会成员（按交稿顺序）
　　朱瑞霞　周玲俐　岳惠琴　杨自力

復旦大學出版社

总序 Preface

2020年8月24日，习近平总书记在经济社会领域专家座谈会上指出：""十四五'时期是我国全面建成小康社会、实现第一个百年奋斗目标之后，乘势而上开启全面建设社会主义现代化国家新征程、向第二个百年奋斗目标进军的第一个五年，我国将进入新发展阶段。"他在论述新发展阶段时，提出了"以畅通国民经济循环为主，国内国际双循环相互促进构建新发展格局"，这说明，新发展格局决不是封闭的国内循环，而是开放的国内国际双循环。我国在世界经济中的地位将持续上升，同世界经济的联系会更加紧密，为其他国家提供的市场机会将更加广阔，成为吸引国际商品和要素资源的巨大引力场。在这个过程中，数字经济、电子商务、跨境电商将大有作为。

当前，新一轮科技革命和产业变革加速演进，智能制造变革不断深化，数字经济呈现蓬勃发展、不断创新、日新月异的态势。随着中国电子商务规模持续扩大，2016年开始，电子商务从超高速增长期进入相对稳定的发展期。中国网上零售交易额近年来以40%以上的速度快速增长，统计至2019年，中国电子商务交易总额34.81万亿元，同比增长6.7%；全年网上零售额达到10.63万亿元，同比增长16.5%。实物商品网上零售额8.52万亿元，增长19.5%，占社会消费品零售总额的比重为20.7%，较上年增长2.3个百分点。2020年上半年，在突如其来的新冠肺炎疫情期间，实物商品网上零售额仍达4.348 1万亿元，同比增长14.3%，电子商务继续承担国民经济发展的强大源动力。

电子商务在扶贫脱贫攻坚战中也发挥了重要的作用。2019年，商务部电子商务进农村综合示范县已达1 231县次，对全国832个国家级贫困县实施了全覆盖，对接帮扶及销售贫困地区农产品超过28亿元。截至2020年3月的数据，农村地区互联网普及率达46.2%，农村网民规模为2.55亿，占网民整体的28.2%。

中国跨境电子商务也取得迅猛的发展，已处于世界领先的地位。近年来，全国从事跨境电商的企业已达80万—100万家，包括平台企业、物流及综合服务企业、支付企业和仓储企业，基本涵盖了跨境电商产业全链条，跨境电商相关从业人员数量已逾千万。据海关统计，2019年跨境电商进出口商品总额达到1 862.1亿元，出口为944亿元，进口为918.1亿元，同比分别增长了68.2%和16.8%。2019年中国跨境电商出口量首次超过进口量。

跨境电商已经是国际贸易的重要形式，是推动我国成为贸易强国的重要倚仗，是拓展开放的国内国际双循环的重要手段。跨境电商行业的迅猛发展需求大量专业人才，跨境电商相关从业人员数量虽然已逾千万，据智联招聘网站发布的岗位需求数据显示，86%的企

业仍普遍反映跨境电商人才存在严重缺口,全国每年跨境电商岗位需求约200万个。企业在招聘跨境电商人才时,要求选择具备一定实战经验、专业知识扎实、行业视野宽广的人才。当下,提升跨境电商教学质量、提升跨境电商的人才培养规格,已经刻不容缓,势在必行。

去年,在教育部颁布的《普通高等学校高等职业教育(专科)专业目录》2019年增补专业中,已把跨境电子商务增设为财经商贸大类的新专业。这是政府教育部门为满足跨境电子商务行业人才急需的新举措。

在此背景之下,我们推出了跨境电商系列教材,首批是一套共包含七册的丛书,分别是《跨境电子商务实务》《跨境电商实务》《跨境电商物流》《跨境电商实务-多平台营运实操基础》《跨境电商视觉设计》《跨境电商英语》《跨境电商西班牙语》。本系列教材既适合各类高等院校高职高专、本科和社会培训学校电子商务相关专业作为教材使用,也可供不同层次的跨境电商相关从业人员学习和参考。

本系列教材由中国跨境电子商务培训认证(长三角)管理中心策划组织编写。所涵盖的丰富内容为读者们全面地呈现出了目前跨境电商业界波澜壮阔的生态系统,从各个维度详细地介绍了跨境电商行业所涉及的方方面面,同时,还将最新的行业动态、行业规范、行业实践赋予概念、理论和技能传授给读者,旨在让读者们能够通过本系列教材,快速地掌握跨境电商行业基础和前沿的知识和技能。衷心希望读者们都能通过阅读本系列教材,把握时代浪潮,抓住时代机遇,成为专业知识扎实、行业视野宽广、实战型的跨境电商人才!

葛 朗
2020年9月10日

前言

跨境电子商务作为推动经济一体化、贸易全球化的技术基础,具有非常重要的战略意义,跨境电商每年以不低于30%的增长速度高速发展,得到了社会各界和国家利好政策的支持。2020年4月,国务院新设46个跨境电商综合试验区,截至目前共有105个跨境电商综合试验区,为我国外贸打开新的上升通道,搭建具有全球竞争力的跨境电子商务平台,促进企业降成本、增效益,拓展开外市场。跨境电子商务日渐成为我国经济的"新增长点"和对外贸易的新引擎。

随着跨境电子商务的迅猛发展,大量中小企业及个人卖家投身于跨境电商的浪潮。但是在享受机遇的同时,也面临着前所未有的挑战,物流、选品、定价、营销、支付、客服、法律法规等都是跨境电商从业者面临的新问题,从业者亟须掌握大量复合型技能。并且在2018年,商务部电子商务和信息化司发布的《中国电子商务报告(2018)》显示,中国跨境电商人才缺口据统计已接近450万,伴随着行业扩张,跨境电商人才紧缺。

鉴于上述情况,为了培养跨境电商人才,使读者和从业者更快地步入跨境电商行业,开拓海外市场,我们组织编写了这本书。本书以跨境店铺运营的工作过程为导向,依托速卖通、亚马逊、Shopee、Lazada、Joom五大跨境电子商务平台,结合编者团队多年的实践经验,全面、系统地介绍了跨境电商的各个环节,帮助学习者更快、更好地学习跨境电商领域相关内容。

本书是跨境电子商务系列教材之一,其中,第一章由上海工商外国语职业学院孟晶编写;第二章由四川国际标榜职业学院李灵杰、上海邦德职业技术学院周玲琍共同编写;第三章由上海电子信息职业技术学院汪晓君、上海东海职业技术学院何东瑾、上海第二工业大学林慧丹共同编写;第四章和第八章由上海电子信息职业技术学院刘计育编写;第五章由上海建桥学院尚绍鹏、上海邦德职业技术学院陶云帆共同编写;第六章由上海邦德职业技术学院陈思源编写;第七章由上海邦德职业技术学院朱瑞霞和隋新玉、四川国际标榜职业学院李灵杰、上海电子信息职业技术学院杨奕共同编写;第九章由上海邦德职业技术学院冷卫安编写;第十章由上海建桥学院刘总团编写;第十一章由上海万答律师事务所喻洁编写。

跨境电商发展速度之快,是以往任何行业都无法比拟的,本书的内容仅以截稿日平台规则、行业信息为准。跨境电商日新月异,期待我们未来有更多的交流。

本书在编写过程中得到上海邦德职业技术学院经管学院院长兼中国数字经济与跨境

电商培训认证(长三角)管理中心主任黄中鼎教授的大力支持和具体指导。在此,表示衷心的感谢!

由于时间仓促,编者水平和经验有限,书中难免有欠妥之处,恳请广大读者批评指正。

编 者
2021 年 7 月

 扫二维码获取课程配套线上资源

目录 Contents

第一章 跨境电子商务概述　　1
- 第一节　跨境电子商务的概念　　2
- 第二节　跨境电子商务的现状与趋势　　7
- 第三节　跨境电子商务岗位和职业素养分析　　11
- 关键词　　13
- 本章小结　　13
- 习题　　14

第二章 跨境电商第三方平台　　15
- 第一节　跨境电商第三方平台概述　　16
- 第二节　AliExpress 平台　　19
- 第三节　Amazon 平台　　32
- 第四节　Shopee 平台　　47
- 第五节　Lazada 平台　　56
- 第六节　Joom 平台　　67
- 关键词　　74
- 本章小结　　74
- 习题　　75

第三章 跨境电商物流　　77
- 第一节　跨境电商物流概述　　78

第二节	邮政物流	83
第三节	商业快递	86
第四节	专线物流	90
第五节	跨境电商运费计算	95
第六节	海外仓	105
关键词		117
本章小结		117
习题		118

第四章 跨境电商选品与产品定价　119

第一节	跨境电商选品	120
第二节	跨境电商产品定价	131
关键词		143
本章小结		144
习题		144

第五章 跨境电商产品发布与优化　145

第一节	速卖通平台产品发布	146
第二节	产品优化	161
第三节	文案策划	170
第四节	店铺装修操作	176
第五节	推广操作	180
关键词		183
本章小结		183
习题		184

第六章 跨境电商营销　187

第一节　跨境电商营销理论　188
第二节　跨境电商营销策略　191
第三节　跨境电商营销活动　197
第四节　营销推广　208
关键词　212
本章小结　212
习题　212

第七章 跨境电商支付　215

第一节　跨境电商支付概述　216
第二节　国际电汇　220
第三节　西联汇款　224
第四节　信用卡支付　225
第五节　PayPal 支付　227
关键词　238
本章小结　238
习题　239

第八章 跨境电商客服　241

第一节　跨境电商客服的工作范畴　242
第二节　跨境客服工作的思路与技巧　248
第三节　跨境电商客户关系管理　262
关键词　268
本章小结　269
习题　269

第九章 短视频营销和直播推广 271

第一节 短视频及直播元素 272
第二节 优质短视频的五个元素 277
第三节 短视频的未来 280
关键词 284
本章小结 284
习题 284

第十章 进口跨境电商 287

第一节 进口跨境电商生态圈和价值链 288
第二节 跨境电子商务进口的分类 293
第三节 跨境电商进口的流程 296
关键词 298
本章小结 298
习题 299

第十一章 跨境电子商务法律法规 301

第一节 跨境电子商务的立法概况 302
第二节 跨境电子商务平台规则 309
第三节 跨境电子商务支付的法律制度 313
第四节 跨境电子商务的知识产权保护 319
关键词 324
本章小结 324
习题 324

参考文献 326

第一章
跨境电子商务概述

学习目标 >>

1. 了解电子商务的起源
2. 掌握跨境电子商务的内涵、分类、特征
3. 了解跨境电商的存在问题和发展趋势
4. 熟知跨境电子商务从业人员的基本素养

引言

2019年6月5日,网经社旗下国内知名电商智库电子商务研究中心发布了《2018年度中国跨境电商市场数据监测报告》。报告显示,2018年中国跨境电商交易规模达9万亿元,同比增长11.6%。其中,出口跨境电商规模7.1万亿元,进口跨境电商规模1.9万亿元。对此,网经社电子商务研究中心B2B与跨境电商部高级分析师表示,2018年中国跨境电商依然保持持续增长,得益于一系列制度支持和改革创新,以及互联网基础设施的完善和全球性物流网络的构建。交易规模日益扩大,跨境电商正成长为推动中国外贸增长的新动能。为了加快跨境电商发展,国务院再设22个跨境电商综试区。作为新兴业态,跨境电商正是在政策的扶持下得以快速发展。

第一节 跨境电子商务的概念

跨境电子商务是一种全球性的贸易模式,是以电子商务为根本发展起来的冲破时间、空间和语言等众多限制因素的商业活动。从长远发展角度来讲,跨境电子商务的发展使我国的对外贸易企业获得更大的发展空间,对促进和推动外贸企业快速发展全球化国际贸易发挥着极为重要的作用。

一、电子商务的起源

电子商务并非21世纪的新兴之物。1839年电报刚出现的时候,人们就已经开始运用电子化手段进行商务活动和交流。当贸易开始以莫尔斯码点和线的方式在电线中传输时,就标志着开启了以电子化手段进行商务活动的新纪元。

电子商务最初起源于计算机的电子数据处理(EDP)技术,是从科学计算向文字处理和商务统计报表处理应用的过程转变。文字处理(WP)软件和电子表格(SPREAD SHEET)软件的出现,为标准格式和格式化商务单证的电子数据交换(EDI)开发应用提供了强有力的工具。最初只是政府或企业商业文件的处理,从手工书面文件的准备和传递转变为电子数据物理载体的准备和传递;随着网络技术的发展,电子文件资料的交换又从磁带、软盘等电子数据物理载体的寄送转变为通过专用的增值通信网络来传送;近年来更转移到通过公用因特网(Internet)进行传送。依据银行间的电子资金转帐(EFT)技术和企事业之间电子数据交换(EDI)技术相结合,产生了最初的电子商务,也可称电子商贸(electronic commerce,EC)。

近些年来电子商务在与计算机硬软件技术、网络通信技术的互动发展中不断完善，并伴随着计算机互联网络（即因特网 Internet）的爆炸性发展而急速发展。1997年底，全球因特网上网用户已达1亿人，全球电子商务交易额为70亿美元；2018年互联网用户达到40.34亿人，全球电子商务交易额为11 000亿美元，大约每大半年翻一番，发展之快，令人瞠目。就像微软公司创始人比尔·盖茨所说的——21世纪要么电子商务、要么无商可务。

二、跨境电子商务内涵

跨境电子商务是伴随着互联网发展到一定阶段所产生的新型贸易形态，它具体是指分属不同关境的交易主体，通过电子商务平台达成交易、进行支付结算，并通过跨境物流送达商品的一种国际商业活动。简单的理解就是买卖双方是在不同国家，通过跨境电子商务平台进行交易，而商品直接从卖家所在国家或者卖家在买家所在国家的仓库发货到买家手上的，卖家得到货款的商业活动。

（一）跨境电子商务的参与主体

为了更好地理解跨境电子商务的内涵，我们以跨境电子商务零售进口业务中参与主体为例，用图1-1来详细说明。

跨境电商企业是指自境外向境内消费者或使用者销售跨境商品的境外注册企业，它拥有商品的货权。

跨境电商平台也称跨境电商的第三方交易平台，是平台经营者为交易双方（境内消费者或使用者以及跨境电商企业）提供网络空间、虚拟交易场所、平台交易规则、交易撮合、商品信息发布等服务。

境内服务商是指在境内办理工商注册登记的企业，它接受跨境电商企业委托为其提供海关申报、检验检疫、电子支付、物流配送、仓储信息等服务，具有我国法律规定的运营资质并主动接受海关、市场监管等部门后续监管，是承担相应责任的跨境电商活动的境内参与者。

图1-1 跨境电子商务的参与主体

境内消费者或使用者是跨境电商零售进口商品的境内实际购买者。

政府部门对跨境电子商务活动的主体和商务活动的全过程进行全方位监管。比如海关对跨境电商进口商品实施检验检疫保证广大消费者和使用者的安全；市场监管部门监管跨境电商零售进口商品的召回力度，督促跨境电商企业和跨境电商平台消除已销售商品安全隐患，依法实施召回，等等。

（二）境内电子商务与跨境电子商务的区别

境内电子商务与跨境电子商务的区别如表1-1所示。

表1-1 境内电子商务与跨境电子商务的区别

	境内电子商务	跨境电子商务
贸易区域	本国关境内	跨越本国关境
贸易主体	境内电子商务交易主体都在国内，有国内的企业对企业、企业对个人或者个人对个人等	跨境电子商务的交易主体是分属不同关境的交易主体，可能是国内企业对境外企业、国内企业对境外个人或者国内个人对境外个人、国内个人对境外企业。贸易主体遍布全球,贸易主体的消费习惯、消费心理、生活习俗等各不相同,这需要跨境电商企业对国外品牌的认知度、国际化的流量引入、广告本土化推销、国外消费者行为等有更深入的研究
具体贸易过程	交易过程简单,通过电子商务平台洽谈、成交,以快递的方式将货物直接发送至消费者,路途短、时间快、货损率低	贸易过程比较复杂,除了境内贸易的流程,还需要经过海关报关、检验检疫、外汇结算、出口退税、进口征税等环节。且运输路途遥远、运输时间长、运费费用高、货损率高
贸易风险	交易发生在同一关境内,贸易主体对于贸易商品的商标、品牌、质量、包装等有共同的认知,贸易纠纷比较少。即使产生贸易纠纷,处理时间也比较短、处理的成本也比较合理	跨境电子贸易发生在不同的关境、不同的国家,每个国家的法律、法规都不尽相同。贸易主体由于消费习惯、文化背景等的不同,容易产生认知的分歧,特别是当前电子商务市场中存在着很多无品牌、质量不高的假货仿品,很容易引起贸易纠纷,后续的司法诉讼过程繁琐、冗长,赔偿也比较麻烦
贸易适用规则	只需遵守关境内的电子商务规则,如计算机软件保护条例、商用密码管理条例、电信服务标准等	跨境电子商务需要适用的规则细、多、杂,还有很多商务规则的交叉。不仅要充分了解国际贸易体系、规则、各国进出口管制详情、关税细则及各国政策的变化等；更要熟悉众多海内外电商平台的操作规则、业务模式规则、运营方法,等等

跨境电子商务的最大特点是以计算机互联网平台为依托,整改传统的线下实体店经营模式,拓宽境内电子商务的客户范围,进行全过程的智能化、数字化、网络化、信息化的交易活动,在虚拟网络信息平台的协助下,不受空间和时间的限制而实现跨区域、跨国境的交易。

三、跨境电子商务的分类

基于不同的分类标准,下面五种跨境电子商务的分类方法是我们最常见的。
（1）按商品或服务移动的方向不同,分为出口跨境电子商务和进口跨境电子商务。
出口跨境电子商务就是利用电子商务平台将本国的商品或服务输出到国外市场的

活动。

进口跨境电子商务就是利用电子商务平台将国外的商品或服务输入本国市场的活动。

(2) 按商业运行模式的不同,主要有 B2B、B2C、C2C 三种跨境电子商务模式。

B2B:即 business to business,又称在线批发,是外贸企业间通过计算机互联网进行产品、服务及信息交换的一种商业模式。由于 B2B 跨境电商企业面对的最终客户是企业集团或企业,电商企业运用电子商务平台以发布广告和信息为主,成交和通关流程基本是线下完成,本质上仍属于传统贸易,贸易额和贸易量需纳入海关一般贸易统计。代表性的企业有敦煌网、中国制造网、阿里巴巴国际站、环球资源网等。

B2C:即 business to customer,是我国最早产生的电子商务模式,是跨境电商企业针对、面对个人消费者开展网上商业零售的活动。代表性的企业有速卖通、兰亭集势、米兰网、DX、大龙网等。

C2C:即 customer to customer,是从事外贸活动的个人对国外个人消费者进行的网络商业零售活动,即商品和信息从消费者直接到消费者的模式。

除了我们经常看到的 B2B、B2C、C2C 三种主要的跨境电子商务模式外,还有 B2G (business to government),即跨境企业与政府管理部门的跨境电子商务活动,如跨国政府采购;C2B(customer to business),即消费者对企业,它最先由美国流行起来,也是一个值得关注的模式。C2B 模式的核心是通过聚合庞大的消费者形成一个强大的采购集团,以此来改变 B2C 模式中消费者出价的弱势地位,使之享受到以大批发商的价格够买单件商品的利益。

(3) 按服务类型的不同,分为信息服务平台模式、在线交易平台模式和外贸综合服务平台模式。

信息服务平台模式,是指主要为境内外会员商户提供网络营运平台,展示供应商或采购商等商家的商品或服务信息,促成买卖双方完成交易。如环球资源网、阿里巴巴国际站、中国制造网等。

在线交易平台模式,不仅对跨境电商企业、产品、服务等多方面信息全面展示,还可以通过电商平台线上完成搜索、咨询、比价、下单、支付、物流、评价、退换货等全过程购物链环节。在线交易平台模式正在逐渐成为跨境电商中的主流模式。如速卖通、DX、敦煌网、炽昂科技(Focal Price)、米兰网、大龙网等。

外贸综合服务平台模式,可以为企业提供通关、报检、物流、退税、保险、融资等一系列的服务,帮助企业完成跨境商品进口或者出口所有环节,也可以帮助跨境企业完成融资、退税等业务环节,加快企业资金周转。代表性的外贸综合服务平台是阿里巴巴一达通。它是阿里巴巴旗下外贸综合服务平台,也是专业服务于中小微企业的外贸综合服务行业的开拓者和领军者,已成为中国国内进出口额排名第一的外贸综合服务平台。

(4) 按平台运营方式的不同,分为第三方平台模式和自营平台模式。

第三方平台模式是指从事跨境电子商务的交易主体在第三方电商平台进行相关的外贸业务活动,第三方平台整合供应商、物流、支付、营运等资源吸引跨境电商入驻。如电商企业选择在速卖通、亚马逊、eBay、Shopee、天猫国际、洋码头、Lazada、Joom 等诸多第三方电商平台上开设店铺从事相关外贸业务活动。

自营平台模式是电商企业自建企业平台、网站从事相关外贸业务活动。通过低价采购、高价售卖来获得利润。如环球易购、兰亭集势、DX、京东全球购、聚美优品、米兰网、网易考拉、小红书等。

(5)随着2013年E贸易概念的提出,跨境电子商务分为一般跨境电子商务和跨境贸易电子商务服务(即E贸易)。

一般跨境电子商务就是跨境电子商务的概念,是指分属不同关境的交易主体,通过跨境电子商务平台达成交易、电子平台进行支付结算,并通过跨境物流配送商品、完成跨境交易的一种国际商业活动。

E贸易是基于保税中心,以快件或邮件为物流配送方式,且按照行邮征收管理办法来管理,服务于现代新型跨境贸易电子商务的综合物流服务方案。

四、跨境电子商务的特征

(一)全球性和非中心化

互联网是一个没有边界的媒介体,具有全球性和非中心化的特征。依附于互联网络发生的跨境电子商务也具有了全球性和非中心化的特性。这一特性决定了跨境电子商务是一种无边界交易,丧失了传统贸易中的地理因素。互联网用户可以不考虑跨越国界的问题,直接把产品特别是高附加值产品和优质服务上传到全世界市场。任何个人和企业只要具备了一定的网络技术手段,在任何时候、任何地方都可以进入网络,相互磋商并进行交易。

(二)匿名性

由于跨境电子商务的全球性和非中心化的特性,我们很难识别跨境电子商务用户的真实身份和其所处的具体地理位置,我们也不知道贸易对方的具体信息,但这丝毫不影响交易的进行,网络的匿名性也允许消费者这样做。

(三)即时性

传统交易模式,信息的交流方式是靠信函、传真、电报等传送,在信息发送与接收间,存在着或长或短的时间差。但对于网络而言,信息传输的速度快慢与地理距离无关。跨境电子商务中的信息交流,无论实际时空距离的远与近,一方发送信息与另一方接收信息几乎是同步的，就如同生活中面对面交谈一样。某些数字化产品（如软件、视听娱乐产品等）的交易，还可以即时订货，付款、交货都在瞬间完成。电子商务交易的即时性提高了人们沟通交流和交易的效率，免去了传统交易中的诸多中介环节。

（四）无纸化

跨境电子商务主要采取无纸化的过程操作，这是电子商务进行线上交易的主要特征。在跨境电子商务中，计算机通信记录工具或电商平台交流软件取代了一系列的传统贸易中的纸质交易文件。用户整个交易过程中信息的发送和接收实现了全程无纸化操作，令我们的跨境贸易过程更畅通。

（五）不确定性

互联网虽经过一段时间的迅速发展，但它仍是一个新生事物，它的未来发展仍具有很大的不确定性。它必将以前所未有的速度和无法预知的方式不断演进。那么，基于互联网的跨境电子商务活动也处在瞬息万变的过程中，短短的几十年中电子交易经历了从 EDI 到电子商务零售业的兴起，到跨境电子商务的蓬勃发展的过程，而数字化产品和服务更是出奇、出新，不断改变着人类的生活。

（六）服务的个性化

互联网是一种最大众化的市场服务，也是针对需求性极强的个性化服务。互联网为大众服务的宗旨就是提高用户满意度、提供个性化服务。跨境电子商务的个性化技术已经应用于跨境超市、跨境金融、跨境旅游、数字化图书等诸多的领域。任何一个客户都可以据互联网提供的信息找到自己的个性需求和服务。

第二节　跨境电子商务的现状与趋势

一、跨境电子商务存在的问题

随着社会经济飞速发展，跨境电子商务作为一种新型的贸易方式越来越被大众所熟知并接受。与传统的对外贸易模式相比，电子商务有着其无法比拟的优越性，它是在网络的基础上通过电子交易方式来进行的商务活动，影响着贸易市场、贸易主体、生产方式、贸易成本、贸易风险等，并改变着传统的对外贸易的模式，对经济的发展起到积极的影响。但是跨境电子商务发展与其他新兴事物一样，其发展现状在对外贸易活动中也存在一定的不足。

（一）课税的困难性

税收权力只能严格地在一个国家范围内实施，网络的全球化特性为税务机关对超越一个国家的在线交易行使税收管辖权带来了困难。电子商务是基于网络虚拟空间开展的，丧失了传统交易方式下的地理位置因素，电子商务中的卖方容易隐匿其住所而买方对卖方的住所也是漠不关心的。比如，一家很小的南美跨境电子商务公司，只要消费者接入了互联网，他们就可以完成其产品和服务的交易。这个交易很难界定究竟是在哪个国家发生的。跨境电子商务的发展，除了地理位置因素给税收当局制造的困难，还有其他原因。再比如，以前通过实体线下书店将书卖给读者，而在线书店可以代替线下书店这个销售网点直接完成整个交易。而问题是，税务当局往往要依靠这些线下销售网点获取税收所需要的基本信息，代扣代缴各项税费等。没有这些线下销售网点的存在，税收权力的行使就会发生困难。

（二）自由和责任的不对等性

跨境电子商务是数字化传输活动的一种特殊显现形式，其匿名性和无形性的特点让人们很自由。在虚拟世界里，隐匿身份的便利会导致自由与责任的不对称。人们在这里可以享受最大的自由，却只承担最小的责任，甚至干脆逃避责任。

（三）法律危机

跨境电子商务交易的即时性和无纸化提高了人们交往和交易的效率，免去了传统交易中的许多中介环节，但也隐藏了法律危机。无纸化带来的积极影响是使信息传递摆脱了纸张的限制，但传统法律的许多规范是以"有纸交易"为出发点的。网络交易无纸化的情况下，物质形态的合同文件、凭证形式已不复存在。以电子书籍为例，消费者只要购买网上的数据使用权便可以使用书中的知识和信息，而如何监督、如何管控书籍内容的合法性，给我们带来了新的研究课题。

（四）配送问题

配送问题是大多数从事跨境零售电子商务的企业所面临的共同问题。跨境贸易中货物的运输路程长、时间慢，很容易造成货物的变质或损坏，并且长途运输的成本也比较高。电子商务的交易达成之后，对于跨境商务人员来说，如何将商品快速、准确、安全地送到消费者手中；对于消费者来说，如何最快、最安全地收到货物，这都是跨境商务人员和消费者特别关注的问题。

（五）电子支付的安全性、隐私性

电子支付安全问题是跨境电子高速发展的重要保障。传统支付方式是通过面对面的信息交换，或者通过可靠的通信渠道发送支付信息。而网络支付的各方则是通过开放的互联网络交换信息,如果保密措施不到位,重要的支付信息就可能被黑客窃取,导致财产损失、信息隐私泄露。例如,黑客攻击者通过特殊方式得到持卡人的支付密码,便可以轻松假冒他人进行网上消费、泄露持卡人的隐私信息,给持卡人带来巨大损失。这就是人们对网上支付安全的主要担心所在。此外,各个国家电子商务支付的规则和制度也不尽相同,缺乏统一性,使得电子支付行为较为混乱、无序。

二、跨境电子商务的发展趋势

跨境电子商务作为推动全球经济一体化、贸易全球化的技术基础,具有非常重要的战略意义。跨境电子商务不仅冲破了国家间的障碍,使国际贸易走向无国界贸易,同时它也正在引起世界经济贸易格局的巨大革命。对企业来说,跨境电子商务可以构建更开放、多维、立体的双边或多边经贸合作模式,极大地拓宽了进入国际市场的途径,大大促进了多方资源的优化配置与企业间的互惠互利共赢。对于消费者来说,跨境电子商务使他们非常便捷地获取其他国家的信息并买到物美价廉的商品。

(一)"自营+平台"双重结合模式是未来主流

跨境电商企业的核心竞争力包括正品保障、产品线齐全、价格有优势、物流体验好、售后完善等。跨境电商平台类企业综合竞争力主要体现在产品线丰富这方面,其不参与交易,只是为平台上的买卖双方提供交易磋商机会。而自营类企业由于需要先采购海内外商品或前期生产投入,对企业资金实力和选择商品能力都提出更高要求,其综合竞争力主要体现在正品有保障、售后服务响应快速等方面。未来的母婴用品、3C产品、服饰等标准化产品、易于国际运输的重点消费产品市场,采用"自营+平台"的双重结合模式将是主流。

(二)跨境电子商务持续的高速发展

跨境电子商务的快速发展对我们市场消费、企业生产、贸易监管、商品流通的方式、手段、环境和效率等提出了更高的要求,并且催生出诸多新行业,如IT服务、国际物流服务、营销服务、金融服务及各类衍生服务等。从产业层面大力发展跨境电子商务,一方面能提升国内居民消费水平、促进外贸企业改善生产、改进管理、扩大商品流通;另一方面能促进和带动诸如互联网产业、物流产业、金融产业、第三方服务业等配套产业的发展,改善国家产业结构,促进区域经济良性健康发展。

第三次工业革命的浪潮正席卷全球,以互联网技术为代表的信息技术发展是其中最主要的方向之一,云计算、物联网、大数据移动互联、机器学习、虚拟现实等技术创新将为跨境电商提供新的发展动力和新的拓展空间。图1-2是2011—2020年我国跨境电商的交易规模,图中可见呈逐年递增趋势。

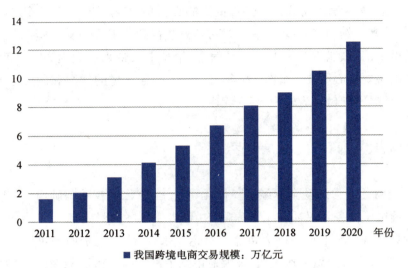

图 1-2　2011—2020 年我国跨境电商交易规模

数据来源：中国统计年鉴 2021。

（三）B2C 模式发展迅速

近年来，我国跨境电商网络零售额增势迅猛。以兰亭集势、唯品会等为代表的部分电商企业建立起独立的 B2C 网站，在全球范围内迅速扩张并占领终端消费者市场。B2C 跨境电子商务更注意与顾客之间的互动和及时信息反馈，为顾客提供个性化服务，自主开发相应的电子商务平台交流软件，并注重电商资源的整合，为顾客提供及时、有效、吸引力强的信息，从而全面提高顾客的忠诚度和回购率。如图 1-3 所示。

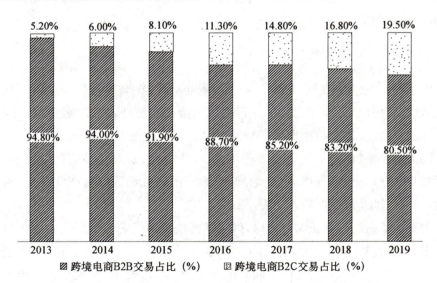

图 1-3　2013—2019 年 B2B B2C 贸易额百分比对照图（单位：%）

资料来源：前瞻产业研究院。

(四)进口保税模式潜力巨大

2013年我国提出的E贸易就是基于保税中心,以快件或邮件为物流配送方式,且按照行邮征收管理办法来管理,服务于当代新型跨境贸易电子商务的综合物流服务方案。因E贸易可以个人物品清关发货,只需缴纳行邮税,大幅降低企业进口环节的赋税。这也就是我们所说的进口保税模式。

保税模式是跨境电商通过互联网大数据信息的分析,将有可能热卖的海外商品通过运费比较低廉的海运、大宗运输等物流方式提前进口到境内保税区内,国内消费者通过网络电商平台下单后,商家直接从境内的保税区发货,类似于B2B2C。保税模式相比于散、小、慢、贵的国际直邮进口模式,可以通过集中进口采用海运等比较经济的物流方式,降低货物的物流成本。另外,商家从境内保税区发货的物流速度非常快,几乎与国内电子商务无差别,大大缩短消费者等待时间从而获得更好的电子商务购物体验。

从监管角度讲,保税模式更有利于政府部门提高税收监管的便利性。尽管保税模式对商家资金实力提出更高的要求,但当前来看,保税模式是最为适合跨境电商发展的集货模式,也是国内跨境电商平台首选的主要模式。同时也要看到,通过保税模式进入境内保税仓库的货物可以以个人物品清关,无需缴纳传统进口贸易中的增值税,会对我们传统进口贸易带来很大冲击。

第三节 跨境电子商务岗位和职业素养分析

随着国际国内各大跨境电子商务平台的迅猛发展以及传统外贸企业转型的升级,原来的"传统外贸人,只需会英语、懂报关"已经不能满足目前外贸企业的实际发展需求。市场上急需复合型跨境电商外贸人才,如:懂小语种、懂电商知识、懂外贸知识、了解国内外市场、熟知贸易方式、熟悉各大电商平台交易规则和交易特点等。新形势对高校外贸人才培养提出了新需求和新挑战,因此我们要创新外贸人才培养计划,培养适应新时代跨境电子商务岗位需求的新型外贸人才。

一、跨境电子商务工作岗位分析

跨境电子商务工作岗位按其工作内容概括起来大致有三类:日常业务运营、平台客户服务和平台店铺的维护与管理。

(1) 平台的日常业务运营:包括店铺注册、常规选品、产品上新、库存管理、平台费用管理、平台日常促销/大型促销、店铺首页及详情页的优化、视觉维护、成本核算、商品物流等，以及电商平台店铺的运营数据的统计和整理，能及时掌握平台运营数据，通过对平台的数据分析，如流量、访客量、转化率等实现监管、规范、考核平台的日常工作。

（2）平台的客户服务：通过与客户线上、线下沟通交流，建立顺畅良好的合作关系，包括：在线客服咨询、答疑，线下客户反馈意见处理，售前、售中和售后跟踪服务，及时上传订单物流状态，订单线下处理，订单及时回款、处理投诉，退货及有可能出现争议的其他问题等。

（3）平台的店铺维护与管理：包括店面布置装饰、产品图像处理、产品画册的制作和宣传、网站店铺建设与维护；客户管理系统、订单管理系统、采购仓储管理系统、售后服务平台系统的维护与管理等。

二、跨境电子商务工作岗位职业素养

我们通过对跨境电商实际工作岗位工作内容的分析和实践，提炼了跨境电商工作岗位人才的基本职业素养、职业技能和职业知识。

（一）跨境电子商务人才的基本职业素养

（1）严格遵守国家信息和互联网的相关法律法规，具有较高的网络文化素养和网络行为文明素养；

（2）具有良好的职业道德，具备跨境电子商务领域相关的诚信和信用素养、信息安全和保密素养；

（3）不售假货或伪劣商品，不侵犯知识产权；

（4）具有吃苦耐劳的精神，脚踏实地、埋头苦干、任劳任怨；

（5）具备服务客户至上精神，主动积极为客户提供优质服务；

（6）具备良好的人际沟通能力和团队合作精神。

（二）跨境电子商务人才的职业技能要求

跨境电子商务人才牵涉的职业面非常广泛，从事跨境电子商务职业需要具备以下核心职业能力。

（1）市场分析能力：收集、分析国内外市场状况及竞争对手状况，制定销售计划、策划促销活动等。

（2）市场开发能力：开发新客户、拓展供应商、制作创新市场推广方案等。

（3）外语沟通能力：熟练运用商务外语和电商专业知识与国外客户沟通、处理订单相关问题等。

(4) 具有较强的大数据分析能力,熟练办公软件操作,熟练使用软件上传产品信息、处理图片等。

(5) 跨境国际物流运作能力:据国外客户实际情况选择物流模板、制作生成物流费用等。

(6) 传统外贸的业务能力:传统外贸业务下贸易合同的磋商和履行,进出口的报关和报检等。

(三) 跨境电子商务人才的常规职业知识要求

(1) 外贸外语知识:外贸外语沟通、外贸函电、商务外语等知识。

(2) 电子商务知识:熟悉各电商平台规则、洞悉新兴产业动态等相关知识。

(3) 物流管理知识:采购管理、仓储管理、发货流程管理等相关知识。

(4) 国际贸易知识:外贸合同交易流程、商检、海关、退货等相关知识。

(5) 商品知识:熟悉店铺商品的品名、规格、性能、用途、商品编码(CODE)等。

(6) 国际结算的管理能力:灵活掌握和应用国际结算中的各项规则,有效控制企业的国际结算风险,提高企业金融领域的管理能力。

(7) 商务礼仪知识:商务形象、接待、沟通、会谈、交往、风俗习惯、消费习惯等国际商务礼仪。

(8) 计算机及网络知识:基础计算机办公软件操作、图片处理、互联网信息搜寻功能、网络经济和信息技术的相关理论和专业知识。

关 键 词

跨境电子商务内涵   跨境电子商务分类和特征   跨境电子商务的发展趋势

本章小结

1. 跨境电子商务是一种全球性的贸易模式,是以电子商务为基础发展起来的冲破时间、空间和语言等众多限制因素的商业活动。

2. 跨境电子商务的分类方法多样,最常见的按商业运行模式划分,主要有B2B、B2C、C2C三种跨境电子商务模式。其中,B2B模式目前贸易量最大。

3. 跨境电子商务具有全球性和非中心化、匿名性、即时性、无纸化、不确定性、服务个性化的特点。

4. 跨境电商的"自营+平台"双重结合模式是未来跨境电商的主流模式;跨境电商未来会迎来高速发展阶段;B2C模式贸易量增长迅速;保税模式的发展潜力凸显。

5. 跨境电子商务人才的职业素养要求。能熟练利用网络平台进行网络营销、客户服务、国际物流、跨境支付等操作,还要有熟练的外语沟通水平和敏锐的国际商务思维能力。

习题

一、单选题

1. 下列关于电子商务与传统商务的描述,正确的是(　　)。
   A. 传统商务受到地域的限制,通常其贸易伙伴是固定的,而电子商务充分利用 Internet,其贸易伙伴可以不受地域的限制,选择范围很大
   B. 随着计算机网络技术的发展,电子商务将完全取代传统商务
   C. 客户服务职能采用传统的服务形式,电子商务在这一方面还无能为力
   D. 客户购买的任何产品都只能通过人工送达

2. (　　)在整个跨境电子商务中的占比最大,约占整个电子商务出口的90%。(　　)虽只占跨境电子商务总量的10%左右,但却是增长最为迅速的部分。
   A. B2B B2C　　　B. B2C B2B　　　C. B2B C2C　　　D. C2C B2C

二、多选题

1. 电子商务以满足企业、商人和顾客的需要为目的,增加(　　),改善服务质量,降低交易费用。
   A. 交易时间　　　B. 贸易机会　　　C. 市场范围　　　D. 服务传递速度

2. 电子商务实质上形成了一个(　　)的市场交换场所。
   A. 在线实时　　　B. 虚拟　　　C. 全球性　　　D. 网上真实

三、判断题

1. 跨境电子商务主要分为企业对企业(B2B)、企业对消费者(B2C)和消费者对消费者(C2C)的贸易模式。(　　)

2. 跨境电商缩短了对外贸易的中间环节,提升了进出口贸易的效率,为小微企业提供了新的机会。(　　)

四、简答题

1. 跨境电子商务的特征有哪些?
2. 跨境电子商务与国内电子商务的区别是什么?
3. 当前跨境电子商务存在的问题有哪些?
4. 跨境电子商务发展的趋势如何?

第二章
跨境电商第三方平台

学习目标 》

1. 了解跨境电商第三方平台的模式与特点
2. 掌握速卖通、亚马逊、shopee、Lazada、Joom 平台的注册及基本操作
3. 熟悉各平台的优势与特点

据海关总署数据,2020年上半年,中国三大贸易方式中,一般贸易进出口下降2.6%,占外贸总值的60.1%;加工贸易进出口下降8%,占外贸总值的23.6%;跨境电商进出口增长26.2%,是唯一保持正增长的主要贸易方式,且增速远高于外贸大盘。以跨境电商为代表的数字化新外贸,已经成为世界贸易发展的大趋势。2020年7月14日,麦肯锡发布B2B销售趋势调研报告称,远程销售渠道越来越重要,各国B2B交易沟通模式从传统方式转向数字化。作为全球最主要跨境电商市场的中国,是全球新外贸的领跑者。

第一节 跨境电商第三方平台概述

一、跨境电商第三方平台定义

跨境电子商务第三方平台是指在境内办理工商登记,为交易双方(消费者和跨境电商企业)提供网页空间、虚拟经营场所、交易规则、交易撮合、信息发布等服务,设立供交易双方独立开展交易活动的信息网络系统的经营者。

二、跨境电商第三方平台分类

(一)按交易主体划分

跨境电商的基本模式有B2B、B2C、C2C。B2B是指企业与企业之间通过互联网进行产品、服务及信息的交换,比如阿里巴巴国际站、敦煌网等;B2C是指不同国家或地区的企业和个人之间发生的跨境电子商务交易模式,代表企业有亚马逊、速卖通、兰亭集势等;C2C是卖家通过第三方电子商务平台直接与海外小型买家进行在线交易,当前国内比较有规模的是eBay、速卖通等,如表2-1、表2-2所示。

表2-1 跨境电商第三方平台分类比较

交易主体	主要第三方平台	服务特点	目标群体
B2B	阿里巴巴国际站、敦煌网、中国制造网等	服务频次低	渠道商
B2C	速卖通、亚马逊、兰亭集势等	服务频次高	消费者
C2C	eBay、速卖通等	要求多元化	消费者

表 2-2 世界各地的主要 B2B 平台

平台名称	所属国家	热门行业分布
Tradekey	沙特阿拉伯	服装 12%；电子电器 8%；美容及个人护理 7%
B2Brazil	巴西	食品业、化工业、塑料、机器和设备等
Yeatrade	智利	农、林、渔、饮食、建筑、金融等
Tradeindia	印度	时尚服装、铜制品及附件、智能家居等
Indiamart	印度	电子、电器用品 18%；工业工程产品 13%；工业厂房、机械及设备 12%；医疗制药 10%
Tiu.ru	俄罗斯	建筑、汽摩、服装、五金、电力设备等

（二）按交易模式划分

1. "保税进口＋海外直邮"模式

企业与境内保税区、产业园区签约跨境协议，开设跨境网点，既规避了法律风险，又获得了法律保障，使消费者从发送订单到收到货物的时间大大减少，提高了跨境电商的效率。例如天猫国际在境内与自贸区合作，建立了跨境物流仓，宁波、上海、重庆、杭州、广州五座城市，天猫国际一半以上的商品均以保税模式销售给消费者。

2. "自营＋招商"模式

苏宁海外购充分发挥企业的内在优势，对于比较弱的产品品类采取对外招商模式，以此弥补自身跨境资源上的不足。

3. "自营跨境 B2C 平台"模式

跨境电商平台在境内保税区自建仓库，可以提前将货物运送到保税区仓库内完成备货，消费者下单后，货物可以快速从仓库内运出，大大改善了消费者网购的体验。典型平台有亚马逊海外购、顺丰海淘、1 号海购等。

4. "直销、直购、直邮"模式

洋码头是典型的"三直"跨境电商平台，国外的零售产业也可以直接对接国内消费者，国外零售商直接销售商品，消费者直接购买，采用的物流方式是直邮。

5. "垂直型自营跨境 B2C 平台"模式

所谓垂直型跨境电商平台，是指平台在选择自营品类的时候会集中于某个特定的领域，比如美妆、母婴、服装等，如蜜芽平台，蜜芽可以从品牌方的国内代理采购商品，或者从国外订购进口商品，主打母婴产品，如表 2-3 所示。

表 2-3 跨境电商平台按交易模式分类比较

交易模式	主要第三方平台	主要特点
保税进口＋海外直邮	天猫国际	与境内保税区合作
自营＋招商	苏宁海外购	发挥企业内在优势
自营跨境 B2C 平台	亚马逊海外购、顺丰海淘	在自贸区设立仓库
直销、直购、直邮	洋码头	海外零售商直接对接消费者
垂直型自营跨境 B2C 平台	蜜芽	所售商品以垂直品类为主

随着跨境电商的不断发展，跨境电商平台的种类也不断增加，近些年来像京东海外购、唯品会全球特卖、淘宝全球购等平台的出现丰富了跨境电商第三方平台的品类，如果按照服务类型划分，也可将第三方平台分为信息服务类平台以及在线交易类平台，如阿里巴巴国际站、全球资源网、中国制造网等，主要提供的是信息服务，供海外商家加强联系，共同促进双方完成交易。以敦煌网、米兰网等平台为例，不仅提供了企业、产品、服务等方面的信息，还搭建了线上交易平台，这种模式也逐渐成为跨境电商中的主流。

三、跨境电商第三方平台特征

1. 全球性

跨境电子商务依靠互联网，打通国与国之间的地理界限，具有全球性的特点。与传统的国际贸易相比，跨境电子商务实现了无边界贸易；使信息能够在全球范围内共享，企业与消费者不需要跨越国界进行产品交易，可以通过互联网实现产品和服务的交换。

2. 即时性

跨境电子商务打破了时空约束，实现了真正的即时沟通。通过互联网传输信息缩短了传统国际贸易中的很多中间环节，在节省交易成本的同时提高了交易效率。很多数字化产品可以完成订货、付款、收货等流程，提升了交易的便利性。

3. 无纸化

跨境电子商务以数字媒介代替了纸张，这种无纸化操作免去了国际贸易过程中复杂的纸质单证，节省了贸易双方信息传递的时间，节约了交易成本。

4. 匿名性

在线交易的消费者可以不用显示自己的真实身份，在虚拟的环境中完成商品和服务的交易，消费者可以享受最大的自由。

5. 演变性

随着互联网的不断发展和变化，跨境电子商务活动也在变化的过程中，短短的几十年中,电子交易经历了从 EDI 到电子商务零售业的兴起与发展,数字化产品和服务的不断创新,都在改变着人们的生活。

第二节　AliExpress 平台

一、AliExpress 平台介绍

2010 年 4 月,作为阿里巴巴旗下的外贸在线交易平台的速卖通正式上线,面向海外买家,通过支付宝国际账户完成交易,融订单、支付、物流功能于一体,覆盖超过 220 个国家和地区。全球速卖通覆盖 3C、服装、家居、饰品等共 30 个一级行业类目。其中优势行业主要有:服装服饰、手机通信、鞋包、美容健康、珠宝手表、消费电子、电脑网络、家居、汽车摩托车配件、灯具,等等。从形式上讲,速卖通属于跨境 B2C 电子商务平台,要求入驻商家具有企业资质,标明产品的价格,支持第三方担保支付以及国际快递发货,适合支持国际快递的中小订单交易,如图 2-1 所示。

图 2-1　速卖通平台优势(2020 年)

二、AliExpress 平台注册

速卖通首页界面如图 2-2 所示。

企业入驻平台的注册流程是:单击图 2-3 中的"卖家入口"→"卖家频道",并单击显示页面中的"立即入驻"按钮,或者单击图 2-3 中的"Join Free"按钮,也可以进入注册页面。

卖家按照提示填写电子邮箱,选择同意平台协议,单击"下一步"按钮,会收到验证邮件

图 2-2　速卖通首页

图 2-3　平台注册入口

发送至电子邮箱的提示,如图 2-4 所示。

前往电子邮箱,单击验证链接完成注册并跳转到账号信息填写页面,如图 2-5 所示。

填写完账号信息后,单击"确认"按钮进入手机验证码确认页面,如图 2-6 所示。

输入手机收到的验证码,单击"确认"按钮即可完成账户注册,如图 2-7 所示。

平台会员的经营类目需要通过平台的审核。审核通过后,需要缴纳类目技术服务年费。每个速卖通账号只允许选取一个经营类目,不同的经营类目需要缴纳的技术服务年费不同。卖家缴纳年费之后,即可开通店铺。

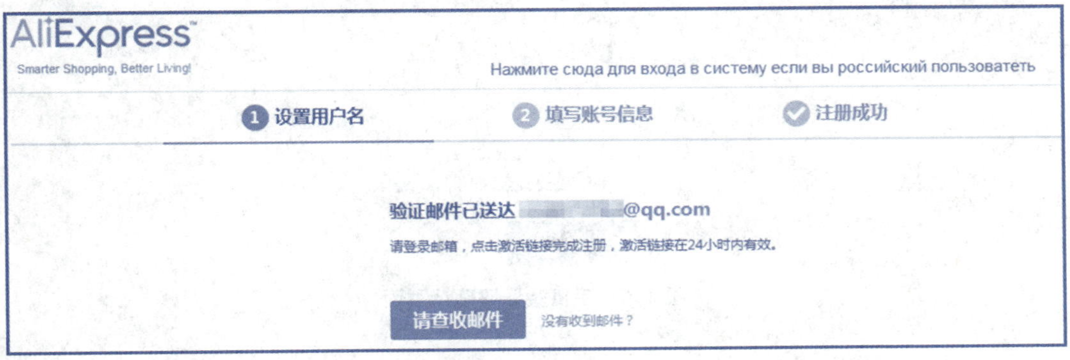

图 2-4　验证邮件提示

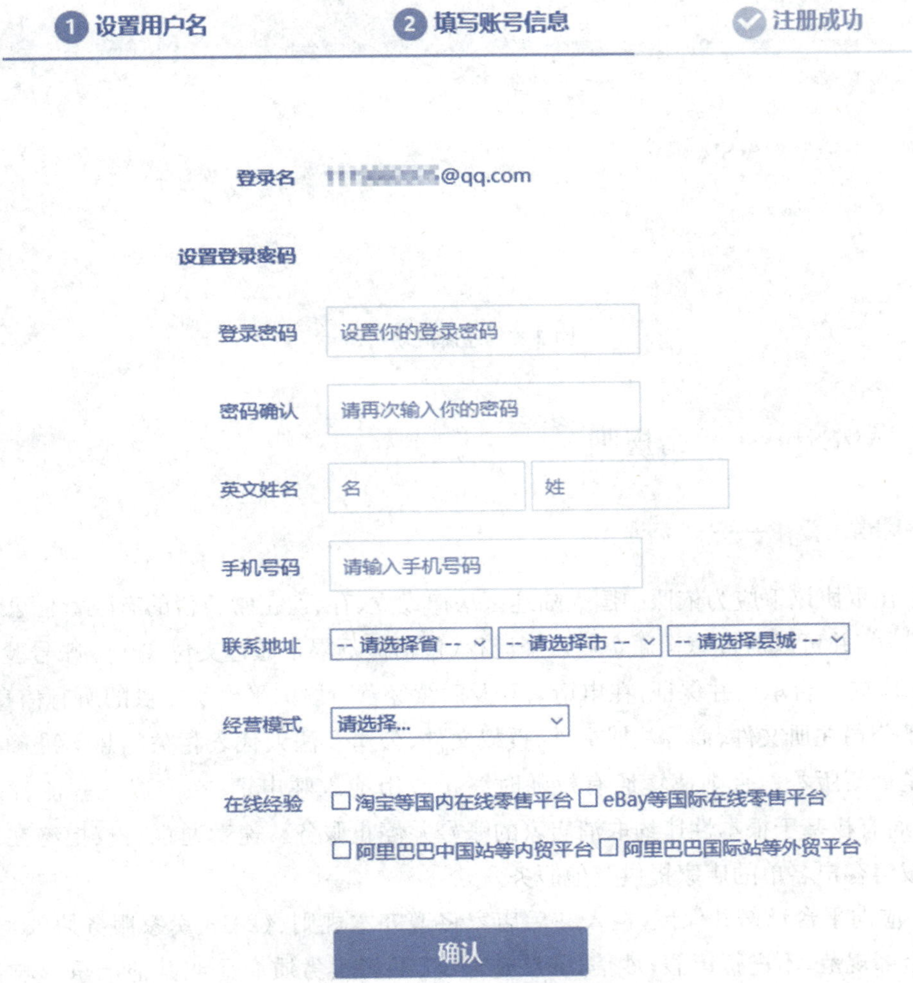

图 2-5　账号信息填写页面

图 2-6 手机验证码确认页面

图 2-7 注册成功页面

三、AliExpress 平台规则

（一）准入要求——速卖通用户协议节选

（1）在本协议下应为依照中国大陆地区法律设立、存续、正常经营的有限责任公司或股份有限公司，并可以通过速卖通企业认证流程（包括但不限于通过支付宝企业账号验证）。

（2）应向平台承诺并保证，在申请入驻及后续经营阶段向平台所提供的所有信息，包括但不限于公司注册文件、商标注册文件、授权文件、公司及法人代表相关信息等准确、真实、有效并是最新版本。否则速卖通有权随时终止或拒绝入驻申请；在完成入驻流程后发现的，速卖通有权基于根本性违约取消店家的账号并停止服务。速卖通也有权拒绝在未来为列入非诚信客户名单的店家提供其他服务。

（3）应向平台承诺并保证，在入驻后店家将遵守本规则、《2018 卖家服务协议》及卖家规则的全部规范，不进行售假、炒信、资质造假、长期售卖劣质商品或其他严重影响消费者体验或扰乱平台经营秩序的行为，否则同意接受平台按照相关规则进行的处罚，包括但不限于在情节特别严重情况下关闭店铺账户。

(二) 招商及准入

(1) 卖家账户的类目权限申请,一次可申请开通一个店铺,一个企业下最多可申请开通六个速卖通店铺账户。卖家在系统内开设的子账户不属于此处所指的"账户",不计入六个店铺账户的额度。

(2) 每个速卖通账号(店铺)只允许选择经营一个经营范围,并可在该经营范围下经营一个或多个经营大类。若卖家经营一个经营大类下的多个主营类目,应在系统中分多次申请。特殊类目(special category)不单独开放招商,而采取随附准入制度,即只要卖家获准加入特殊类目所在经营范围的任一经营大类的,即可获得特殊类的商品经营权限。

四、AliExpress 平台操作

(一) AliExpress 商品发布

1. 商品发布前的准备工作

站内商品调研分析是指根据速卖通平台的情况,结合一定的数据分析及自身的情况来选择要经营的行业及具体类目下的商品。速卖通的"数据纵横"标签栏下的"商机发现"为卖家选品提供了数据参考,帮助卖家从行业、类目、属性等角度进行选品。

以"行业选品"进行站内商品调研分析为例,行业选品指的是卖家根据速卖通平台目前的情况确定要经营的行业。数据纵横＞商机发现＞行业情报,基于速卖通平台的交易数据,为卖家提供具体行业的数据、趋势和国家分布等内容。

(1) 寻找蓝海行业。

进入"数据纵横"标签栏下的"商机发现"页面,选择"行业情报"选项,在打开的页面中可以查看具体某个行业的概况及蓝海行业。

在速卖通平台,蓝海行业整体竞争不大,充满新的空间和机会,如图2-8所示。圆圈的蓝色程度越深,说明该行业竞争力越小。蓝色最深的行业往往是比较冷门的行业,开拓市场花费的时间会比较长,因此不建议选择。

图2-8 一级行业蓝海程度

通过蓝海行业细分，卖家可以选择有自身优势的蓝海行业，发布对应的商品，赢得更多的商机。对应行业的供需指数越低说明竞争度越小，出单机会越大。如图 2-9 所示为“接发与发套”的行业细分情况。

蓝海行业细分

接发与发套 ▾　您可以通过筛选，查找特定行业下的蓝海行业

叶子行业名称	供需指数	操作
白人假发类 > 真人发接发 > 单片卡子发	54.55%	查看行业详情
白人假发类 > 真人发接发 > 反条发	42.59%	查看行业详情
白人假发类 > 真人发接发 > 白人卡子发	79.07%	查看行业详情
白人假发类 > 真人发接发 > 整头卡子发	49.71%	查看行业详情

‹ 1 ›

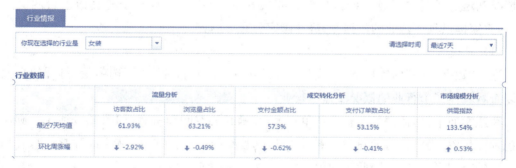

图 2-9　“接发与发套”行业细分分析

(2) 分析行业情报。

卖家可以根据行业情报提供的分析迅速了解行业情况，判断经营方向，进而确定自己要经营的行业。通过“行业情报”，卖家可以查看目前平台下具体某一行业的发展概况，包括行业数据、行业趋势和行业国家分布等数据。

① 行业数据。选择目标行业，查看该行业 7 天/30 天/90 天的流量、成交转化和市场规模数据，了解市场行情。例如，选择“服装/服饰配件/女装”标签，可查看最近 7 天的数据，如图 2-10 所示。

行业情报

你现在选择的行业是　女装 ▾　　请选择时间　最近7天 ▾

行业数据

	流量分析		成交转化分析		市场规模分析
	访客数占比	浏览量占比	支付金额占比	支付订单数占比	供需指数
最近7天均值	61.93%	63.21%	57.3%	53.15%	133.54%
环比周涨幅	↓ -2.92%	↓ -0.49%	↓ -0.62%	↓ -0.41%	↑ 0.53%

图 2-10　“服装/服饰配件/女装”最近 7 天的数据

② 行业趋势图。卖家可以选择相关行业进行数据趋势对比，可以分别从访客数占比、支付金额占比、浏览量占比、支付订单数占比和供需指数进行对比分析。从中可以发现，随着季节的变化，平台发展品类也在发生变化。根据这些分析结果，卖家可以加强对某个行业的投入或避开一些竞争过于激烈的“红海“市场。图 2-11 所示为“服装/服饰配件＞女装，与“服装/服饰配件 > 男/女/儿童配件”访客数占比最近 7 天行业趋势对比。

在行业趋势途中，可以选择三个行业进行比较，比较时最好选择同级类目，不要跨级比较。

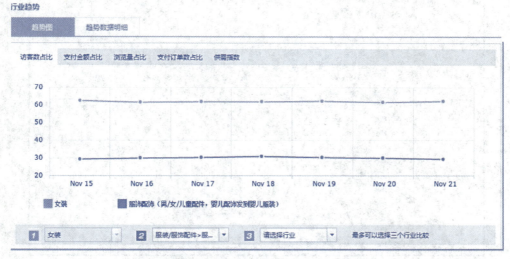

图 2-11 访客数占比最近 7 天行业趋势对比

③ 行业国家分布。根据选定行业的访客数和成交额的分布情况,在商品发布及运费设置时做更多的针对性操作,让目标国家的消费者可以更加方便地购买商品,从而提升商品的转化率。图 2-12 所示为"服装/服饰配件>女装"行业支付金额国家分布。

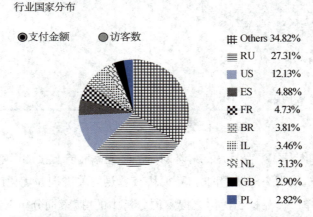

图 2-12 "服装/服饰配件>女装"行业支付金额国家分布

2. 产品信息模块填写

(1) 产品属性填写。商家必须完整且正确填写产品的所有属性,如图 2-13 所示。部分商家对产品了解不全面,于是放弃了一些产品属性的填写,这种做法既不利于产品优化,也会影响产品的曝光率。

(2) 产品自定义属性。优质产品往往会有更多的补充属性,建议卖家根据产品特点适当补充自定义属性,如产品颜色、尺寸等,如图 2-14 所示。

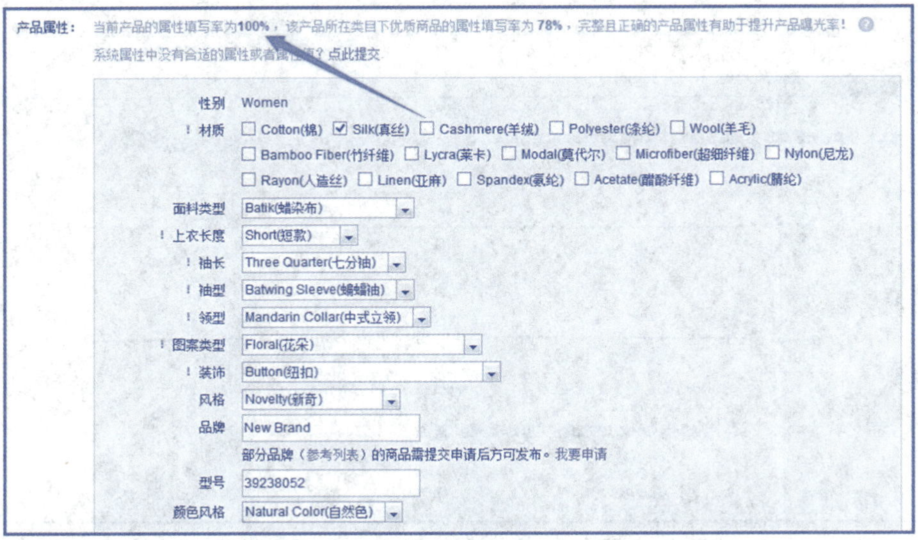

图 2-13　产品属性填写示例

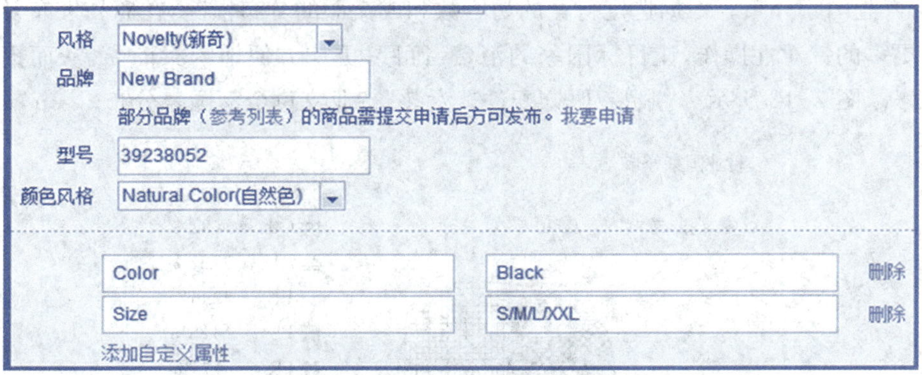

图 2-14　产品自定义属性填写示例

(3) 产品标题和图片。产品标题的好坏对产品曝光率有着直接的影响。建议卖家借鉴平台"数据纵横"→"商机发现"→"搜索词分析"模块查看热门关键词并优化产品标题,如图 2-15 所示。具体操作是:单击产品标题优化之搜索词分析中的"搜索词分析",选择经营类目,单击"确定"按钮就会看到该经营类目的平台搜索词有哪些,如图 2-16 所示。其中,搜索词分为热搜词、飙升词和零少词三类。热搜词指经营类目下最热门的搜索关键词,是卖家进行关键词优化的主要参考依据。飙升词是指平台最近一段时间内上升幅度比较大的词,这类词随季节的变化而变化,具有典型的季节性。零少词是只存在少量买家去搜索的词,虽然零少词的搜索频率不高,但是若这些关键词与刚发布的新产品有关,则应当引起商家的关注。

为了增加产品的曝光率,建议产品关键词为一个热门关键词、一个飙升词和一个零少词的组合。同时,为了保证买家有良好的购物体验,产品图片要确保高清晰度、数量最好为 6 张,如图 2-17 所示。

图 2-15　标题优化——搜索词分析

图 2-16　热搜词查看示例

图 2-17　产品基本信息设置

产品细节包括产品的尺寸、颜色以及发货期等细节,如图2-18所示。其中,"发货期"在一定程度上能够反映卖家的服务质量和水平。建议发货期符合买家所在地区的可接受范围。

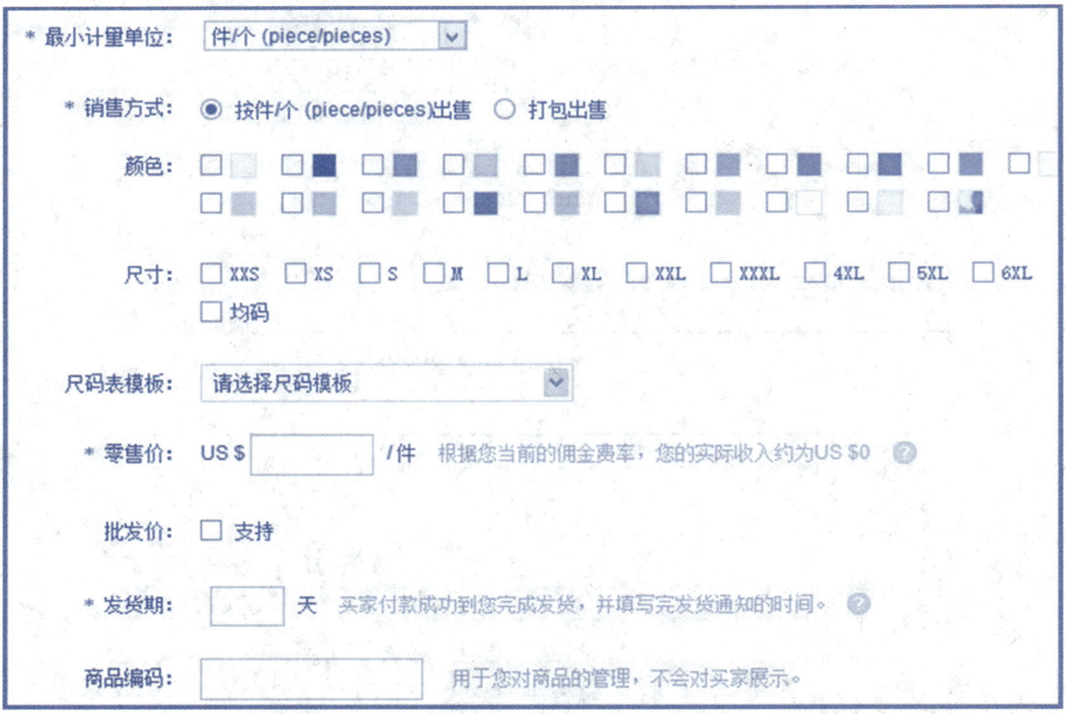

图2-18　产品细节填写示例

(4)产品详细描述。产品详细描述是客户了解产品详细信息的重要模块,建议商家尽可能补充,强调产品的颜色、尺码、材质及发货期等细节。另外,建议卖家对产品标题进行有针对性的解释,以加深买家的印象。

(5)包装信息。鉴于卖家对产品的重量及包装信息不能做到百分百精确,因此建议写一个大概即可,如图2-19所示。因为部分买家对产品重量非常在意,所以,产品重量的填写务必谨慎,尽量减少麻烦。

(6)产品其他信息。选择正确的产品分组既方便后期买家在店铺中查找产品,也便于卖家后期对产品的管理。由于产品越临近结束时间曝光量越大,因此建议产品有效期选择14天。若在临近时间结束前仍未售出,卖家延长产品有效期即可,如图2-20所示。

在完成上述操作步骤后,即可进行产品提交。卖家在24小时后可以检查产品的审核情况;若审核通过,买家就可以在前台找到发布的产品了。

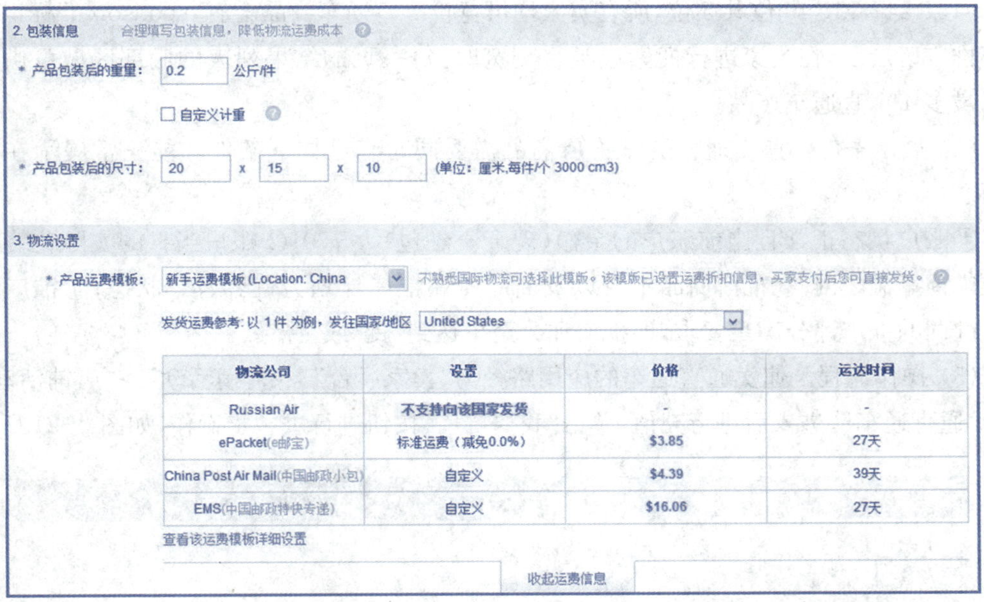

图 2-19 产品细节填写示例

图 2-20 产品有效期及支付方式

(二) AliExpress 营销推广

1. 直通车推广

速卖通直通车又叫竞价排名、P4P(Pay for Performance),是速卖通平台的全球在线推广服务,其本质是速卖通平台的广告位争夺工具,可以让卖家的产品在对应关键词的黄金位置优先排名显示,用户进行有效点击后系统进行扣费,速卖通直通车能够增加产品的曝光机会,提升产品销售概率,是速卖通卖家普遍采用的推广策略。

(1) 展示位置。速卖通直通车推广的展示位置有两个区域:商品页面、底部推广区。在商品页面,第一页主搜第 12、20、28、36 位共 4 位,目前仅供中国好卖家竞价;第二页起的第8、16、24、32、40位共5位,所有卖家均可竞价。直通车商品会有"sponsored"标识。在底部推广区展示,在买家进行搜索或类目浏览时,每一页的结果列表的底部区域可供同时展示最多4个直通车产品。

(2)展示条件。速卖通直通车推广商品需要同时满足如下条件才能正常展示在买家面前。

①账户状态正常且当前账户的余额(现金+红包)大于0;②账户当日的实际花费在每日推广预算额之内;③推广商品本身以及商品所属推广计划为"已激活"状态;④推广商品和关键词的推广评分满足要求,即推广评分至少达到"良"或"优"。

(3)操作流程。速卖通直通车的应用路径为"卖家后台">"营销活动">"店铺活动">"速卖通直通车",进入后进行充值,单击"我要推广"按钮进行进一步操作,如图2-21所示。

图 2-21　直通车操作界面

2. SEO 推广

SEO(search engine optimization)是一种利用搜索引擎的搜索规则来提高网站自然排名的方式。

(1)速卖通流量入口。速卖通网站大致有5个流量导向:顶部的关键词搜索;左侧的类目搜索;平台的活动 banner;购物车 cart 和收藏 wish list;平台推广的商家以及商品。

(2)标题优化。速卖通的标题除了给用户提供产品对应的信息,更重要的是承担着搜索排序的任务。一个速卖通的标题,英语站最多允许128个字符,俄语站、西班牙语站、葡萄牙语站和印尼语站最多允许218个字符。卖家必须有效利用规定的字符空间,为商品定义合适的标题。一个优质的标题必须简洁,包含产品的属性信息、款式、流行元素、产品参数、外形轮廓、材质等。

(3)商品属性优化。商品属性也是潜在买家用来筛选商品、精准定位的因素。卖家在填写商品属性时,精准是第一位的。这样,一方面能够避免因为属性填写失误导致买家在收到货物之后对货物不满意产生的纠纷,另一方面也能避免由于属性填写不准确导致买家在精准搜索到目标商品时却发现商品不是自己想要的,造成无效曝光,降低转化率。

3. SNS 推广

社会性网络服务(social networking services,SNS),专指旨在帮助人们建立社会性网络的互联网应用服务,利用这些社交网络进行建立产品和品牌的群组、举行活动、利用 SNS 分享的特点进行病毒营销之类的营销活动。常见的应用有 Facebook、Twitter、VK、Pinterest。

(三)AliExpress 包装发货

为了提高卖家物流的效率,速卖通平台提供了"线上发货"功能。"线上发货"是由阿里巴巴全球速卖通、菜鸟网络联合多家优质第三方物流商打造的物流服务体系。"线上发货"的流程包含在线选择物流商、在线创建物流订单、交货给物流商和在线支付运费四个步骤。"线上发货"的操作简单、便捷,具体操作流程如图 2-22 所示。

图 2-22 完整的线上发货流程

买家在卖家允诺的发货期内收到货物后,对货物进行验收。若无异议,买家在平台确认收货后,向卖家确认订单款项,如图 2-23 所示。同时,当物流妥投和买家确认收货两个条件均满足时,平台会对卖家进行放款,这时订单款项才会流入卖家账户。

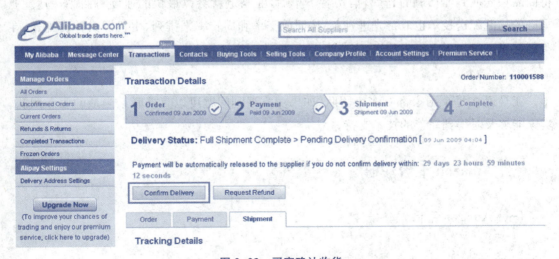

图 2-23 买家确认收货

第三节　Amazon 平台

一、Amazon 平台介绍

（一）Amazon 平台简介

亚马逊公司是美国目前最大的电子商务公司，是最早开始电子商务业务的公司之一，由其创始人杰夫·贝索斯于 1995 年 7 月 16 日组建成立，最早经营网络图书、音像制品业务，目前已经成为全球品类最多的网上零售商，2004 年全资收购卓越网，进入中国市场。

（二）Amazon 平台优势

1. 全球市场的流量优势

亚马逊全球共 14 个站点，其中在美国、英国、加拿大、法国、德国等国家，亚马逊的流量都位于购物平台中的第一位，按照美国电子商务互联网排名，亚马逊仅次于 Google 和 Facebook。

2. 物流优势

亚马逊在全球有 100 多个物流中心，可以配送到 180 多个国家和地区，与其合作的客户将商品预先放到亚马逊的仓库，消费者下单后，亚马逊就会以最快的速度将商品送达。亚马逊的物流配送技术也非常先进，商品按照成交率和周转率来排列，由机器人拣货配送，在美国甚至可以用无人机来配送，完成当天或 24 小时送达服务。

3. 面向全球卖家的战略支持

亚马逊在每个国家都有多个团队，如果卖家遇到问题可以直接联系当地的服务团队，卖家能够及时得到完善的技术支持。

二、Amazon 平台注册

（一）Amazon 平台入驻条件

1. 企业资质

卖家需要具备销售商品的资质。

2. 商品资质

(1) 优质的商品以及合理的包装。

(2) 符合亚马逊商品要求的商品。

(3) 商品拥有目标市场商标或被授权的商标使用权。

3. 收款账号

(1) 海外银行账户,目前中国中小卖家常用的收款方式是 PingPong、World First 以及 Payoneer,均可以人民币接收。

(2) 美国银行账户,最终接收的是美元,并且要按照当地的法律缴纳一定金额的税金。

(3) 香港地区银行账户,最终接收的是港元,存在一定比例的汇率损失。

4. 硬性条件

亚马逊目前只允许一个卖家开设一家店铺。

(二) Amazon 平台收费项目与标准

(1) FBA 费用。FBA 是亚马逊仓储物流服务,卖家可借助 FBA 管理跨境销售,如果卖家采用亚马逊物流配送,则需要按商品包装尺寸及重量来支付一定的 FBA 费用给亚马逊。

(2) 运营费用。亚马逊的站内推广主要分为 CPC 广告和平台活动。CPC 广告为点击付费推广,不同关键词收费不同,最低收费为 0.02 美元/次。如果参加秒杀等平台活动,亚马逊会经常调整收费标准,目前为 150 美元/次。

(三) Amazon 北美站注册流程

Amazon 北美站包含美国、加拿大、墨西哥 3 大站点,一次注册同时开通。

(1) 开始注册。

打开 qs.amazon.cn,点击右上角的"立即注册",选择"北美注册"。然后在新出现的画面中,点击下方的"创建 Amazon 账户"按钮,如图 2-24 所示。

(2) 输入姓名和邮箱地址。

分别输入姓名的拼音(建议填写法人姓名的拼音)、联系用的邮箱以及密码。点击"下一步"按钮后,亚马逊将向这个邮箱发送包含验证码的邮件,如图 2-25 所示。

(3) 验证邮箱。

在联系邮箱中,会收到一封来自亚马逊的邮件,里面有包含 6 位数字的验证码。输入验证码,然后点击"创建亚马逊账户"按钮,如图 2-26 所示。

(4) 设置公司所在地、业务类型和名称。

先在"公司地址"下拉列表中选择自己所在的国家或地区(中国大陆卖家就选择"中

图 2-24 北美站点注册

图 2-25 输入姓名和邮箱地址

图 2-26　验证邮箱

国"),然后根据自己公司的实际情况选择业务类型,并填写公司的英文名称(营业执照上公司名称的汉语拼音)和中文名称,最后点击"同意并继续"按钮。

(5) 填写公司信息。

依次输入公司的相关信息,填写时需要注意以下事项。

① 公司注册号码需要和营业执照上的相同;

② 地址填写栏可以填写公司营业执照上的地址或者公司的实际运营地址,地址需详细到门牌号,填写时使用中文;

③ PIN 接收方式指使用何种方式进行验证,可以选择短信或者电话。输入电话号码时,需要在电话号码旁边的下拉框中选择所在的国家或地区(中国大陆的电话号码选择"中国+86");

④ 可以选择短信验证或电话验证;

⑤ 主要联系人填写公司法定代表人的姓名的拼音。

(6) 填写卖家个人信息。

在个人信息页面,需要进一步完善账号所在公司的法人个人信息,包括国籍、姓名、出生地、出生日期、身份证号码和有效期、身份证的签发国等。

(7) 输入银行存款账户信息和付款的信用卡信息。

如图 2-27 所示,需要填写银行账户信息。

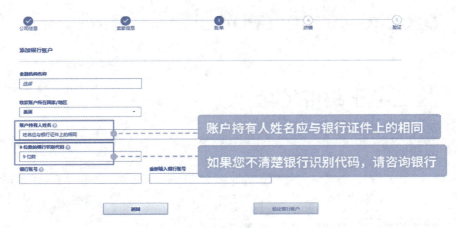

图 2-27 填写银行存款账户信息

在图 2-28 中,需要填写付款的信用卡信息,包括信用卡卡号、有效期、持卡人姓名、帐单地址。

图 2-28 填写付款信用卡信息

(8) 填写店铺信息。

店铺信息,包括店铺的名称以及商品编码和品牌的一些信息。其中店铺名称建议使用英文填写,如图 2-29 所示。

(9) 提交身份验证。

需要上传法人身份证的正反面以及公司营业执照的照片。

(10) 身份验证与地址验证。

须通过"实时视频通话"方式验证信息,可自行选择视频通话日期和时间,如图 2-30 所示,并准备好身份证、营业执照等原件材料。

平台要求公司的法定代表人出席会面。如果法定代表人无法出席,则必须获得相关证明,比如公司法定代表人的有效身份证件等。

身份验证结果的获知方式有两种:①等待亚马逊邮件告知;②登录"Seller Central"界面查看审核结果。当卖家在"Seller Central"界面查看到如图 2-31 所示状态时,意味着身份验证已通过,便可开设店铺。

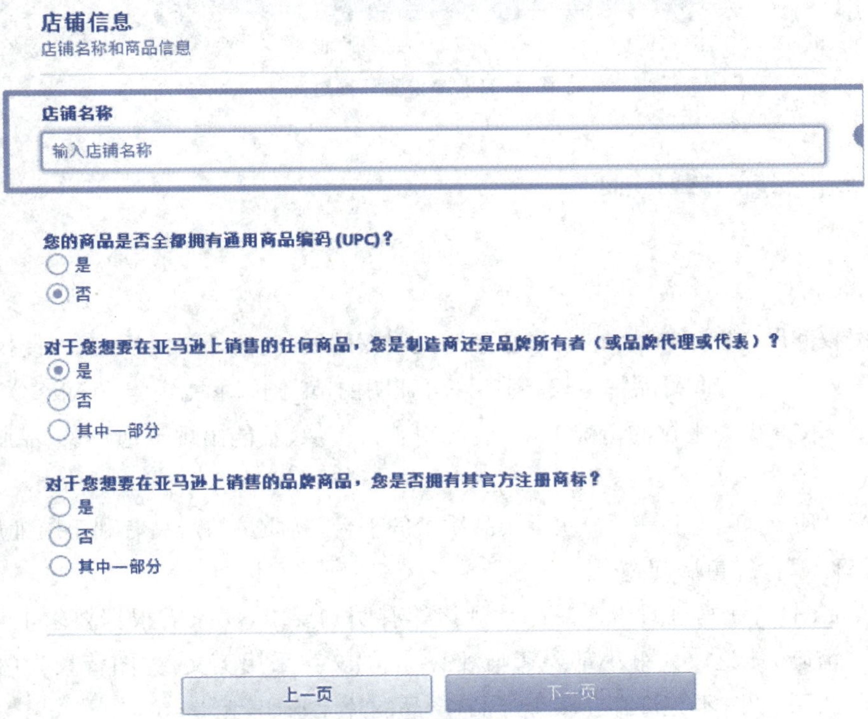

店铺信息
店铺名称和商品信息

店铺名称

输入店铺名称

您的商品是否全都拥有通用商品编码（UPC）？
○ 是
◉ 否

对于您想要在亚马逊上销售的任何商品，您是制造商还是品牌所有者（或品牌代理或代表）？
◉ 是
○ 否
○ 其中一部分

对于您想要在亚马逊上销售的品牌商品，您是否拥有其官方注册商标？
○ 是
○ 否
○ 其中一部分

[上一页] [下一页]

图 2-29 填写店铺信息

图 2-30 选择"实时视频通话"时间

图 2-31　身份验证通过

三、Amazon 平台规则

1. 上传商品

（1）侵权问题，在上传产品的时候注意避免侵权问题，包括外观侵权、专利侵权、图片侵权、品牌侵权等。没有取得品牌授权、销售许可证明的情况下，不能销售（或跟卖）其他有品牌的商品；未取得相关版权的情况下，不能使用名人肖像，不能出现卡通形象、品牌 logo 或文字等。

（2）产品质量，亚马逊是一个注重产品质量的平台，高质量的产品有利于店铺后期的运营，减少差评、退货等售后问题。

（3）产品图片，亚马逊对于产品图片规格等有明确要求，卖家需根据要求上传对应图片。图片要清晰，无论放大缩小都要清晰，图片上的文字采用英文，主图背景为白底，主图只能有一个产品存在，不允许存在多个产品，产品图片无水印、无 logo。

（4）上传新品时分类不能错（分错将影响日后促销活动的正常提报）。

（5）产品标题不可堆砌，产品标题冗长将无法通过审核，被退回重新修改会耽误上线时间，且会影响日后促销活动的提报与 FBA 正常入库。

2. 禁止卖家的行为

（1）使用多个卖家账户：禁止操作和持有多个卖家平台账户。如果店铺有合法的业务需要申请第二个账户，可申请政策豁免。在申请中应标明申请第二个账户的合法业务需求，并满足以下条件。

① 每个卖家平台账户必须拥有独立的银行账户。如果多个卖家平台账户使用位于同一区域的相同银行账户，则平台不会予以批准。如果在不同区域（例如，北美和欧洲）销售商品，那么多个卖家平台账户只要通过亚马逊全球开店相关联，便可使用同一银行账户。

② 每个账户必须使用独立的电子邮件地址。

③ 每个账户中销售的商品和服务必须不同。

④ 店铺的绩效指标必须出色。

（2）滥用销售排名：畅销排名功能有助于买家评估商品的受欢迎程度。禁止任何试图操纵销售排名的行为。不得征求或故意接受虚假或欺诈性订单，其中包括不得下单购买自己的商品。不得向买家提供补偿以使其购买店家的商品，或为了提升销售排名向买家提供优惠码。此外,不得在商品详情信息页面(包括商品名称和描述)宣传关于该商品的畅销排名信息。

(3) 滥用搜索和浏览:当买家使用亚马逊的搜索引擎和浏览结构时,他们希望找到相关且准确的结果。与商品相关的所有信息(包括关键字和搜索词)必须符合优化商品信息,以便在搜索和浏览中提供指南。禁止任何试图操纵搜索和浏览体验的行为。

(4) 试图转移交易或买家:禁止任何试图规避已制定的亚马逊销售流程或将亚马逊用户转移到其他网站或销售流程的行为。具体地说,禁止使用任何广告、营销信息(特价优惠)或"购买号召"引导、提示或鼓励亚马逊用户离开亚马逊网站。方式包括使用电子邮件或者在任何卖家生成的确认电子邮件信息或任何商品/商品信息描述字段中包含超链接、URL 或网址。

(5) 提供直接电子邮件地址:买家和卖家可以通过买家与卖家消息服务互相交流。

(6) 进行不当的电子邮件通信:禁止主动向亚马逊买家发送电子邮件(必要时可进行有关订单配送及相关客户服务的电子邮件通信),禁止进行任何类型的与营销相关的电子邮件通信。

(7) 正确处理买家电话号码:亚马逊会向自行配送其订单的专业卖家提供使用买家电话号码的权限,以便他们能够符合承运人标签要求。如果店家收到此买家信息,需要遵守亚马逊的买家个人信息政策,平台卖家协议中包含此政策,请确保正确使用买家的电话号码。

(8) 企业名称未经授权以及不正确:企业名称(可在亚马逊上识别申请的企业实体)必须符合以下要求:可准确识别店家的身份;不会引起误解;店家有权使用该名称(即名称中不得包含他人的商标,也不得侵犯他人的任何商标或其他知识产权)。此外,店家不得使用包含电子邮件后缀(例如.com、.net、.biz 等)的企业名称。

(9) 滥用亚马逊销售服务:如果店铺反复上传大量数据,或以其他方式过度或不合理地使用该服务,则亚马逊可自行限制或阻止店铺访问商品上传数据或被滥用的任何其他功能,直到卖家停止这种滥用行为。

(10) 滥用亚马逊商城交易保障:禁止任何滥用亚马逊商城交易保障索赔流程的行为。收到亚马逊商城交易保障索赔的次数或总金额过多的卖家,有可能被终止销售权限。如果买家对商品或服务不满意,他们可以联系卖家,让其酌情安排退款、退货或更换。如果亚马逊根据亚马逊商城交易保障条款向买家做出了赔偿,亚马逊有权向卖家寻求补偿。

(11) 媒介类商品(图书、音乐、影视)的配送:通过亚马逊提供的媒介类商品(图书、音乐、影视)必须在向店家提供订单确认后的两个工作日内配送。

(12) 交易后篡改价格和设置过高的运费:禁止任何试图在交易完成后提高商品销售价格的行为。此外,卖家不得设置过高的订单配送费用。

(13) 与实际的商品信息不匹配:使用现有商品详情页面发布商品以供销售时,所选的商品详情页面必须在各个方面准确描述该商品,包括(但不限于)以下属性:制造商、版次、捆绑组合、版本、格式或播放器兼容性。卖家不得将其商品匹配到具有不同 ISBN、UPC、EAN 或其他外部编码的详情页面。卖家不得将其商品匹配到具有不同 ISBN、UPC、EAN 或其他外部编码的详情页面。

(14)预售媒介类商品(图书、音乐、影视):卖家不得发布亚马逊指定为可预订的媒介类商品(图书、音乐、影视)或与该类商品相竞争。通过亚马逊提供的媒介类商品(图书、音乐、影视)必须在向买家提供订单确认后的两个工作日内配送。

(15)创建重复的商品详情页面:禁止为已存在于亚马逊目录中的商品创建商品详情页面。

(16)创建单独的商品信息:卖家不得为完全相同的同一商品创建另一条商品信息。

四、Amazon 平台操作

(一)Amazon 账号管理

账户安全是卖家平台交易的基础。深入了解卖家账户有助于发现卖家账户的不利因素,提升店铺的客户满意度。其中,后台业绩模块(performance)与账户安全关联非常紧密。Performance 包含客户满意度(customer satisfaction)数据、客户对店铺的评价(feedback)、A-Z 投诉索赔(A-to-Z guarantee claims)、客户银行卡拒付(chargeback claims)、系统通知(performance notifications)五个子模块。

单击后台导航栏中的"PERFORMANCE",在弹出的菜单中单击"Customer Satisfaction",进入客户满意度页面,如图 2-32 所示。客户满意度包含账户健康(account health)、卖家评级(seller rating)和买家反馈(customer feedback)三部分,如图 2-32 所示。

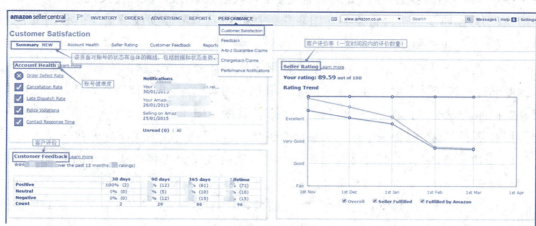

图 2-32 客户满意度页面

1. 账户健康

单击“账户健康”，可以看到该模块包含订单缺陷率（order defect rate）、订单取消率（cancellation rate）、订单迟发率（late shipment rate）、政策违反率（policy violations）、准时交货率（on-time delivery）、有效跟踪率（valid tracking rate）和客服回复时间（contact response time）七个模块，通过这七个模块能够清晰地掌握账户的健康情况。

卖家一旦发现考量指标出现异常，应及时采取应对措施，维持账户的各项指标良好，从而保证店铺活跃度。例如，单击“客服回复时间”链接，进入客服回复时间的详情页面，如图 2-33 所示。

Buyer-Seller Contact Metrics				
	7 days (Dec 27, 2017 to Jan 2, 2018)	30 days (Dec 4, 2017 to Jan 2, 2018)	90 days (Oct 5, 2017 to Jan 2, 2018)	Target
Customer Service Dissatisfaction Rate (Beta) [?] Request Report Download Past Reports	0% (0)	0% (0)	0% (0)	< 25%
	7 days (Dec 30, 2017 to Jan 5, 2018)	30 days (Dec 7, 2017 to Jan 5, 2018)	90 days (Oct 8, 2017 to Jan 5, 2018)	Target
Response times under 24 hours [?]	100% (1)	100% (16)	89% (17)	> 90%
Late responses [?]	0% (0)	0% (0)	11% (2)	≤ 10%
No response for more than 24 hours [?]	0	0	0	--
Response times over 24 hours [?]	0	0	2	--
Average response time [?]	19 hours 33 minutes	8 hours 10 minutes	10 hours 52 minutes	--
You have 0 messages that you have not responded to in the past 7 days.				

图 2-33　客服回复时间详情页面

2. 卖家评级

卖家评级是平台统计所有买家对指定卖家产品的评价汇总，是平台根据卖家的服务质量给出的整体评价分数。单击“卖家评级”链接，可以查看平台统计的所有卖家评级。卖家评级的评级标准基于订单质量分数，其得分等于一年周期内卖家所有订单得失分数的平均数。其中，卖家评级共分为四个等级，如图 2-34 所示。卖家评级的具体加减分细则可自行查阅学习。

优秀	很好	好	一般
98.5~100	96.5~98.49	84.5~96.49	0.0~84.49

图 2-34　卖家评级

3. 买家反馈

单击“买家反馈”链接，即可查看买家对卖家订单的反馈情况。买家反馈的评分周期可以分为 30 天、90 天、365 天，以及累积过程中每个等级的汇总。通常情况下，买家的反馈等级划分为三类，如图 2-35 所示。对于卖家而言，好评率为四星、五星的总数与一星至五星之和的比值。

好评	中评	差评
四星或五星	三星	一星或二星

图 2-35　反馈等级

(二) Amazon 产品上传

1. 产品上传

产品上传是卖家必须掌握的实战技能，单击卖家后台导航"Inventory"，在弹出的菜单中单击"Add a Product"，如图 2-36 所示，进入产品上传页面。在产品上传页面，如图 2-37 所示，单击"Create a new product listing"超链接，在显示页面中选择产品详细品类，如图 2-38 所示。同样，产品品类可以选择，也可以通过在搜索框里输入关键字搜索品类，然后单击"Select"按钮确认。

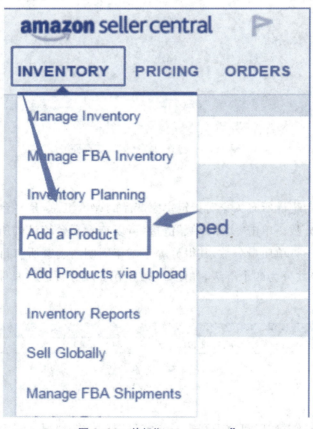

图 2-36　单机"Add a Product"

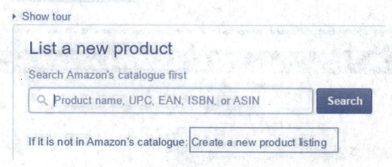

图 2-37　产品上传页面

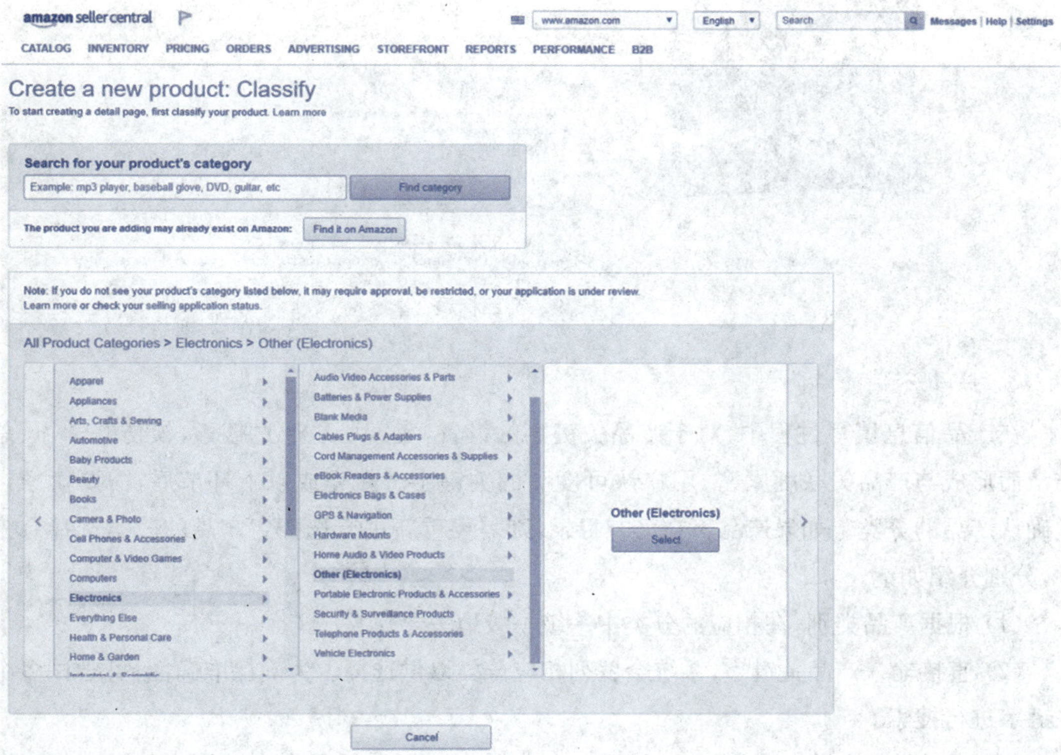

图 2-38　选择产品品类

2. 产品标题、特色及描述

产品标题是产品上传的第一个内容，卖家需要了解产品标题设置的相关技巧，比如 FAPIZI * Pillow Case * Heart-shaped tree Square Throw Flax Pillow Cover，如图 2-39 所示。产品特色主要从产品的材质、图案、设计、尺寸及产品功效等方面进行描述。产品描述主要用一段文字对产品进行较为详细的介绍,以便买家对产品有一个全方面的了解。产品图片的背景色应该为纯色,至少在 500×500 像素以上,产品图片要求无水印等,争取达到图文并茂的效果。

图 2-39　产品标题

3. 产品分类的选择

在产品信息填写过程中,对于产品关键字的设置,卖家可以通过搜索、模仿并学习、总结从而形成与产品关联度紧密、用户认可度高的关键字。在完成以上环节后,需要卖家再次确认产品的分类。如果产品不在已有目录,则需要重新进行选择。产品的分类选择有三种,分别介绍如下。

(1) 根据产品类别,在相应的分类中一级一级地去寻找。

(2) 直接输入产品关键字,系统会罗列相应分类以供选择。为确保准确性,可尝试多个关键字进行搜索。

(3) 通过批量上传的 BTG(the browse tree guide,浏览树形表格),输入关键字查询以确定产品分类。

(三) Amazon 营销推广

1. 亚马逊购物活动

亚马逊购物活动(prime day)是亚马逊在每年的特定时期举办的促销活动。为推进这些活动,亚马逊会在相应期间推出其他推销举措(如促销),还会通过相关电子邮件广告和针对购物活动的其他营销措施来加大买家拓展力度。以下是一份营销日历,如图 2-40 所示,其中列出了全年购物活动时间表。

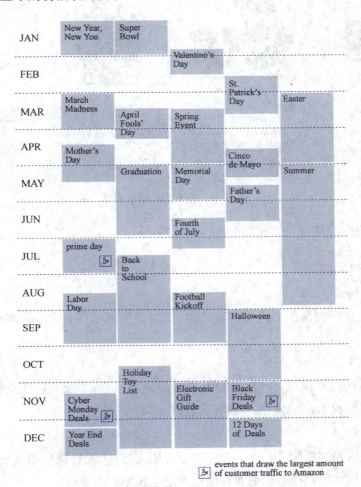

图 2-40 亚马逊营销日历

2. 亚马逊联盟

亚马逊联盟是一项免费广告计划,可供品牌所有者用于将流量引导至他们的亚马逊商品详情页面,同时利用此流量获利。品牌所有者可以使用联盟,通过链接、小工具和横幅将买家从其网站、博客或社交媒体渠道引导至亚马逊上购买他们的商品。如果这些买家在亚马逊上购买商品,则品牌所有者可以赚取广告费,广告费按照总价的百分比进行计算。

3. 亚马逊秒杀

秒杀是一种限时促销,参与秒杀的商品会在亚马逊"Z秒杀"页面(亚马逊上的热门页面)上特别展示几个小时。秒杀只需少量的费用,却能够很好地帮助买家发现商品,并提高销量,因为买家更有可能购买促销的商品,如图 2-41 所示。

图 2-41　亚马逊秒杀页面

(四) Amazon 物流服务

1. 亚马逊物流的优点

(1) 提升销售。

①帮助企业提升商品的浏览量和曝光率;②触及优质亚马逊 Prime 级会员顾客,提升转化率。

(2) 降低成本。

①支持灵活的付费模式,无最低费用、设置费或月租金;②亚马逊优质物流保证,降低企业的物流和客服成本;③大幅提升顾客满意度和后台绩效。

(3) 省心省力。

①帮助企业为顾客提供 7×24 小时的专业客服支持;②无需花钱雇人处理订单、拣货、包装、发货;③大顾客可享受适用的亚马逊免费配送和加急送货。

2. 亚马逊物流服务内容

入驻亚马逊平台的卖家应熟练掌握亚马逊全球物流的服务流程,如图 2-42 所示。

1　　　2　　　3　　　4　　　5

卖家发送商品至亚马逊运营中心　亚马逊存储并管理您的商品　顾客订购您的商品　亚马逊对商品进行拣货包装并提供快捷配送　亚马逊用当地语言提供顾客服务及退换货服务

图 2-42　亚马逊全球物流的服务流程

（1）卖家发送商品至平台运营中心。卖家查看亚马逊物流商品限制，确保商品可入仓。然后，卖家在后台上传商品并转换为亚马逊物流配送。接下来，卖家在后台输入商品数量并选择承运商，系统会向卖家提供创建发货、补货订单可打印的商品标签、装箱单和配送标签，打印标签后为商品和货件贴标签。最后，卖家选择配送公司或自己配送至亚马逊运营中心。

（2）客户订购卖家的商品。亚马逊物流全方位提升商品竞争优势，有助于客户选择卖家的商品。使用亚马逊平台物流的商品，买家将参与亚马逊中国免运费活动。平台提供多种支付和配送方式，为卖家贴心提供多渠道配送服务。

（3）亚马逊对商品进行拣货包装。亚马逊平台利用先进的联网仓储、高速拣货和分类系统，能够快速定位卖家的商品。从取件到发货均按照亚马逊标准化流程，防止错误发件。包装采用亚马逊标准包装箱，专利技术气泡垫、气泡枕，特殊产品包装处理及特殊产品跟踪，亚马逊物流按件收取基础服务费。

（4）亚马逊快捷配送商品并提供客户服务。平台承诺配送商品全国快速到达，确保商品及时、快速地配送到买家手中。平台按订单收取配送费，并为客户提供订单的跟踪信息，为买家提供 7 天内全天 24 小时的客户服务，让卖家售后无忧。

第四节　Shopee 平台

一、Shopee 平台介绍

Shopee 是在东南亚与台湾地区领航的电商平台，覆盖新加坡、马来西亚、菲律宾、中国台湾、印度尼西亚、泰国和越南市场，同时在中国的深圳、上海和香港地区设立跨境业务办公室。2019 年，Shopee GMV 达到 176 亿美金，同比增长 71%，App 下载量超过 2 亿，员工超 8 000 人，遍布东南亚及中国。根据权威移动数据分析平台 App Annie 的数据，Shopee 在 2019 年连续两个季度夺得东南亚地区购物类 App 访问量、下载量、月活量三冠王。

Shopee 在中国的跨境业务表现同样亮眼，单量涨幅屡屡跑赢大盘，2019 年"11·11"与"12·12"大促跨境卖家单量较平日攀升至 9 倍与 10 倍。Shopee 为中国卖家提供自建物流 SLS、小语种客服和支付保障等解决方案，卖家可通过平台轻松触达东南亚国家及台湾地区 7 大市场。

Shopee 母公司 Sea 为首间于纽交所上市的东南亚互联网企业（股票代码 SE），旗下的电子娱乐、电子商务和电子金融业务在东南亚国家与台湾地区市场首屈一指。Sea 的理念为运用科技的力量改善当地消费者及中小企业的生活。

二、Shopee 平台注册

（一）Shopee 卖家注册及入驻流程

1. 登录网址

登录网址 https://shopee.cn/seller，点击-申请入驻，如图 2-43 所示。

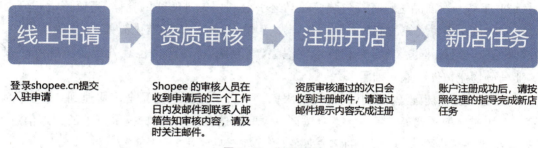

图 2-43　入驻流程

2. 线上申请填写内容

如图 2-44、图 2-45 所示，进行线上申请内容的填写。

图 2-44　信息填写

图 2-45 信息填写

3. 以注册首站点为台湾站为例

需要满足以下条件、提供以下审核材料。

(1) 需要同时满足的条件。

① 有限公司或个体工商户的企业资质(满足:a.企业资质可在企信网查询到;b.无经营异常;c.在有效期内)。

② 具有三个月以上的内贸平台操作经验(淘宝,京东,拼多多,1688 等)。

③ 产品 SKU 数量>50 款,并符合本地出口和当地进口的要求。

(2) 需要提交的材料。

① 法人身份证原件(正反面各一张)叠放在营业执照原件右上角照片。

② 开店时长超过 3 个月的相关内贸平台链接(淘宝,拼多多,京东,1688 等)。

③ 近三个月内贸的流水订单截图。

④ 验证店铺的真实性相关材料(无需主动提交,审核人员会联系并告知所需材料)。

⑤ 公司办公地址,例如:China Shanghai,上海市徐汇区桂平路＊＊＊号＊＊＊楼。

入驻材料提交后,在材料完整真实的情况下,审核通常会在 3 个工作日之内完成,如需卖家补充材料,则会相应延迟。在审核完毕的次日,卖家会收到开店邀请邮件,邮件的主题是"welcome onboard"。收到此开店邮件后,卖家需在 24 小时内完成店铺注册,并在 5 天内完成刊登 50 个新品的任务。

三、Shopee 平台规则

(一) 店铺管理政策

1. 开店名称设置要求

禁止卖家开店起名时用与"Shopee""虾皮"等相关官方字样。示例:Shopeee。

2. 定期清理不活跃店铺规则

Shopee 平台每两周清理一次所有过去 30 天无有效出单且超过开店限制的店铺(注:被取消的订单不算有效出单)。

3. 定期清理不活跃账号规则

Shopee 平台每月清理一次不活跃卖家账号,将通过邮件提醒不活跃卖家登录卖家中心。若卖家经提醒在次月 1 日前登录卖家中心,将不会被删除;若卖家没有登录卖家中心,账户将会被删除。(不活跃卖家定义:过去两年内未登录过卖家中心,且过去两年内未出过单的卖家。)

(二) 平台惩罚计分政策

1. 违反上架规则

(1) 劣质刊登。

① 商品品类设置错误。

若卖家将商品设置成了错误的品类,第一次被平台发现,该商品将会被系统下架;若卖家修改后仍为错误品类,该商品将被系统删除并产生相应的惩罚计扣分。若卖家第三次上传该商品仍为错误品类,该商品将被系统删除,卖家将获得 1 分额外的惩罚计分。

举例:

卖家 A 将女士短裙放置于男装分类下,该产品被平台暂时下架;卖家调整该女士短裙为女士衬衫分类下再次进行上传,那么平台会将该产品删除,卖家也会被记惩罚计分。

② 重复刊登商品的行为。

重复刊登是指将各项信息完全相同,或者重要属性完全相同或高度相似的产品进行多次刊登。刊登的产品之间必须有显著的区别(如图片、标题、属性、描述等),否则将被视为重复刊登的商品。相同卖家的店铺之间重复刊登的商品和不同卖家之间重复刊登的商品都将被平台删除和给予罚分。

③ 误导性定价。

卖家设置过高或者过低的价格以赢取更多的曝光量,但并不会真正卖出陈列商品的行为,商品将被直接删除并扣分。商品附件不应该被单独列出,而是应当和商品一起作为同款商品不同属性的商品。

④ 关键词/品牌、属性滥用。

商品中包含的信息与所销售的商品不对应或不相关,则会被视为垃圾刊登商品。为了防止卖家滥用关键字误导搜索及影响买家的浏览体验,Shopee 平台会通知卖家重新编辑商品。若再次质检不合格,商品将会被删除。

⑤ 图片质量不佳。

卖家刊登的商品图片中,商品占图片面积<70%。卖家应该保证高质量刊登商品,给买家带来更好的购物体验。

(2) 禁止刊登。

① 禁止上架销售商品。

Shopee 平台跨境卖家禁售商品:各个国家和地区不允许在网上销售的产品;各个国家和地区仅允许持有当地营业执照卖家销售的产品;各个国家和地区海关原因禁止销售的产品。

处理方式:商品将被直接删除并产生相应惩罚计分。

② 刊登广告或销售无实物商品。

卖家刊登的商品图片中带有导向外部平台的内容水印。例如:卖家在图片中刊登 QQ 号、二维码或其他任何外部网站的链接,将买家导向 Shopee 平台之外的交易平台的行为。

处理方式:商品将被直接删除并产生相应惩罚计分。

③ 同一商品 ID 下更换不同商品。

Shopee 平台不允许在同一商品 ID 下更换不同商品,平台会定期清理相关的违规商品。若卖家更改现有商品 A 的信息(如:名称、描述、图片等)为另一个完全不同的商品 B 的信息,此行为会将原本关于商品 A 的评分及评价显示为商品 B 的评分及评价。将会造成买家关于商品 B 的错误理解与判断。

不同类别的商品,如:背包和水瓶,衬衫和裤子;同一类别的商品的不同型号,如:不同品牌的双肩背包;若商品为同一类别且型号相同,但颜色有所不同,不会被判定为"不同的商品"。

处理方式:商品将被直接删除并产生相应惩罚计分。

④ 虚假折扣。

标准1:卖家若在促销活动前一段时间内提高促销商品价格将被予以警告,情节严重者涨价商品将被删除。

例如:假设商品 A 售价为 100 元,在活动开始前一段时间,卖家将商品价格调升至 120元,再进行打折销售,卖家将被予以警告,情节严重者涨价商品将被删除。

标准2:若卖家设置的商品折扣价格高于商品的原价,该商品将被删除。

例如:假设商品 A 售价为 100 元,在活动开始前一段时间,卖家将商品价格调升至 110 元,活动开始时若价格为 101 元,因商品折扣价大于商品原价(101>100),该商品将会被删除。

处理方式：商品将被删除并产生相应惩罚计分。

（3）侵犯知识产权或假冒产品。

若卖家首次被投诉侵权，Shopee 平台会将相应侵权商品下架。若卖家再次被投诉侵权，Shopee 平台会将被投诉的卖家账号暂时冻结 7 天；账号解冻后若再次被投诉侵权，则继续冻结 7 天；以此类推（侵权次数于 2017 年 3 月 27 日开始累计）。

对于严重违规或累计侵权次数过多的卖家，Shopee 平台可能直接关闭被投诉卖家的账号。注：台湾地区优选卖家被举报或被 Shopee 平台发现刊登侵权或盗版商品，若及时提供有效正品证明，则保留优选卖家资格，并不会被记惩罚计分；若未及时提供有效正品证明，则会被移除优选卖家资格，并产生相应惩罚计分。

处理方式：第一次被通知，商品将被下架；若再次上传仍然不合格，将删除并扣分。重复的违规行为可能会导致卖家的账户被冻结。

四、Shopee 平台操作

（一）卖家中心概览

Shopee 卖家中心后台页面，如图 2-46 所示。

图 2-46　Shopee 卖家中心后台页面

1. 左侧导航栏功能

(1) Order(订单):可以查看店铺销售产生的订单、需要操作发货的订单以及退货退款订单;

(2) Product(产品):可以查看店铺所有产品、添加产品以及下架产品;

(3) Marketing Center(营销中心):卖家可购买平台关键字广告服务、报名参与平台促销活动以及设置店铺优惠券等;

(4) Finance(财务):卖家可以查看店铺收入、绑定 Shopee 平台支持的第三方支付平台账户;

(5) My Data(我的数据):卖家可以查看店铺表现的关键数据,目前该功能正在升级中,后续会对卖家开放使用;

(6) Shop(店铺):可以查看和修改关于卖场装饰、语言设置相关的设定。

2. 右侧面板功能

(1) My Data(我的数据):显示数据概览,卖家可以了解店铺相关表现;

(2) To Do List(待办清单):显示需要卖家处理发货、待同意退款或者取消订单申请的概况;

(3) Marketing Center(营销中心):显示近期正在进行报名的活动等;

(4) News(新闻):为平台面向所有卖家发布公告内容。

(二) 商店设定

卖家可在商店设置当中对店铺的物流渠道、退货地址、店铺装修、页面语言等进行设定(shop setting),如图 2-47 所示。

图 2-47 商店设置

卖家可点击左侧功能栏进行切换设置，从上至下依次内容如下。

(1) 商店介绍：对商店名称、商店图片、商店信息简介以及宣传视频等进行设置。

头像图片×1：上传后系统会剪切为圆形；

店铺名封面图片×1：规格1 600×800；

店铺介绍图片×5：规格1 600×800。

(2) 物流中心：设置店铺物流渠道以及店铺产品发货天数。

(3) 我的地址：店铺退货地址，供买家退货以及平台处理卖家退货时使用。

(4) 商店评价：在店铺购买过产品的买家针对店铺的评分。

(5) 我的表现：卖家在订单发货率及完成率、买家满意度、商家规范等方面的表现。

(6) 卖家计分：卖家可以查看店铺惩罚计分分值以及对应计分违反的规则。

(7) 我的报告：卖家可在我的报告当中下载查看店铺相关的各类报表。

(8) 银行账号：可以查看店铺绑定的第三方收款平台账号。

(9) 商店设定：开启或关闭店铺休假模式或者是否接受买家出价。

(10) 隐私设置：设置浏览记录显示设置。

(11) 聊天设定：设置店铺聊聊自动回复话术。

(12) 通知设定：设置店铺接受推送消息。

(13) 我的账户：卖家可以设置电话以及更改后台显示语言设置。

(14) 更新密码：更改店铺登录密码。

(三) 商品上架

(1) 登录卖家中心后台，进入我的商品（my products），点击添加新商品（+add a new product），然后按照相应的步骤操作即可。填写内容有：商品名称、商品描述、类别、价格、总库存、规格、上传产品图片、重量、包裹尺寸大小、运费。需要注意的是，涉及文字部分都需要用繁体。

(2) 进入【我的商品＞新增商品】，输入完商品信息后，选择【其他】，点击【储存并上架】，如图2-48所示。

图2-48　新建商品

(四) 订单发货操作

1. 单一发货(SLS 物流)

(1) 在【To Ship】页面,选择"To Process",点击待处理订单右侧"Arrange Shipment"按钮。

(2) 在弹出窗口中,点击"Print Waybill"按钮,打印出相应订单的面单,如图 2-49 所示。

图 2-49 发货操作

(3) 卖家将货物按打包要求进行打包,将货物寄往相应的仓库,仓库收到货物后扫描面单,货物状态会由【To Ship】变为【Shipped】。

2. 单一发货(使用 LWE 或 Chinapost 物流)

使用 LWE 和 CK1 物流的卖家,需要卖家提前开设好 LWE 或 Chinapost 账户。

(1) 在【To Ship】页面,选择"To Process",点击待处理订单右侧"Arrange Shipment"按钮。

(2) 在弹出窗口中,填写 LWE 或 Chinapost 的物流单号到"Tracking #"栏后,点击 Ship 即可。

注意:该物流号无法进行修改,请卖家务必填写正确,如图 2-50 所示。

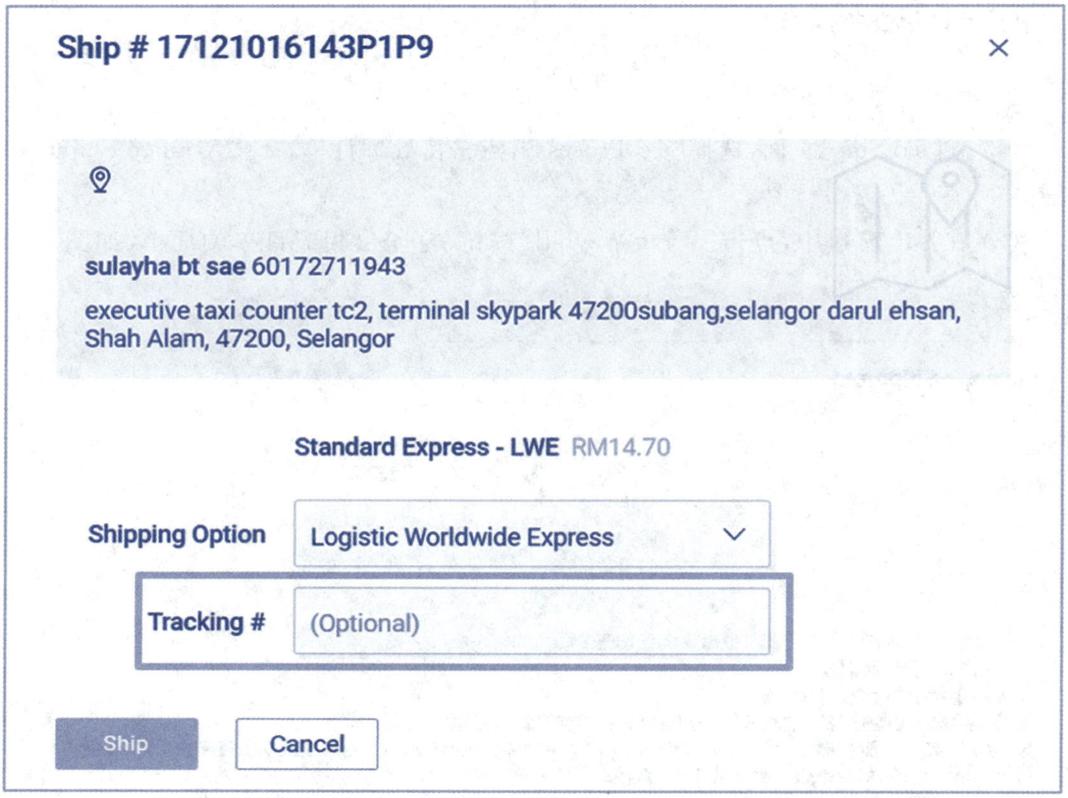

图 2-50 物流填写

第五节 Lazada 平台

一、Lazada 平台介绍

Lazada 成立于 2012 年,是东南亚最大的电子商务平台,中文名为来赞达。主要目标市场是东南亚 6 国,即:马来西亚、印度尼西亚、新加坡、泰国、越南、菲律宾。平台用户超过 3 亿个 SKU,主要经营 3C 电子、家居用品、玩具、时尚服饰、运动器材等产品,平台从成立不到 7 年的时间就一跃成为东南亚最大的电子商务平台。Lazada 集团自 2016 年起成为阿里巴巴集团东南亚旗舰电商平台。因此,Lazada 也被看作东南亚的"速卖通",从成立到估值达 10 亿美元所用时间为 2.75 年。2020 年 8 月 4 日,《苏州高新区·2020 胡润全球独角兽榜》发布,Lazada 排名第 58 位。

二、Lazada 平台注册

（一）入驻要求

在 Lazada 开店首先需要满足的条件是企业须拥有合法企业营业执照；个人则需要使用马来西亚的身份证号码（NRIC）。在满足基本条件的前提下，可以通过邮件来完成入驻，在入驻过程中还需要有一些其他条件如下。

（1）企业营业执照。

（2）需要有 payponeer 卡，同时必须要以企业形式注册 P 卡，在入驻 Lazada 时收到的第二封邮件会有 P 卡注册的通道。

（3）卖家必须要有一定的电商销售经验，如在 Amazon、速卖通、Wish、eBay 等有开店经验。

（4）平台对于产品有一定的要求，例如 3C 消费电子产品——手机、平板、相机，只能穿戴的设备等属于禁售产品。同时，禁售产品还包括：液体产品、电子烟、情趣用品、食品、药品等。

（二）店铺入驻

第一步：打开 Lazada 官网：https://www.lazada-seller.cn/，如图 2-51 所示，点击右下角"成为卖家"。

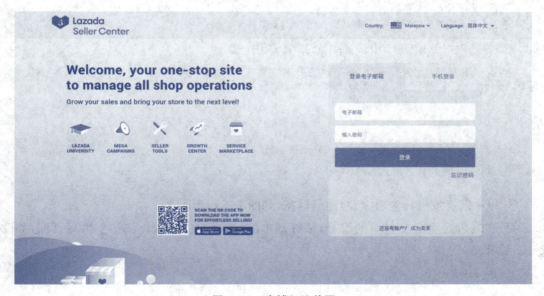

图 2-51　店铺入驻首页

第二步：① 选择想要注册的店铺类型，如图 2-52 所示。

图 2-52　店铺类型选择

② 注册前需准备以下材料，如图 2-53 所示。

请您提前准备如下资料，便于您快速入驻并且完成审核。

1.企业支付宝且余额不低于3000RMB，用于身份验证及保证金缴纳

2.中国大陆手机号码，用于在注册账号时接受短信验证码

3.营业执照照片：必须与用于验证的企业支付宝营业照片一致

温馨提示：审核通过后您可登录GSP后台找到'新商家90天免佣计划'栏点击加入，完成相应步骤参与90天免佣金计划。您若不参与，平台默认您放弃此项福利。

图 2-53　注册前准备材料

③ 以一般卖家身份注册，填写注册信息，如图 2-54 所示。

第三步：绑定企业支付宝的账号，填好基本的登入信息，进入详细信息填写页面，如图 2-55 所示。

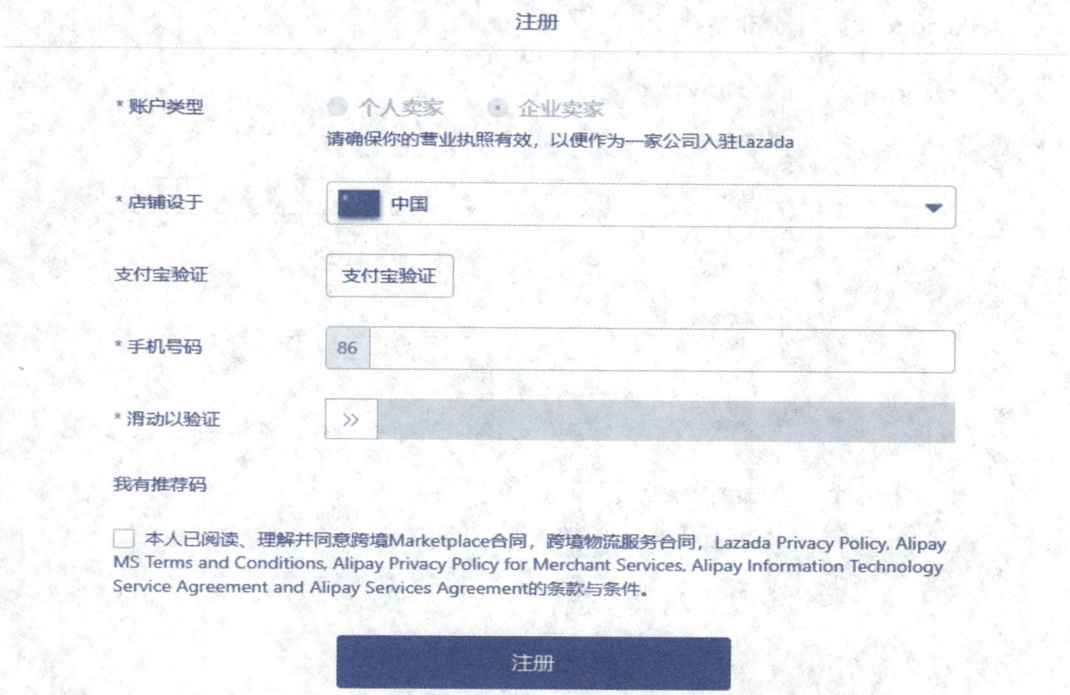

注册
* 账户类型
个人卖家
企业卖家
请确保你的营业执照有效，以便作为一家公司入驻Lazada
* 店铺设于
中国
支付宝验证
支付宝验证
* 手机号码
86
* 滑动以验证
我有推荐码
本人已阅读、理解并同意跨境Marketplace合同，跨境物流服务合同，Lazada Privacy Policy, Alipay MS Terms and Conditions, Alipay Privacy Policy for Merchant Services, Alipay Information Technology Service Agreement and Alipay Services Agreement的条款与条件。
注册

图 2-54　填写注册信息

Lazada
CrossBorder
歡迎！完成您的待辦任務清單，开启商家之旅。
0% 已完成，做得好！
簡体中文
开始售卖
管理通讯录
保护您的账号
补充企业文件
接收收入
填写银行信息
付保证金
保证金

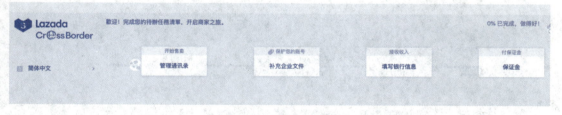

图 2-55　详情页面填写

第四步：通讯录填写，如图 2-56 所示。

第五步：支付账号绑定。可以选择方便操作的支付宝，也可以绑定 P 卡。

第六步：缴纳保证金，如图 2-57 所示。

此时，开店步骤即将完成，审核时间大约为 1—2 周，收到 6 个站点审核通过的邮件后，店铺审核才算通过。

图 2-56 通讯录填写

图 2-57 缴纳保证金

三、Lazada 平台规则

（一）Lazada 开店费用

Lazada 开店费用主要分为两块：一块是 Lazada 固定收取的费用，另一块是物流等其他费用。其收费可以用下面公式表达：

费用＝ 订单佣金（commission）＋增值税（GST）＋账务处理费（销售总额的 2%）＋运费及其他

（二）Lazada 禁限售

1. 平台禁售产品

Lazada 平台禁止销售的产品类别如下。

（1）食品、食品补充剂、保健品，被列于国家特定禁售名单中。

（2）电子通信设备。

（3）毒品。

（4）烟草、香烟和酒精。

（5）医疗产品，包括传统药物和医疗设备。

（6）武器，包括刀、枪、步枪、武器的任何组件、弹药、轮、墨盒、激光枪、指环、气体喷雾、防弹背心、腐蚀性物质和酸、核技术和大规模杀伤性武器。

（7）黄金首饰、钳金首饰和钻石。

（8）成人出版物、货物、报纸、需要审查的电影和成人玩具。

（9）具有煽动性的材料。

（10）含危险原材料的儿童和婴儿用品和玩具包。更多细节请参阅 FDA 标准。

（11）盗版或仿制的商品。

（12）动物和植物。

（13）护肤品、食品补充剂。

此外，根据每个国家的市场还有更具体的禁限售产品，比如新加坡禁售口香糖，需要了解清楚。

2. 禁限售处罚

违反禁限售规则可能会受到以下处罚。

（1）产品下架。

（2）罚款。

（3）限制卖家账户的交易活动。

（4）冻结账户/所有产品下线。

(5) 提起法律诉讼。

(6) 报告相关司法机构。

四、Lazada 平台操作

输入合法账户后，登录 Lazada 平台卖家中心，如图 2-58 所示，Lazada 卖家中心为卖家提供的功能主要有产品管理（products）、订单管理（orders）、产品优惠促销管理（promotions）、财务管理（finance）和数据分析管理（analytics）共五个模块。

图 2-58　卖家页面中心

卖家中心页面有一些快捷按钮，便于卖家操作。其中，单击 Add New 按钮，可以进行产品的添加；单击 Export 按钮，可以采用 CSV 文件格式将系统中已经存在的产品 SKU 信息导出；单击 Import 按钮，可以批量上传产品或者批量修改产品；单击 View History 按钮，可以查看订单进口或出口的历史记录；单击 Actions 按钮，可以进行系列操作，包括 Edit details、Copy listing、Manage product image 和 Delete product 共四种操作。

（一）逐个商品上传

Home＞Products＞Add Products，如图 2-59 所示。

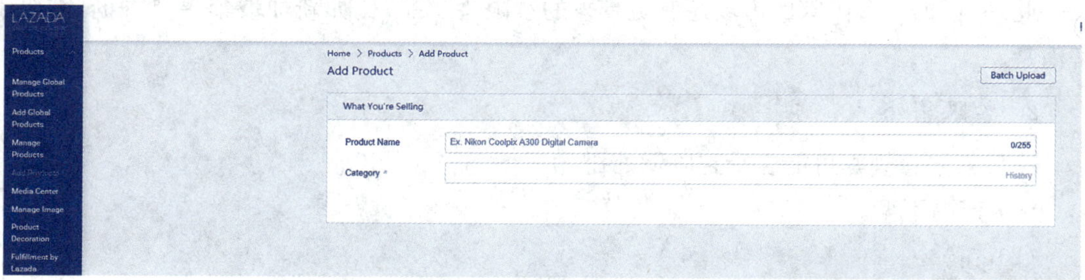

图 2-59　产品上传

或者，Products＞Manage Venture Products＞Add New（以马来西亚站点为例），如图 2-60、图 2-61 所示。

图 2-60　产品上传(1)

图 2-61　产品上传(2)

1. 第 1 部分

"What You're Selling"界面，如图 2-62 所示。

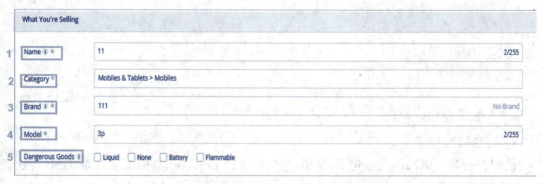

图 2-62　产品上传(3)

（1）Name(产品名称)：不超过 255 个字符。
（2）Category(类目)：
① 从类目建议中选择类目，或者点击"Category"栏，在类目树中选择类目，从首层类目

选至底层类目。

② 以上各项填写完毕,其余需要填写的部分才会展开。

(3) Brand(品牌):

① 必须填写在 Lazada 品牌库已经注册的品牌,否则无法输入保存。

② 没有品牌的产品,请点击最后边"No Brand"。

(4) Model(型号):根据类目为必填或选填。

(5) Dangerous Goods(危险品):四个选项勾选都会弹出禁止发布提示,此项建议空着。

2. 第 2 部分

"Basic Information"界面,如图 2-63 所示。

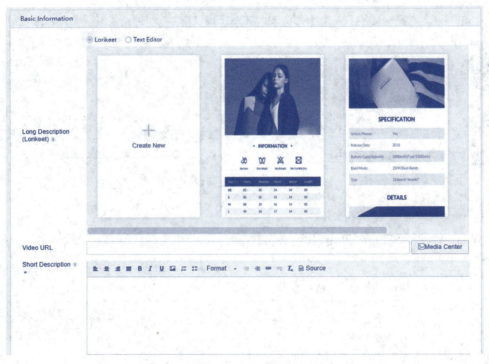

图 2-63　信息填写(1)

(1) 长描述。

使用符合英文语法的完整句子,排版整齐;可使用 Lorikeet 模板丰富页面(GSP 无法设置,需在 ASC 设置)。

(2) 插入视频。

(3) 短描述(即产品卖点,建议用简洁的语言概括产品的优势之处,增加吸引力)。必须3—8 条,用圆点·排列;每点最多 60 个英文字符。

3. 第3部分

Basic Information and Key Product Information,如图2-64所示。

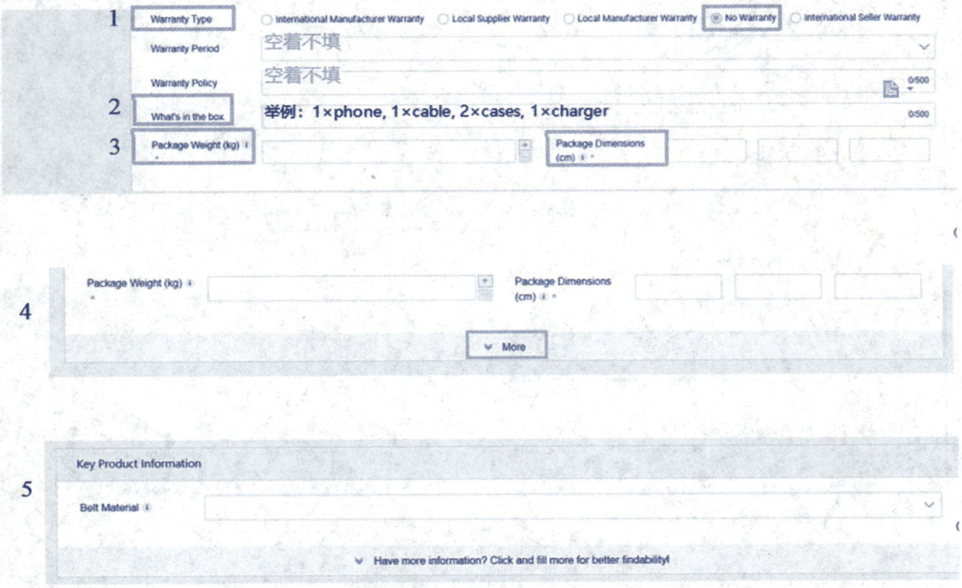

图2-64　信息填写(2)

(1) 保修类型。

跨境卖家只可选No Warranty。

(2) 包裹里有什么。

必须为"数量×物品/产品名称"格式;多件物品请用逗号分开排列。

eg:1×phone, 1×cable, 2×cases, 1×charger。

(3) 包裹重量和尺寸。

包裹重量(单位kg,最多保留2位小数);

包裹尺寸(单位cm,长宽高均取整)。

注意:仅填数字;包裹重量将用于价格运算公式,请准确填写。

(4) 更多。

建议填写,以完善产品内容。

(5) 产品关键信息描述。

建议填写,完善产品内容,增加曝光机会(部分类目可能没有该部分,以各类目的实际情况为准)。

4. 第4部分

SKU Information,如图2-65所示。

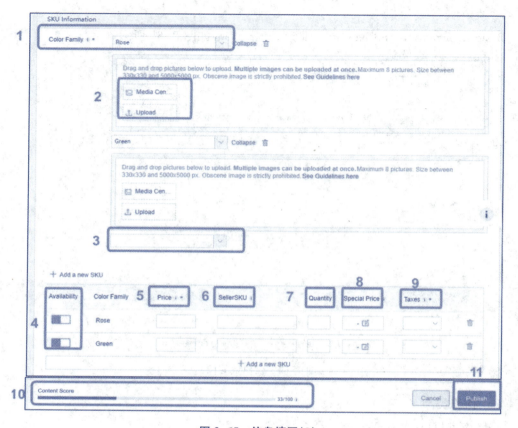

图 2-65　信息填写(3)

(1) 填写多属性，创建变量。如变量为 Color Family，每添加一个颜色，都可以添加一组产品图片。

(2) 上传图片(1—8 张图，注意图片尺寸要求)或视频。

(3) 继续添加多属性变量。

(4) 是否上线(上线即激活产品)。

(5) Price 零售价：VN，ID 货币需千位取整；MY，SG 货币最多保留 2 位小数；TH，PH 货币取整。

(6) SellerSKU：此为产品 ID，帮助卖家区别自己上传的不同产品。

使用 3—50 个英文字母/数字；"-"和"_"可以使用，但是为防上传错误，请不要使用其他符号，尤其是分号和逗号(;,)；同一店铺不可使用重复 SellerSKU；已删除的 SellerSKU 不可以被再次使用。

(7) 库存：填写需要在该国售卖的库存数。

(8) Special Price 促销价：Special Price≥Price×50%；填写促销价生效起止日期。

(9) Taxes：跨境卖家只可选择 Default。

(10) Content Score：产品分数（产品内容越充实，分数越高，鼠标移动至查看要求）。

(11) Publish：检查无误后发布产品。

第六节　Joom 平台

一、Joom 平台介绍

（一）Joom 平台

Joom 平台是俄罗斯知名的电商平台，成立于 2016 年 6 月份。成立之后即呈爆发式发展，成为全球发展速度最快的电商平台，平台定位为移动端购物平台。目标市场主要针对俄罗斯境内。成立当年 11 月份，Joom 平台对中国卖家开放，之后更是进入高速发展阶段，成为中国跨境卖家热衷的平台之一，甚至在其官网的平台介绍这样开头："Joom is an online market place for products from China, where you will find everything you need(and even more!) at very low prices."

Joom 平台在 2017 年开始开拓境外市场，7 月份进入欧洲市场主要包括法国、英国和北欧地区。紧接着 8 月份就在爱尔兰、澳大利亚、非洲、美国和加拿大开通平台。Joom 的发展速度非常快，仅仅 2017 年 11 月份单月的销售额就是 2016 年全年销售额的 53 倍，市场从俄罗斯发展到全球 20 多个国家，单日的订单量在 2017 年 10 月份就已经超过 30 万（见图 2-66）。

图 2-66　Joom 平台

(二) Joom 平台的优势和特点

Joom 平台对于客户而言有如下几项优势。

(1) 免运费服务；

(2) 平台的界面与 Wish 有点类似，用户只会看到自己偏好的产品；

(3) 应用推送功能强大，通过弹出式的通知推送吸引客户返回应用；

(4) 平台商品品类多；

(5) 7×24 小时客户服务；

(6) 折扣和优惠力度大；

(7) 自动促销广告，卖家只需要制定产品的价格平台会自动进行促销；

(8) 商品退货保障，平台承诺 75 天内买家没有收到商品或者商品损坏可以无条件退款。

二、Joom 平台入驻条件

Joom 平台 2016 年 11 月就开通了中国卖家入驻，那么中国卖家在入驻 Joom 时需要满足什么条件，准备哪些资料呢？

在 Joom 中国卖家入驻官网中有明确的标明中国卖家入驻需要具备的条件和资料，具体如下。

(1) 企业营业执照；

(2) 企业法人身份证；

(3) 企业法人手持身份证照片；

(4) 银行账号或者 payoneer 账号；

(5) 需要有开店经验，提供店铺或企业前三的产品每日订单量和交易总额；

(6) 企业在速卖通、Wish、亚马逊、eBay 等平台的店铺前三产品的店铺链接。

三、Joom 平台基本规则

1. 账号规定

(1) 根据服务条款，只有法人实体才能成为 Joom 卖家。这意味着 Joom 只与被认证的法人实体合作。

(2) 如果一个 Joom 账号所登记的公司发生异常情况，例如被清算、被注销，该公司丧失法人资格并将失去 Joom 卖家的身份。丧失法人资格后，如果其 Joom 账号关联的 Payoneer 账号为活性，则卖家可以在相应的放款周期收到所有余款；否则，需要尽快联系客服解决放款问题。

(3) 向第三方出售或转手 Joom 卖家账户和账户名的行为被禁止。

(4) 卖家只能开一个账号,但是一个账号下可以开多家店铺。

2. KYC 流程

KYC(know your customer——了解你的客户)是卖家后台的构成部分之一。KYC 资料页显示卖家公司的所有最新信息,包括:公司基本情况、公司总经理或法人代表、公司 UBO(最终受益人)信息等。

每个 Joom 卖家都必须通过 KYC 流程并保证 KYC 文件中信息为最新信息。如果任何卖家在 KYC 文件中指明的信息发生了变更,卖家必须主动提前告知平台即将会有的变更,并对 KYC 文件内容进行相应的调整。

3. 禁止违规行为

(1) 卖家需遵守平台秉承的公平竞争的原则,不能刷单、卖侵权产品、建立重复或关联账号等。

(2) 违反 Joom 平台规则的卖家将受到产品被下架、账号限流、为期 3 天至 1 个月的临时封号处罚或永久封号处罚,视违规情节严重性而定。

4. 平台佣金

Joom 平台佣金比例由产品类目决定,一般为 5% 或者 15%,卖家可在产品页面查看任何一个产品具体的佣金比例。详情请看文章:平台佣金。

5. 放款条件

(1) 根据银行和其他金融机构的规定,平台只对公司转账,不进行个人转账,因此卖家在 Joom 上绑定的收款账号必须是公司账号。

(2) Joom 每个月放款两次,卖家的放款周期有长有短。放款时间由卖家表现决定(最快两周)。

6. 产品审核

(1) 所有新上传或编辑过的产品都将接受 Joom 平台的产品审核。Joom 平台将审核产品的名称、图片、描述、变型等。不符合平台要求的产品将被拒绝。

(2) 在 Joom 平台的产品要求产生变化时,已过审的产品也会被再次审核。

7. 订单处理

卖家需要在尽可能短的时间内处理订单并发货,未在平台规定时间内处理的订单将被自动取消并退款。所有订单都需附带有效的跟踪号。

8. 联系买家

在 Joom 平台上,卖家无法直接与买家联系。这是为了保障客户的消费者体验,使其能简单、舒适地网购。

9. 退款

由于 Joom 平台上没有卖家与买家直接交流的功能，退款环节将由 Joom 平台负责。

四、Joom 平台操作

（一）账户设置

1. 填写基本信息

基本信息的填写如图 2-67 所示。

图 2-67　基本信息填写界面

2. 填写退货地址

退货地址的填写如图 2-68 所示。

3. 填写付款信息

如图 2-69 所示，付款账户只能填写公司账户，私人账户不被允许。

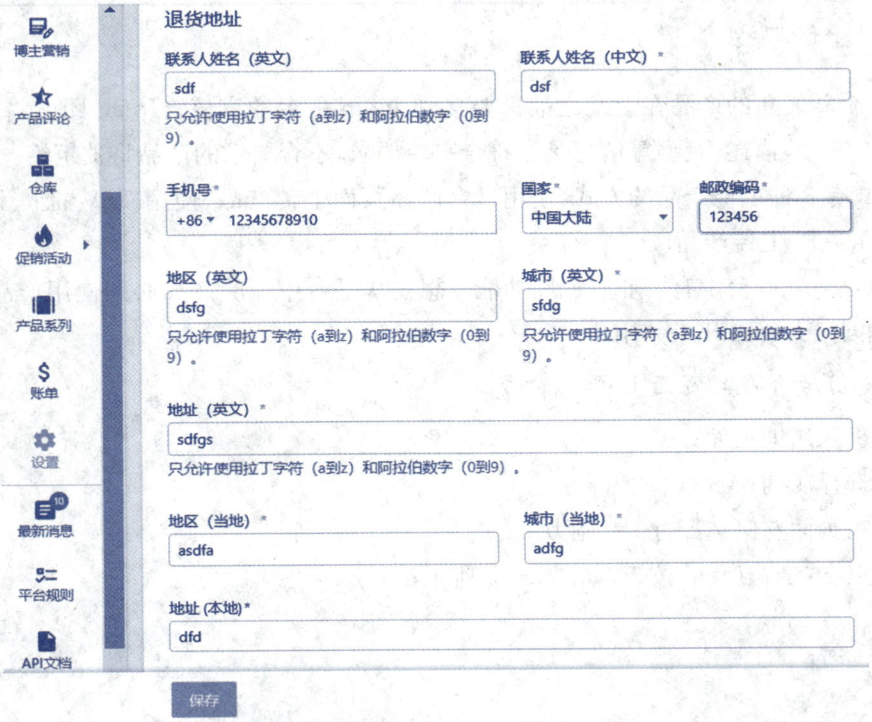

图 2-68　退货地址填写界面

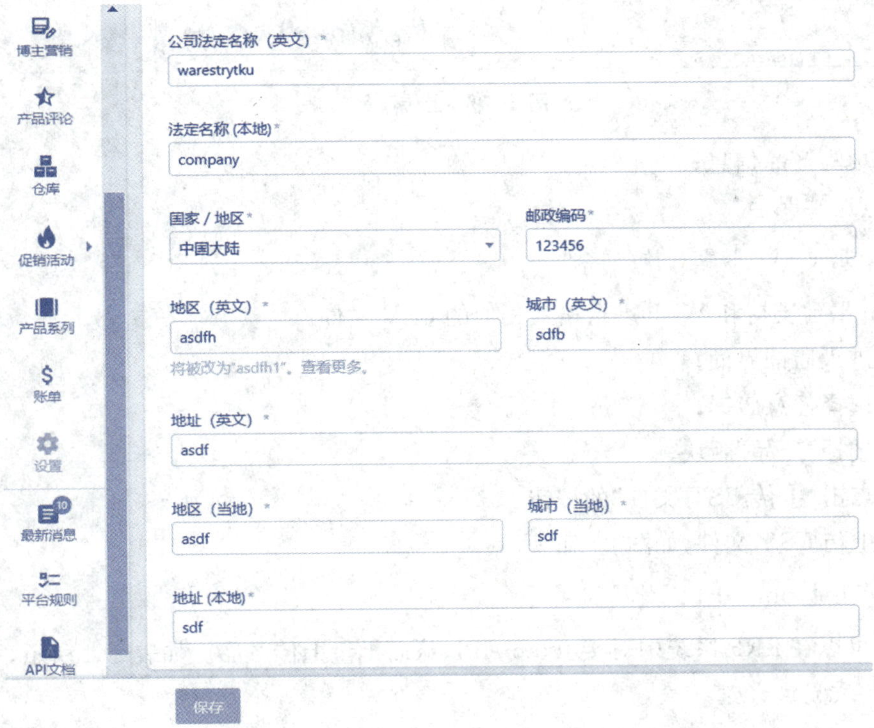

图 2-69　付款信息填写界面

(二)上传产品

每一个新发布的产品在上架之前都要接受 Joom 平台的审核。Joom 团队将考核新产品的名称、图片、描述、变型等信息是否符合平台要求,不合要求的产品将被拒绝。

Joom 有 3 种上传产品的方式:使用后台产品页面上传产品、使用 CSV 批量上传产品、使用 Joom API 上传产品。

注意:Joom 平台没有"删除产品"功能。想要从平台中删除产品必须使用产品页面,以 CSV 文件或 Joom API 来禁用。

1. 使用后台产品页面上传产品

(1)进入店铺页面;

(2)选择店铺;

(3)在页面左侧选择"产品"版块;

(4)点击"创建产品"按钮,如图 2-70 所示;

图 2-70 上传产品(1)

(5)填写产品信息;

(6)点击"保存"。

2. 使用 CSV 批量上传产品

Joom 平台支持和 Wish 平台格式相似的 CSV 文件。

(1)进入店铺界面;

(2)选择任意店铺;

(3)选择"产品"版块;

(4)点击"上传 CSV 文件"的按钮;

(5)上传 CSV 文件,如图 2-71 所示。

3. 使用 Joom API 上传产品

卖家可以在 ERP 系统中对接 Joom API,从而批量上传产品。如表 2-4 所示,平台支持以下 ERP 系统。

图 2-71 上传产品(2)

表 2-4 Joom 平台支持的 ERP 系统

马帮	Act need	超级店长	店小蜜	通途
普源	芒果店长	易仓	速猫	ECPP
方舟	胜途	数字酋长	赛盒	

一般产品变型情况：

（1）不同尺寸；

（2）不同颜色；

（3）不同设计（花纹、图案）；

（4）不同功能和参数。

(三) 订单发货

1. 订单处理期限

所有新生成的订单都有 2 小时的保护期，用户可以在订单保护期内取消订单。2 小时保护期结束后，订单将转为已批准状态，卖家将有 7 个工作日的时间来处理订单。未在规定的期限内处理的订单将被 Joom 平台自动取消，用户将获得全额退款，如图 2-72 所示。

图 2-72 订单处理流程

如果订单批准时间刚好与周末或节假日重叠，订单处理时间会适当延长。

请注意：金额低于 15 美金的 Joom 物流订单处理期已经缩短为 5 天。对于金额高于 15 美金的 Joom 物流订单，处理期为 7 天。

也就是说，金额低于 15 美金的 Joom 物流订单必须在 5 天内交付给均辉仓库，否则将被取消；金额高于 15 美金的 Joom 物流订单必须在 7 天内交付给均辉仓库，否则将被取消。

在规定时间内未到达均辉仓库而被自动取消的订单将影响卖家的订单取消率。

2. 自动取消订单

自动取消订单功能工作原理如下。

（1）在顾客下单并付款后的 2 个小时内，卖家无法查看处理订单。

（2）如果 2 小时后顾客没有取消订单，订单状态将转为"已批准"并变成对卖家可见。

（3）从这个时刻起，卖家有数天时间来发货并在 Joom 上将订单标记为"已发货"。

（4）如果卖家在第四天仍未处理订单，则会收到附带未按时处理的订单名单的警告邮件。

（5）如果卖家在第七天仍未处理订单，Joom 系统将自动取消订单。

3. 订单发货要求

（1）线上物流政策。

根据 Joom 平台线上物流政策，中国直发个别国家的产品必须使用指定的线上渠道发货。Joom 对线上发货渠道制定了使用率考核，每周都将考核所有卖家的线上渠道使用情况。

违反 Joom 平台线上物流政策、未达到 Joom 平台线上渠道使用规定的卖家将受到 3 天至 1 个月不等的封号处罚，由情节严重情况决定。

（2）其余发货渠道。

如果订单配送目的地、产品种类（如部分特货）、产品尺寸和重量等不符合 Joom 平台线上物流政策的发货要求，卖家可以参考 Joom 平台接受的物流渠道列表，选择其他渠道发货。如果卖家想使用列表以外的物流商发货，首先需要发送邮件至 merchant@joom.com，申请将新的物流商加入平台列表中。

关键词

跨境电商平台　速卖通　亚马逊　Shopee　Lazada　Joom

本章小结

1. 跨境电商的基本模式有 B2B、B2C、C2C，B2B 是指企业与企业之间通过互联网进行产品、服务及信息的交换。有全球性、即时性、无纸性、匿名性、演变性等特点。

2. 参考示例，掌握速卖通、亚马逊、Shopee、Lazada、Joom 平台的注册及基本操作。

3. 作为阿里巴巴旗下的外贸在线交易平台的速卖通正式上线，面向海外买家，通过支付宝国际账户完成交易，融订单、支付、物流于一体，覆盖超过 220 个国家和地区。

4. 亚马逊全球共 14 个站点，其中在美国、英国、加拿大、法国、德国等国家，亚马逊的流量都位于购物平台中的第一位，按照美国电子商务互联网排名，亚马逊仅次于 Google 和 Facebook。另外，Amazon 平台还具有物流优势，并且具有面向全球卖家的战略支持。

> 5. Joom 平台对于客户而言有如下几个优势：免运费服务；平台的界面与 Wish 有点类似，用户只会看到自己偏好的产品；应用推送功能强大，通过弹出式的通知推送吸引客户返回应用；平台商品品类多；7×24 小时客户服务；折扣和优惠力度大；自动促销广告，卖家只需要制定产品的价格平台会自动进行促销；商品退货保障，平台承诺 75 天内买家没有收到商品或者商品损坏可以无条件退款。

习 题

一、简答题

1. 简述跨境电子商务平台的定义。
2. 跨境电子商务平台按主体分类有哪些？请举例说明。
3. 简述速卖通线上发货的流程。
4. 简述 Shopee 定期清理不活跃店铺的规则。
5. 简述 Lazada 关于开店费用的内容。

第三章
跨境电商物流

学习目标 >>

1. 掌握跨境电商物流概况
2. 了解邮政物流、商业物流、专线物流的模式类型及特点
3. 熟悉跨境电商运费计算
4. 掌握海外仓含义及模式

在跨境交易中,物流是连接国内卖家与国外买家的重要通道,选择高效、适合自己的物流方式,能为卖家节约物流成本、提高收益。卖家熟练掌握发货流程、及时上传物流信息,可以让买家随时掌握物流动态,为其创造良好的购物体验。

第一节 跨境电商物流概述

一、跨境电子商务物流的概念

(一)传统国际物流概念

我们通常说的国际物流主要是指在生产国和消费国之间的贸易过程中,存在空间距离和时间距离,为了克服生产和消费之间的这种距离,通过物品的跨国实体流动来完成贸易目的,即促成贸易过程中卖方交付货物和买方收取货物的活动。

(二)跨境电商环境对物流的新要求

随着跨境电子商务的高速发展,适应跨境电子商务的新型物流模式衍生出来。跨境电子商务对物流提出了更高要求,具体表现如下。

(1)跨境电子商务"多品种、少批量、多批次、周期短"的运营方式对物流的敏捷性和柔性提出了更高的要求,跨境电子商务网上交易后对物流信息的更新强调了库存商品快速分拣配送的原则,而多元化的物流渠道选择也符合了跨境电子商务对国际物流的柔性需求。

(2)在跨境电商运营的过程中,国际物流的服务质量影响客户体验,物流服务的时效、准确度、破损率等对于交易整体产生重要影响。另外,国际物流的成本也决定了产品的竞争优势。

(3)跨境电子商务国际物流强调整合化和全球化。

(4)跨境电子商务要求物流提供主动服务,而不是传统物流的被动服务。要求产品、物流、信息流和资金流的统一,交易完成后主动把物流信息发送给客户,并实时监控货物直到完成投递。

(5)跨境电子商务要求物流注重 IT 系统化、信息智能化。在跨境电子商务的推动下,以信息技术为核心,对国际物流进行全过程优化。现代各大国际物流服务商致力于开发技术领先的物流 ERP 系统,以期望提供更全面简捷的物流信息操作模式,实现跨境电子商务网上购物的一体化和智能化。

(三) 跨境电商环境下物流的特点

在跨境电子商务对国际物流提出更高要求的形势之下,国际物流呈现出新的特征,具体表现如下。

(1) 物流速度反应快速化。跨境电子商务要求国际物流上下游的物流配送需求反应的速度加快,前置时间和配送间隔越来越短,商品周转和物流配送时效越来越高。

(2) 物流作业的规范化。跨境电子商务国际物流强调作业流程的标准化,包括物流订单处理模板、物流渠道的管理标准等,使复杂的物流作业流程变成简单、可量化、可考核的物流操作方式。

(3) 物流信息的电子化。跨境电子商务物流强调订单处理、信息处理的系统化和电子化,用 ERP 信息系统功能完成标准化的物流订单处理和物流仓储管理模式。

二、物流与跨境电子商务的关系

1. 从属关系

跨境电商主要包含三个部分:跨境电子商务平台、跨境物流和跨境支付。因此,国际物流在跨境电商整个产业链中占据重要位置。

2. 相互促进

跨境电子商务的迅速发展对国际物流提出了高效化的要求,物流效率的高低甚至成为二次订单转换的关键。反过来,高效的国际物流体系为跨境电商带来了更好的用户体验,国际物流的全球性促进了跨境电商发展范围的扩大。

3. 相互竞争

在境内电商环境下,物流更多的是依赖于电商的流量,物流的议价能力相对较弱。但跨境物流存在通关环节,物流企业的行业门槛变高,使得具备通关能力的物流企业有了更高的议价能力。

三、跨境电子商务物流的模式

根据不同的贸易模式,我们将跨境电子商务分为批发和零售,也就是 B2B 和 B2C 模式。对于批发业务,其物流模式与传统的国际贸易类似;对于零售业务,其物流模式较传统国际贸易发生了变化,下面将做介绍。

（一）批发业务的物流模式

跨境电子商务批发业务，因其交易对象多为大批量货物，其物流模式与传统国际贸易采用的多式联运相类似。

1. 国际多式联运概念

国际多式联运指的是采用不同运输方式进行联合运输，这里所指的运输方式包括两种及以上，可以是：海陆、陆空、海空等。这不同于一般的陆陆、海海、空空等的联运，本质上多式联运需要切换不同的运输工具。

2. 各运输方式的特点

各种运输方式均有自身的优点与不足。一般情况下，公路运输具有灵活机动、易于实现点到点运输的特点；水路运输成本最低，运量也大；铁路运输能够实现货物长距离的准时运输，并且基本不受气候影响；航空运输的最主要优点主要体现在快速运输方面。基于国际多式联运规定须使用两种或两种以上的运输方式进行联合运输，因此可综合考虑各类运输方式的优点，这充分展示出社会化大生产、大交通的鲜明特点。

3. 典型多式联运介绍

由于国际多式联运具有的显著优越性，世界范围内许多国家已经广泛采用和推广这种新技术。当前比较有代表性的国家多式联运主要有远东/北美、远东/欧洲等海陆空联运，其组织形式有以下几类。

（1）海陆联运。作为国际多式联运的主要组织形式，海陆联运也是远东/欧洲多式联运的主要组织形式之一。目前经营远东/欧洲海陆联运业务主要有班轮公会的三联集团、冠航、北荷及马士基等国际航运公司，以及非班轮公会的台湾长荣航运公司、中国远洋运输公司以及德国那亚航运公司等。这种以航运公司为主体的组织形式，通过与航线两端的内陆运输部门开展联运业务，以此与大陆桥运输展开竞争。

目前，全球规模最大的三条集装箱运输航线是：远东—欧洲航线、北美—欧洲航线和远东—北美航线。

（2）陆桥运输。陆桥运输（land-bridge service）指的是采用集装箱卡车或专列，以横贯大陆的公路或铁路作为"桥梁"，使大陆两端的集装箱海运航线与卡车和专列连接起来的一种连贯运输方式。从严格意义上来说，陆桥运输也可以当成是一种特殊的海陆联运形式，但是因为其独特的地位，故在此将其单独作为一种运输组织形式。陆桥运输在国际多式联运中起着十分重要的作用，它是远东/欧洲国际多式联运的主要形式。目前，远东/欧洲的陆桥运输线路主要有北美大陆桥和西伯利亚大陆桥。

（3）海空联运。海空联运又可以称为空桥运输（air-bridge service）。在组织方式上，空桥运输与陆桥运输有明显的区别，陆桥运输在整个货运过程中使用的都是同一个集装箱，不存在换装这个过程,而空桥运输的货物要在航空港换成航空集装箱来进行下一步的运输。这种联运组织形式以海运为主,在最终交货运输阶段使用空运。当前,国际海空联运线路主要有:

① 远东—欧洲:远东与欧洲间的航线以洛杉矶、西雅图和温哥华作为中转站,也有以海参崴、中国香港、曼谷为中转站;还有以旧金山、新加坡为中转站。

② 远东—中近东、澳洲、非洲:以中国香港、曼谷为中转站至中近东、非洲的运输服务。在一些情况下,还有经法国马赛至非洲、经曼谷至印度、经中国香港至澳洲等联运线,这些线路货运量相对较小。

③ 远东—中南美洲:远东至中南美洲的海空联运近年来发展比较迅速,这是因为此线路上的内陆和港口运输不稳定,所以对海空运输的需求较大。该联运线以温哥华、洛杉矶、迈阿密为中转站。

(二) 零售业务的物流模式

1. 零售进口业务的物流模式

(1) 海外直发。海外直发属于进口方向的一种物流模式,指的是由跨境电商平台接受境内消费者的订单,然后将订单信息发送给海外供应商进行备货,由海外供应商以零售的形式发货给境内消费者。在海外直发物流模式中,一般物流服务的主体不是跨境电商平台或境外供应商,而是由外包的第三方跨境综合物流服务公司承担全程物流工作,常见的第三方跨境综合物流服务公司有递四方。

递四方提供的物流服务产品"转运四方",具备覆盖主要发达国家发往国内的线路网络,清关时效为1—3天,因物流公司有着较多业务量,能实现规模效应,能将运费控制在消费者能够接受的范围,例如美国专线10天内送达的物流服务收费在280元左右,14天内送达的物流服务收费在100元左右。

(2) 保税仓。保税物流模式一般分为两个阶段,第一阶段由跨境电商企业将店铺商品提前备货到境内保税仓,第二阶段当消费者下单时,由保税仓工作人员进行订单处理,完成拣货、打包、申报、发货等操作,交由国内物流公司完成境内部分的物流服务。

(3) 邮路。邮路物流模式指的是消费者在跨境电商平台购买商品后,商品以消费者个人的名义进行通关并由邮政或快递公司进行运输。邮路物流模式的物流主体是各国邮政公司和商业快递,如美国的UPS、美国的FedEx和德国的DHL。采用快递递送的跨境电商商品主要是一些货值高、重量轻的商品,例如假发、饰品等。

2. 零售出口业务的物流模式

(1) 海外专线。海外专线物流模式主要指物流公司专注于某些目的地国家,开设专门的运输线路,负责将国内集约的货物运至目的地国家,然后与目的国物流公司进行货物交接。专线物流对货物进行集约，可以实现规模效应，进而降低物流成本，且运输线路具有专门性，更为成熟，保障了货物的递送时效。国内较为有名的专线快递公司有：递四方、三态速递等。

（2）海外仓。海外仓是指在跨境电商贸易过程中在买家所在国建立仓库，利用大数据，分析未来一定阶段可能的销售情况，先行使用普通国际贸易的海运或空运将货物运至仓库，待客户下单后便可直接从仓库寄送至买家手中的模式。

海外仓按照建立者的不同一般分为三类：①专业物流公司建立的海外仓；②跨境电商平台建立的海外仓；③跨境电商卖家建立的海外仓。

跨境电商平台自建的海外仓中最著名的当属亚马逊的 FBA 仓，另外易贝和速卖通也开始建设。FBA，全称 fulfillment by Amazon，即亚马逊提供的代发货服务。亚马逊在美国、加拿大、欧盟、日本都建有自己的配送仓库，为商家提供包括仓储、打包、配送、收付款、客服与退货的一条龙式服务。

第三方专业物流公司建设的海外仓中当前比较著名的有飞鸟国际、出口易（CK1）、递四方（4PX）等。其中飞鸟国际是一家注册地在英国的国际物流公司，英国海外仓储服务是该公司针对中国电子商务卖家的迫切需求，为卖家提供的仓储、分拣、包装、配送等一站式服务。还有部分跨境电商卖家也在尝试自行在目的市场建立海外仓。卖家自建海外仓储物流的公司中比较著名的有兰亭集势（Lightinthebox）。2015 年 2 月，该公司位于美国的第一个海外仓投入运营。目前，全国各地的一些成规模的跨境电商卖家纷纷以各种形式在海外建立自己的发货基地。

（3）邮路。出口业务的邮路模式与进口业务的邮路模式相对应。主要有邮政路径和国际快递路径。我们认为，海外仓的建设既满足当前跨境电商出口的需求，又代表了中国跨境电商企业走向海外的潮流，是中国经济升级扩张的经典案例。

四、跨境电子商务物流存在的问题

伴随跨境电子商务的快速发展，国际物流也在不断进步，以适应跨境电子商务对物流提出的要求，但从现状来看，物流还是存在一些问题，主要有如下几项。

1. 破损丢包

破损丢包无论在境内物流还是跨境物流领域都是长期存在的问题，尤其在跨境物流领域，运送距离较长，中转次数较多，破损、丢包问题较为明显。破损丢包问题会对客户购物体验产生直接的不良影响，降低客户的二次购买率，卖家也因此需要承担赔偿责任和客户流失成本。降低破损丢包概率是国际物流发展过程中的重点。

2. 不支持退换货

因为跨境物流具有距离远、环节多、要通关、周期长等特点，退换货工作存在困难，尤其对于保质期较短的产品,退换货流程结束可能会伴随产品过保,多数商家不支持退换货政策。在实际运营中,对于低价产品可能会采取退款不退货的处理方式。

3. 清关障碍

跨境物流和国内物流的最大区别在于需要通过两道海关:出口国海关和目的国海关。海关对于货物有管理规定,如不符合目的地海关的管理规定,就会面临货物扣押的情况,海关对于扣押货物一般有没收、退回、整改这几种处理办法,无论哪一种,这笔交易对于卖家来说,成本都是增加的。由于存在目的地国家海关的不确定因素,清关障碍是国际物流中的难题。

第二节 邮政物流

一、邮政物流概述

邮政途径的物流模式主要是通过"国际小包"实现。目前常见的国际小包服务渠道有:中国邮政小包、新加坡邮政小包、俄罗斯小包、荷兰小包等。

整体来看,采用邮政渠道寄送商品,借用了"万国邮政联盟"的庞大网络,具有寄送费用低、寄送方式简便、寄送范围广等特征。相对于其他运输方式(如快递)来说,邮政物流有绝对的价格优势,可以在很大限度上降低成本,提升竞争力。国际 E 邮宝和中邮小包是邮政物流的两种常见产品。

中国邮政服务特色:①覆盖全球的庞大网络;②顺畅的通关能力,有效提高发货时限;③更合理的资费;④安全可靠的运输服务,免除后续烦恼;⑤提供仓储、理货、分拣、配送一条龙服务;⑥为国际电子商务交易提供全球化递运服务;⑦快捷多样的运输方式。

二、中国邮政小包

中国邮政小包(China Post air mail),又称中国邮政航空小包、航空小包或者邮政小包。其包裹重量一般控制在 2 kg 以内,整体包装长宽高之和不超过 90 cm,并且最长边不超过 60 cm,是通过空邮服务寄往国外的小邮包。中邮小包一般可以分为挂号和平邮,挂号邮件可以随时跟踪包裹动态。图 3-1、表 3-1 所示为挂号邮件查询系统和资费标准。

图3-1 挂号邮件查询系统

表3-1 挂号邮件资费标准

	国家及地区	资费标准（元/g）
1	日本	0.062
2	新加坡、印度、韩国、泰国、马来西亚、印度尼西亚	0.0715
3	奥地利、克罗地亚、保加利亚、斯洛伐克、匈牙利、瑞典、挪威、德国、荷兰、捷克、希腊、芬兰、比利时、爱尔兰、意大利、瑞士、波兰、葡萄牙、丹麦、澳大利亚、以色列	0.081
4	新西兰、土耳其	0.085
5	美国、加拿大、英国、西班牙、法国、乌克兰、卢森堡、爱沙尼亚、立陶宛、罗马尼亚、白俄罗斯、斯洛文尼亚、马耳他、拉脱维亚、波黑、越南、菲律宾、巴基斯坦、哈萨克斯坦、塞浦路斯、朝鲜、蒙古、塔吉克斯坦、土库曼斯坦、乌兹别克斯坦、吉尔吉斯斯坦、斯里兰卡、巴勒斯坦、叙利亚、阿塞拜疆、亚美尼亚、阿曼、沙特阿拉伯、卡塔尔	0.0905
6	南非	0.105
7	阿根廷、巴西、墨西哥	0.11
8	老挝、孟加拉国、柬埔寨、缅甸、尼泊尔、文莱、不丹、马尔代夫、东帝汶、阿联酋、约旦、巴林、阿富汗、伊朗、科威特、也门、伊拉克、黎巴嫩、秘鲁、智利	0.12

物流产品对包裹重量和尺寸都有一定标准，表3-2为中国邮政小包重量和体积的限制标准。

表 3-2　中国邮政小包重量、体积限制

中国邮政小包重量、体积限制	
重量限制	≤2 kg（阿富汗除外）
体积最大	长、宽、高合计不超过 900 mm，最长边不超过 600 mm，许可公差为 2 mm
体积最小	至少有一面的长度大于 140 mm，宽度大于 90 mm，许可公差为 2 mm
圆卷状	直径的两倍和长度合计不超过 1 040 mm，长度不超过 900 mm，许可公差为 2 mm
圆卷	直径的两倍和长度合计 170 mm，长度不得小于 100 mm

三、国际 E 邮宝

国际 E 邮宝是伴随国际电子商务寄送市场的增长，中国邮政推出的一款经济型国际邮递产品，目前该业务为中国电商卖家寄件人提供发往美国、澳大利亚、法国、英国等国家的包裹寄递服务。

国际 E 邮宝具备以下特点：第一，经济实惠，国际 E 邮宝按总重计费，续重的计量单位为克，免收挂号费；第二，国际 E 邮宝时效较快，一般 7—10 天就可以妥投；第三，国际 E 邮宝服务比较专业，针对的主要是中国 ebay 的卖家；第四，国际 E 邮宝服务较好。

表 3-3 为国际 E 邮宝包裹的重量和体积限制标准。

表 3-3　国际 E 邮宝重量、体积限制

国际 E 邮宝重量、体积限制	
重量限制	≤2 kg
体积最大	长、宽、高合计不超过 900 mm，最长边不超过 600 mm，许可公差为 2 mm
体积最小	至少有一面的长度大于 140 mm，宽度大于 90 mm，许可公差为 2 mm
圆卷状	直径的两倍和长度合计不超过 1 040 mm，长度不超过 900 mm，许可公差为 2 mm
圆卷	直径的两倍和长度合计 170 mm，长度不得小于 100 mm

国际 E 邮宝的收费标准分 eBay 业务和非 eBay 业务。

针对 eBay 的业务，收费标准为每件首重 9 元，首重是 70 g，续重 0.074 元/g，计算结果四舍五入。

针对非 eBay 的业务，如果包裹在 1 g—200 g，收费标准为每件首重 9 元，首重是 70 g，续重 0.08 元/g，计算结果四舍五入。如果包裹在 200 g—2 000 g，收费标准为每件首重 9 元，首重是 70 g，续重 0.075 元/g，计算结果四舍五入。

以上我们介绍了中邮小包和国际 E 邮宝两种常见的邮政物流服务产品,下面我们可以对比一下这两者之间的异同,这两种物流产品对包裹的重量限制和尺寸限制是相同的,不同之处在于时效和费用,从费用上来说,国际 E 邮宝较为便宜,从时效上来说,国际 E 邮宝相对中邮小包更快。

第三节 商业快递

一、现代商业快递的起源

现代商业快递是随着资本主义的经济迅速发展产生的。1907 年,美国联合包裹运送服务公司(UPS)在西雅图市创建了美国信使公司,这被认作现代商业快递的开端。但这仅仅是国内快递的肇始,随着国际贸易的迅猛发展,商务文件的运送业务有了越来越多的需求,1969 年 10 月,美国大学生达尔西(Dalsy)从旧金山将提货单等文件通过飞机运送到夏威夷后,萌生了成立航空快件公司的想法。他联合赫布罗姆(Hillblom)及林恩(Lynn),成立了 DHL 航空快件公司,主要经营国际业务,国际商务快递由此拉开序幕。

二、现代商业快递的含义

(一)商业快递的概念

快递又称速递或快运,英文为 Express delivery,是指物流企业通过使用自身拥有资源、技术与独立网络,或以联营合作的方式,将用户委托的文件或包裹,快捷而安全地从发件人送达收件人的门到门的运输方式。快递公司通过铁路、公路和空运等交通工具,对客户货物进行投递。

国际快递则是指发生在两个或两个以上国家(或地区)之间的快递业务,国家的边境口岸和海关对快件进行检验,放行后,通过商业物流公司将承运的包裹、信函或商业文件进行投递的运送方式。国际快件从发件国到达目的国之后,需要在目的国进行再次转运,才能将快件送达最终目的地。

(二)商业快递的特点

国际商业快递作为各国邮政业的重要组成部分,具有如下特点。

1. 国际快递涉及的运输方式多

由于国际快递是从国家到国家、国家到地区的运输业务,很多时候运输距离都比较长,经常需要通过多次装卸、搬运、变换运输方式,通过多种运输工具进行联合运输才能完成递送业务。因此,需要根据货物的性质,选择合适的运送方式,以求得成本与效率的平衡。

2. 国际快递运送风险大

由于国际快递涉及面广、运送环节多、运输距离长,面临的国情纷繁复杂,加之由于投送时间长,遭遇自然灾害、意外事故、战乱、禁运、海盗等事件的概率相对较高且往往后果严重,因此,国际快递相较于国内快递,风险较大。故此,为转嫁运输过程的风险损失,绝大多数快递货物,在投递时都需要办理相关保险。

3. 国际快递速度偏慢

由于国际快递运输距离长,运输途中往往需要多次搬运及装卸,同时或涉及清关等一系列贸易流程,使得国际快递相较于国内快递往往投递时间较长。这就需要商家在发货前准备好有关的单证信息,以使得货物得以最快的速度完成运输及投递。

4. 国际快递需要有物流信息化系统的支持

由于世界上不同国家与不同地区物流信息水平参差不齐,有些国家或地区物流信息水平高,有些国家或地区物流信息水平较低,这种信息水平的不均衡给国际快递造成了较大的困难。国际快递需要与各国海关的公共信息系统联机,以及时掌握有关各个港口、机场和联运线路、站场的实际状况,为供应或销售物流决策提供支持。

三、五大商业快递介绍

(一) DHL(德国邮政全球网络)

1. DHL 敦豪航空货运公司介绍

DHL 于 1969 年创建,是由德国邮政控股的航空货运公司,总部位于德国的布鲁塞尔,是目前世界上最大的航空速递货运公司之一。DHL 是全球快递、洲际运输和航空货运的领导者,也是全球第一的海运和合同物流提供商。公司名由达尔希(Dalsey)、赫尔布罗姆(Hillblom)、林恩(Lynn)三人名字的第一个英文字母组成。

2002 年,德国邮政控制了其全部股权,并把旗下的敦豪航空货运公司、丹沙公司(Danzas)以及欧洲快运公司整合为新的敦豪航空货运公司。2003 年,德国邮政收购了美国的空运特快公司(Airborne Express),并把它整合进敦豪航空货运公司。2005 年,德国邮政又收购了英国的英运公司(Exel plc),并把它整合进敦豪航空货运公司。至此,敦豪航空货运公司速递公司拥有了世界上最完善的速递网络之一,可以覆盖 220 个国家和地区的近 12 万个目的地。

1986 年 12 月 1 日,由敦豪国际(DHL)与中国对外贸易运输集团总公司各注资 50%,

在北京正式成立中外运—敦豪国际航空快件有限公司,是中国成立最早、经验最丰富的国际航空快递公司。

2. DHL 敦豪航空货运公司优势与劣势

(1)优势:服务区域广,通达 220 个国家和地区的近 12 万个目的地,派送网络遍布全球;速度快,正常情况下 2—4 个工作日货达全球,特别是欧洲与东南亚地区,可以做到 3 个工作日至欧洲,2 个工作日到东南亚;价格上,5.5 kg 以下小货及 21 kg 以上大货价格便宜。21 kg 以上物品另有单独的大货价格,部分地区大货价格比国际 EMS 便宜;服务上,提供及时、准确、方便的全程追踪查询,提供包装检验与设计服务,报关代理服务和极强的清关派送服务。

(2)劣势:小货价格较贵,对托运物品限制较多,拒收特殊商品种类较多。

(二)UPS(美国联合包裹运送服务公司)

1. UPS 美国联合包裹运送服务公司介绍

UPS(United Parcel Service,Inc)成立于 1907 年,总部设于美国佐治亚州亚特兰大市,是全球领先的物流企业,提供包裹和货物运输、国际贸易便利化、先进技术部署等多种旨在提高全球业务管理效率的解决方案。

经过 100 多年的发展,UPS 成为专业的运输、物流、资本与电子商务服务的领导性提供者,在全球 220 多个国家和地区拥有强大的物流网络。它在商业快递界中历史最为悠久,与 FedEx 一直是对手,但在中国,UPS 的影响力要次于 FedEx。UPS 的强势地区在美洲,性价比最高。2019 年 UPS 营业额达到 740 亿美元。

1988 年,UPS 进入中国,与中外运总公司合作开展国际快递业务。进入中国市场以来,UPS 在中国的服务范围覆盖 330 多个商业中心和主要城市,每周连接中国和美国、欧洲以及亚洲其他国家和地区的航班近 200 个班次。目前在中国上海和深圳设有两个中转中心。

2. UPS 美国联合包裹运送服务公司优势与劣势

(1)优势:服务区域广,在全球 200 多个国家和地区设立 UPS 商店、营业点、服务中心、授权服务点、投递箱,能快速派送到北美洲和欧洲;速度快,正常情况下 2—4 日货达全球。尤其是美国,差不多 48 小时即可到达;价格上,UPS 国际快递货物出口至美国、加拿大、西欧、北欧和澳新等国家和地区有独特优势;服务上,定点定时跟踪,查询记录详细,解决问题及时快捷。

(2)劣势:除上述国家和地区外,运费较贵,要计算产品包装后的体积重,对托运物品的限制比较严格。

(三)FedEx(美国联邦快递公司)

1. FedEx 美国联邦快递公司介绍

FEDEX 联邦快递是一家国际性速递集团,于 1971 年在美国创立,最初名为"阿肯色航空公司",1973年正式更名为"联邦快递公司"。总部设于美国田纳西州,提供隔夜快递、地面快递、重型货物运送、文件复印及物流服务。服务范围覆盖全球220多个国家和地区。

1992年,FedEx将其亚太区总部设置在香港,1995年开始往来中国的货运业务。2006年,FedEx在广州白云机场建立亚太转运中心,2007年5月,联邦快递(中国)有限公司宣布在中国正式推出国内限时服务业务。

2. FedEx美国联邦快递公司优势与劣势

(1) 优势:服务区域广,通达全球220多个国家和地区,派送网络遍布全球各地;价格上,21 kg以上大货到东南亚的价格相当有竞争力,且速度与DHL、UPS相当。服务上,网络覆盖全球,网站信息更新快,查询响应快。

(2) 劣势:除上述地区外,价格较贵,需要考虑产品体积重,对托运物品限制也比较严格,时效上不如DHL与UPS。

(四) TNT(荷兰邮政集团)

1. TNT荷兰邮政集团介绍

TNT总部位于荷兰的阿姆斯特丹,拥有欧洲最大的空陆联运快递网络,提供包裹、文件以及货运项目的安全准时运送服务,能实现门到门的递送服务,每天递送的包裹、文件和托盘货物达百万件。在欧洲、中东、非洲、亚太和美洲地区拥有航空和公路运输网络。

TNT于1988年进入中国市场。TNT快递大中国区是TNT快递的分支机构,涵盖中国大陆、香港地区和台湾地区市场。在中国大陆,TNT快递提供国际快递和国内公路快运服务。在国际快递方面,它拥有36家国际快递分公司和3个国际快递口岸。在国内公路快运方面,TNT通过其在华全资子公司天地华宇,运营其公路递送网络,下辖56个运转枢纽及1 500个运营网点,服务覆盖中国600多个城市。

2. TNT荷兰邮政集团优势与劣势

(1) 优势:西欧地区为其强势区域;速度较快,一般2—4个工作日通达全球。特别是到西欧,仅需3个工作日;价格上,在西欧地区价格极低,无偏远地区派送附加费用;服务上,在西欧地区,清关能力极强,提供报关代理服务,全球货到付款服务,提供免费、及时、准确的货物追踪查询。

(2) 劣势:除西欧地区外,其他地区时效和价格优势不够明显,且价格比其他快递更高。发货需要考虑产品体积重,对所运货物限制也比较多。

(五) EMS(全球邮政特快专递)

1. EMS全球邮政特快专递介绍

EMS(express mail service)万国邮联管理下的国际邮件快递服务,在中国境内是由中国邮政提供的一种快递服务。

中国邮政速递物流在国内31个省(自治区、直辖市)设有分支机构,并拥有中国邮政航空有限责任公司、中邮物流有限责任公司等子公司。截至2018年底,中国邮政速递物流有员工近16万人。业务范围遍及全国31个省(自治区、直辖市)的所有市县乡(镇),通达包括中国港、澳、台地区在内的全球200余个国家和地区,自营营业网点超过5 000个。

为配合我国跨境电子商务的发展,面向不同的跨境业务需求,中国邮政速递物流推出了E邮宝、E特快、E速宝等多个跨境电商物流产品。

2. EMS全球邮政特快专递优势与劣势

(1) 优势:服务范围广,由于是万国邮联管理下的国际邮件快递服务,各国邮政共同合作,故只要有邮政的地方就可以覆盖;价格低,通常具有很好的折扣,与其他商业快递相比,极具优势,不计泡重,只计实重,且无燃油和偏远地区附加费,即使发生退件也不收取货物退回费用;服务上,报关文件简单,清关查验率低,清关能力强,货运限制较少。

(2) 劣势:速度相对较慢,时效不够稳定,网站信息更新慢。

第四节　专线物流

一、专线物流的概念与特点

(一) 专线物流的概念

随着跨境贸易的日益发展,为降低货物运输成本,物流公司将货物集中以点到点的方式直接发往某个国家或地区,通过合作公司在目的国进行派送的物流方式称为专线物流。目前,国内发往其他国家和地区的专线物流主要包括美国专线、欧洲专线、澳洲专线、俄罗斯专线、中东专线及南美专线等。

(二) 专线物流的特点

随着我国跨境电子商务的迅猛发展,我国跨境专线物流规模持续扩大,相对于其他物流方式,可以发现,跨境专线物流存在以下特点。

(1) 专线物流直达运输,不经停不分拣。专线物流不同于商业快递,它将货物的运输环节尽可能地减少,从出发地的一网点直接运输到目的国的另一网点。

(2) 专线物流服务内容丰富。一般情况下,专线物流提供的是一对一服务,针对性较强。例如在欧洲地区,由于关税起征点低,很容易产生关税,因此中欧专线往往提供预付关税或包关税服务，便于解决托运人的清关问题。同时还提供不计抛、一票多件等服务，能够更好地满足托运人的物流需求。

（3）专线物流性价比高。由于专线物流集中大批量货物实行集中运输，使得专线物流相比于商业快递，价格上有较大优势，且不产生偏远地区附加费，适合大批量发货。

（4）专线物流丢包率低。由于专线物流是线性物流，物流中间环节避免了多次搬卸、装运等环节，使得丢包率得以大大降低，增加了货物投递的安全性。

（5）专线物流的时效性介于商业快递与邮政小包之间。专线物流是点到点的线性运输业务，故而省略了运输中的转运环节与转运时间，取得了优于邮政小包的物流时效，但仍低于商业快递。

（6）专线物流清关方面表现得更为出色。一般而言，成熟的国际物流专线时效稳定，且通常具备双清关功能，甚至在部分国家和地区双清包税。这样一来，就降低了客户双方的物流成本，减少了客户在物流方面的工作，促进了商业效率的提升。

（7）专线物流在部分承运物品方面存有优势。如国际快递一般只能承接内置电池产品，国际小包则无法承接敏感品，不同的快递承接物品有不同的限制。国际专线物流则可以进行很好的补充，不仅可承接含有内置电池的产品，还可承接纯电池、液体、膏体、化妆品等敏感品的托运。

二、我国国际专线物流发展现状

（一）国际专线物流产品逐渐增多

随着我国跨境电子商务的不断发展，市场对于专线物流业务的需求不断扩大，专线物流产品也不断增多。以阿里巴巴为例，旗下跨境电商平台速卖通，通过菜鸟网络与目的国商业快递联合，针对 31 kg 以下大包推出标准类物流专线服务，可寄送普货、带电、化妆品、特货等品类商品。同时，针对 2 kg 以下小件特殊货品（液体，粉末，膏状等），菜鸟网络与目的国邮政联合推出特货专线—标准（Cainiao standard shipping for special goods）。2012 年，Aramex 公司与中外运成立了中外运安迈世（上海）国际航空快递有限公司，面向中东地区提供一站式的跨境电商服务以及进出口中国的清关和派送服务。针对 2 kg 以下小件物品，速卖通与芬兰邮政共同推出"速优宝芬邮挂号小包"，派送范围为白俄罗斯、爱沙尼亚、拉脱维亚、立陶宛、波兰、德国全境邮局可到达区域。2013 年，中环运与俄罗斯物流公司 Pony Express 合作，推出俄邮宝，面向俄罗斯全境提供跨境专线物流服务。在可以预见的将来，国际专线物流产品将更加丰富，满足跨境企业的物流需求。

（二）民营企业竞相推出跨境专线物流产品

根据中国电子商务研究中心的数据，民营企业在开通跨境物流专线的企业中，占比高达85％以上。目前，顺丰公司针对跨境电商卖家推出国际专线小包，依照高标准时效要求制定专线方案，可接受带电，覆盖乌克兰、法国、西班牙及韩国全境。中通快递也已面向欧盟、美国、日韩、新澳、东盟、中东、非洲等全球其他国家和地区开通国际专线物流。申通快递通过在目的国成立分公司，面向韩国、日本、英国等提供国际专线物流服务。阿里巴巴旗下菜鸟网络与 Aramex、Pony Express、芬兰邮政、新加坡邮政等合作，推出覆盖欧洲、俄罗斯、中东、新加坡等地的专线物流。随着跨境电商市场的进一步扩大，企业在专线物流领域的竞争与角逐将更加激烈。

（三）专线物流同质化竞争非常严重

尽管目前市场上提供跨境专线物流的服务商非常多，但其后端的货物实际承运人基本为国际主流的海运及空运公司，前端代理销售看似丰富的国际物流专线产品，在服务质量上并无明显差异，同质化竞争非常明显。随着近年速卖通、Wish、eBay 等电商平台的迅猛发展，跨境小包货量呈现井喷式增长。商业快递虽然时效快，但价格高。邮政小包虽然价格便宜，但时效慢。跨境小包专线物流恰好弥补了邮政小包与商业快递之间的需求空缺，因此得以迅速发展，但各种跨境小包专线最终目的港的派送渠道往往都大同小异。前端货运代理公司接单承运之后，仍然将货物交由主流物流公司承运，从中赚取差价。这使得专线物流市场鱼龙混杂，以中小企业为绝大多数，尚未形成巨头企业。

三、主要物流专线介绍

（一）中美专线

我国开通中美专线物流的企业较多，通常使用的有如下几种。

1. 菜鸟专线—标准（Cainiao expedited standard）产品

该产品由阿里巴巴旗下速卖通推出，面向美国（除夏威夷、波多黎各、阿拉斯加），仅支持承运普通货物，不支持带电、纯电、液体及化妆品，目前投递时效 10—15 天。该专线不接受申报价值超过 800 美金的货物；不接受同一个收件人名且同一地址，当天累计包裹申报价值超过 800 美金的货物。速卖通平台卖家可直接在速卖通平台线上操作发货。

2. 美国 FBA 专线

该产品是为了解决亚马逊平台卖家从中国备货至美国亚马逊仓库而提供的集出口报关、航空头程、清关及尾程派送于一体的综合物流产品。开通中美 FBA 专线物流的企业较多，申通国际、易联速递、众邦达国际物流、联宇物流、保时运通、彼舟货运等众多物流企业均开通美国专线，产品涵盖 FBA 空运、FBA 海运、FBA 海＋派、FBA 空＋派、FBA 清关、FBA 双清包税到门等众多形式。美国 FBA 发货需要平台卖家在亚马逊平台后台开通 FBA

服务,并进行填单操作。

值得注意的是,美国 FBA 专线在发货时要注意以下事项。

(1) 特殊产品。例如:眼镜,美容器械,医疗仪器。这几类产品进口美国需要提供"FDA",如果提供不了这些文件是绝对不能进口的。

(2) 反倾销产品。如果商业发票上显示该商品为反倾销商品,则大概率会被卡在美国海关。

(3) 仿牌。根据美国亚马逊 FBA 发货规则,仿牌货物在洛杉矶或者是纽约机场清关极大概率可能会被查。

当卖家遇到美国 FBA 货物被海关查扣后,首先分析扣关原因。一般情况下,相关海关部门会提供一份说明,注明扣货原因,此时卖家须配合海关,提交相关文件。

(二) 中欧专线

中欧专线物流是仅次于美国专线规模的专线物流线路。通常包括如下产品。

1. 速优宝芬邮挂号小包

该产品是由速卖通和芬兰邮政(Posti Finland)针对 2 kg 以下小件物品推出的特快物流产品,派送范围为白俄罗斯、爱沙尼亚、拉脱维亚、立陶宛、波兰、德国全境邮局可到达区域。该专线为普货渠道,不能寄送带电产品、化妆品及药品。运费根据包裹重量按克计费,每个单件包裹限重在 2 kg 以内。正常情况下,投递时效在 16—35 天左右。该产品在订单支付金额≤23 美元,或买家下单时选择了"速优宝芬邮挂号小包"时,速卖通卖家才能创建"速优宝芬邮挂号小包"物流订单。

2. 欧洲 FBA 专线

欧洲 FBA 专线是为欧洲 FBA 用户开通的专线物流产品,该产品一般提供到英、法、德、意、西五国线路的 FBA 头程服务。通常采用 DDP(delivered duty paid,完税后交货)清关方式,集中在荷兰阿姆斯特丹清关,同时为客户代缴关税,避免货物因无法清关或无法支付关税被退回并产生高额费用。欧洲 FBA 头程专线包括 FBA 空运、FBA 铁路、双清包税到门等方式。提供欧洲 FBA 物流专线的企业众多,包括 PFC 皇家物流集团、万邦速运国际物流、雄达国际物流、捷网国际物流,等等。

3. 中欧班列专线

中欧班列铁路运输作为我国"一带一路"畅议的重要一环,已成为具有竞争力、影响力的物流方式。中欧班列运距短、速度快、安全性高,受自然环境影响小,综合性价比高。与传统的运输方式相比,运输时间是海运的三分之一,而费用仅为空运的四分之一,成为中国和欧洲贸易的主流运输方式之一。目前,中欧班列提供门到门、门到站自提、自送仓库站到站自提、自送仓库站到门、DDP 双清等形式的专线物流服务。发货类型可视托运人要求进行拼箱或整箱运输。现已开通湘欧（长沙-德国汉堡、杜伊斯堡）、西安长安号（西安-波兰马拉舍维奇）、蓉欧（成都-荷兰蒂尔堡）、汉新欧（武汉-法国里昂/英国伦敦）、渝新欧（重庆-德国杜伊斯堡）、苏满欧（苏州-德国汉堡/杜伊斯堡）及郑欧（郑州-德国汉堡/慕尼黑）线路。

需要注意的是，清关过程中如遇海关查验，如果查验的产品本身不合格或者资料与产品不一致，或者海关需要产品的资料的，发件人需配合提供，如果提供晚了、提供不了，或者提供的资料海关不认可，产生的所有损失由发件人承担。

（三）中俄专线

中俄专线主要以面向俄罗斯，覆盖俄语系国家的专线组成。常见的俄罗斯专线产品包含如下。

1. 菜鸟大包专线

菜鸟大包专线（Cainiao heavy parcel line）是菜鸟网络与目的国商业快递推出的，针对 31 kg 以下大包的标准类物流专线服务，可寄送普货、带电、化妆品、特货等品类，订单支付金额≤550 美元，且买家下单时选择"菜鸟大包专线"才能创建"菜鸟大包专线"物流订单。由于目前菜鸟大包专线尚未开通除俄罗斯以外的其他地区，故将其列入中俄专线产品中。

2. 俄邮宝

俄邮宝业务由中环运国际物流与俄罗斯物流公司 Pony Express 合作建设。15—25 天可以将货物送至俄罗斯买家手中，价格远低于香港小包、EMS 等物流方案。尾程由俄罗斯邮政派送，通达俄罗斯全境，客户到当地邮局自提，保存期 30 天。同时，俄邮宝可走带电产品、纯电池、移动电源。

3. Ruston 俄速通

黑龙江俄速通国际物流有限公司成立于 2013 年 10 月，主要业务涵盖跨境物流仓储服务、供应链贸易服务、供应链金融服务和电商分销服务四大版块，是中俄跨境数字贸易的综合服务商。主要产品包括俄罗斯航空小包、Ruston-商业大包、俄罗斯 3C 小包、乌克兰小包、乌克兰大包等。

4. 中俄一车通专线

运盟（广州）国际货运代理有限公司面向俄语国家市场推出的系列专线产品，覆盖俄罗斯、乌克兰、哈萨克斯坦、白俄罗斯等国。产品包括空运、海运、陆运、铁路、双清、门到门等形式。

（四）中东专线

Aramex 作为中东地区最知名的快递公司，成立于 1982 年，在中东地区的清关具有绝对优势，因此中东专线也称为 Aramex 专线。Aramex 与中外运于 2012 年成立了中外运安迈世(上海)国际航空快递有限公司,提供一站式的跨境电商服务以及进出口中国的清关和派送服务。Aramex 服务目前支持中东、印度次大陆、东南亚、欧洲及非洲航线。Aramex 专线时效非常有保障,正常时效为 3—6 天,运费相对较低,且没有偏远附加费用,在中东、北非、南亚等 20 多个国家有显著优势。同时,包裹信息可在 Aramex 官网跟踪查询。

第五节 跨境电商运费计算

一、邮政物流价格计算

(一)邮政小包价格计算

1. 邮政小包产品介绍

邮政小包是中国邮政基于万国邮联网络,针对小件物品推出的经济类直发寄递服务,可通过线上与线下两种渠道进行发货,提供经济实惠、清关便捷的轻小件寄递服务。下含三种具体产品,分别为邮政平常小包、邮政挂号小包、邮政跟踪小包。

邮政平常小包与邮政挂号小包区别在于邮政挂号小包能做到运输全程可控,邮政跟踪小包则是针对重点国家和地区推出的服务,覆盖范围较小。

2. 邮政小包寄递限制

邮政小包在寄递时需遵从如下限制条件,见表 3-4。

表 3-4 邮政小包平邮规格表

项目	详情
国际小包限重	2 kg
国际小包	最大:长、宽、厚合计 900 mm,最长一边不得超过 600 mm,公差不超过 2 mm。圆卷状的,直径的两倍和长度合计 1 040 mm,长度不得超过 900 mm,公差 2 mm
尺寸规格	最小:至少有一面的长度不小于 140 mm,宽度不小于 90 mm,公差 2 mm。圆卷状的,直径的两倍和长度合计 170 mm,长度不得少于 100 mm

3. 运费计算

邮政小包交寄方便,计费方式全球统一,不计首重和续重,大大简化了运费核算与成本控制。同时,不计泡重,按实重计算运费,能够大大降低卖家邮寄泡货的物流运费。

中邮小包一般分为平邮和挂号两种,平邮和挂号包裹的收费存在差异,下面将对收费标准进行介绍。

(1) 平邮小包的运费基本公式为：标准运费×实际重量×折扣

【实例】 一件送至到美国的货品，重200 g，当前折扣为8折，标准运费为100元/kg，请计算平邮运费。

平邮小包运费：100元/kg×200 g/1 000×0.8＝16.0元

(2) 挂号小包的运费基本公式为：标准运费×实际重量×折扣＋挂号费8元①

【实例】 一件送至到美国的货品，重200 g，当前折扣为8折，标准运费为100元/kg，挂号费为8元，请计算挂号小包运费。

挂号小包运费：100元/kg×200 g/1 000×0.8＋8元＝24.0元

挂号小包，在当日12点前交寄邮局的，一般20时后可在邮政官网查询到包裹信息。

其运输时效大致为：到亚洲邻国7—15天；到欧美主要国家16—35天；其他地区和国家(俄罗斯)35—60天。只作参考，不作承诺。中邮小包资费表(2020年1月)如表3-5、表3-6所示。

表3-5 邮政平邮小包资费表②

计费区	国家及地区	资费标准（元/kg）
1	日本	62.00
2	新加坡、印度、韩国、泰国、马来西亚、印度尼西亚、奥地利、克罗地亚、保加利亚、斯洛伐克、匈牙利	68.00
3	瑞典、挪威、德国、荷兰、捷克、希腊、芬兰、比利时、爱尔兰、意大利、瑞士、波兰、葡萄牙、丹麦、英国、澳大利亚、以色列	75.00
4	西班牙、法国、俄罗斯、乌克兰、卢森堡、爱沙尼亚、立陶宛、罗马尼亚、白俄罗斯、斯洛文尼亚、马耳他、拉脱维亚、波黑、(南亚、东亚、西亚)个别国家、新西兰、美国、加拿大	85.00
5	(亚洲、欧洲、大洋洲、非洲)其他国家、阿根廷、巴西、墨西哥、秘鲁	105.00
6	美洲其他国家	120.00

表3-6 邮政挂号小包资费表③

计费区	国家及地区	资费标准（元/kg）（不含挂号费）
1	日本	62
2	新加坡、印度、韩国、泰国、马来西亚、印度尼西亚	71.5

① 截至2020年4月，中邮挂号小包的挂号费统一为每票8元。
② https://www.cargofee.com/index.php/new_home/news/newsdetails/pid/5064/typeid/1.html。
③ https://www.cargofee.com/index.php/new_home/news/newsdetails/pid/5064/typeid/1.html。

(续表)

计费区	国家及地区	资费标准 （元/kg） （不含挂号费）
3	奥地利、克罗地亚、保加利亚、斯洛伐克、匈牙利、瑞典、挪威、德国、荷兰、捷克、希腊、芬兰、比利时、爱尔兰、意大利、瑞士、波兰、葡萄牙、丹麦、澳大利亚、以色列	81
4	新西兰、土耳其	85
5	美国、加拿大、英国、西班牙、法国、俄罗斯、乌克兰、卢森堡、爱沙尼亚、立陶宛、罗马尼亚、白俄罗斯、斯洛文尼亚、马耳他、拉脱维亚、波黑、越南、菲律宾、巴基斯坦、哈萨克斯坦、塞浦路斯、东亚及西亚个别国家	90.5
6	南非	105
7	阿根廷、巴西、墨西哥	110
8	老挝、孟加拉国、柬埔寨、缅甸、尼泊尔、文莱、不丹、马尔代夫、东帝汶、阿联酋、约旦、巴林、阿富汗、伊朗、科威特、也门、伊拉克、黎巴嫩、秘鲁、智利	120
9	塞尔维亚、阿尔巴尼亚、冰岛、安道尔、法罗群岛、直布罗陀、列支敦士登、摩纳哥、黑山、马其顿、圣马力诺、梵蒂冈、摩尔多瓦、格鲁吉亚	147.5
10	（大洋洲、非洲、美洲）其他国家	176

【实例】 某跨境电商卖家，要发送一件货物到美国，选择挂号中邮小包。该卖家从货代处拿到 7 折运费折扣费率，包裹的重量为 0.8 kg，长、宽、高为 30 cm、20 cm、20 cm，请判断此包裹能否用中邮小包投寄？如能投寄，该跨境电商卖家想按挂号小包投寄，请问需要支付多少运费？

首先，该货物符合中邮小包长、宽、高尺寸限定，可以通过中邮小包进行邮寄。当采用中邮挂号小包时，根据表 3-5 得知货物发往美国资费标准为 90.50 元/kg，故而该货物运费为 $0.8 \times 90.50 \times 0.7 + 8 = 58.68$（元）。

（二）E 邮宝运费计算

1. E 邮宝产品介绍

E 邮宝业务是中国邮政为适应跨境轻小件物品寄递的需要而开办的标准类直发寄递业务。该业务依托邮政网络资源优势，境外邮政合作伙伴优先处理，为客户提供价格优惠、时效稳定的跨境轻小件寄递服务。

E 邮宝业务提供收寄、出口封发、进口接收实时跟踪查询信息，不提供签收信息，只提供

投递确认信息。客户可以通过EMS网站或拨打客服专线、寄达国邮政网站查看邮件跟踪信息①。E邮宝货物寄送限制同邮政小包一样,仅提供2 kg以下轻小件寄递服务。

2. E邮宝运费计算

E邮宝运费不计泡重,只计实重,仅根据实重计算运费。但需要注意的是,E邮宝针对部分地区有起重费用,不足起重重量的按起重重量费用计算。2020年4月起,中国邮政对E邮宝部分路线加收运费附加费,结束日期将根据运费变化情况确定并另行公告。最新资费见表3-7。

故而,E邮宝计费公式为＝处理费＋克重×单价＋运费附加费

表3-7　E邮宝部分资费表(截至2020年4月15日)②

序号	路向	资费标准		运输附加费	起重	限重	备注
		元/件	元/kg	元/kg	g	g	
1	爱尔兰	25	65	20	1	2 000	
2	奥地利	25	60	20	1	2 000	
3	澳大利亚	19	60	0	1	2 000	
4	巴西	25	100	20	50	2 000	
5	比利时	25	60	20	1	2 000	
6	波兰	25	60	20	1	2 000	
7	丹麦	25	60	20	1	2 000	
8	德国	19	60	20	1	2 000	
9	俄罗斯	17	55	20	1	3 000	北京、上海、江苏、浙江、福建、广东、黑龙江、新疆乌鲁木齐适用价格
		18	55	20	1	3 000	除8省区市以外其他地区适用价格
10	法国	19	60	20	1	2 000	

【实例】　跨境电商卖家王女士2020年4月30日向法国顾客销售了一件衬衣,包裹重量为0.45 kg,长×宽×高为25 cm×15 cm×3 cm,请问王女士是否可用E邮宝发货?如可以,运费为多少?

该货物符合E邮宝货物寄送标准,可以使用E邮宝发货。发货运费为:处理费＋克数×单价＋运输附加费＝19＋0.45×60＋20＝66(元)。

---

① http://shipping.ems.com.cn/product/findDetail?sid=400032.
② http://shipping.ems.com.cn/product/findDetail?sid=400032.

(三)邮政大包运费计算

1. 邮政大包介绍

邮政大包是中国邮政面向国际及港澳台推出的标准类直发物品寄递包裹业务,可以通达全球 200 多个国家和地区。使用邮政大包时,客户可以自主选择航空、陆运或者空运水陆路三种运输方式(部分路向只接受特定运输方式的包裹服务)。同时,邮政大包提供全程轨迹跟踪信息及补偿服务。

2. 邮政大包货物限制

邮政大包要求货物重量大于 2 kg,不超过 30 kg(部分国家不超过 20 kg 或 31.5 kg)。根据货物尺寸不同,将其依据不同的标准划分为 3 类,分别对应不同的运输方式,如表 3-8 所示。

第一类尺寸:2 m×2 m×2 m,或者长度和长度以外最大横周合计不超过 3 m。

第二类尺寸:1.5 m×1.5 m×1.5 m,或者长度和长度以外最大横周合计不超过 3 m。

第三类尺寸:1.05 m×1.05 m×1.05 m,或者长度和长度以外最大横周合计不超过 2 m。

表 3-8 部分邮政大包资费表(截至 2020 年 4 月 15 日)[①]

序号	寄达地	水陆路包裹最高限重(kg)	航空包裹最高限重(kg)	水陆路包裹最大尺寸规格	航空包裹最大尺寸规格
1	阿松森岛	30	30	第三类尺寸	第三类尺寸
2	阿拉伯联合酋长国	30	30	第一类尺寸	第一类尺寸
3	阿富汗	30	30	第一类尺寸	第一类尺寸
4	安圭拉	25	20	第二类尺寸	第一类尺寸
5	阿尔巴尼亚	20	20	第二类尺寸	第一类尺寸
6	亚美尼亚	20	20	第二类尺寸	第一类尺寸
7	安哥拉	20	20	第二类尺寸	第二类尺寸
8	阿根廷	20	20	第三类尺寸	第三类尺寸
9	奥地利	31.5	31.5	第二类尺寸	第二类尺寸
10	澳大利亚	20	20	第三类尺寸	第三类尺寸
11	日本	30	30	第二类尺寸	第二类尺寸

---

① https://my.ems.com.cn/intl/shipping/product/product_3.html。

3. 邮政大包运费计算

邮政大包不计算体积重量,没有偏远附加费,没有燃油附加费。以首重1 kg、续重1 kg的计费方式进行结算,另外需要收取8元/件的报关手续费用。

故而,邮政大包运费＝(首重价格＋续重价格×续重重量＋报关费)×折扣率

【实例】 某跨境电商卖家有一个包裹要运往日本,该包裹的重量是2.8 kg,体积为50 cm×40 cm×25 cm,请问包裹能否选择中邮小包寄送?如果选择中国邮政大包,且该商家从货代处拿到运费首重126.4元,续重29.2元/kg,折扣率为7折,那么该包裹的运费应该是多少?

由于该包裹重量超过2 kg,不能以中邮小包寄送。如选择中邮大包,则运费为

(126.4＋29.2×2)×0.7＋8＝137.36(元)

二、商业快递运费计算

国际快递价格资费变化较大,发快递邮包时,需先行联系所承运的国际快递公司业务员确认价格。

(一) 计费重量

货物在国际快递当中,计费并不一定完全根据货物的实重,具体使用何种计费重量,需要比较实际重量与体积重量的大小。

1. 重量种类

一般快件计费是按重量来衡量的,在国际物流行业中,重量具体可以分为实际重量、体积重量、计费重量。

(1) 实际重量(actual weight)。简称A-W或AW,一般指实际毛重。毛重即gross weight,简称GW。货品本身的重量,加上该货品所使用的包装材料的重量(就是毛重),即为货件包括包装在内的实际总重量,也称实重。

(2) 体积重量(volumetric weight)。根据货物的实际尺寸,利用一定的折算公式计算得出的重量,不同的运输方式折算系数有所不同。因运输工具承载能力即能装载物品体积所限,为了平衡货物实际重量与货物所占容积的关系,国际航空运输协会(IATA)统一确定了"体积重量"的标准公式。在收取货运费用时,将货件按体积进行折算后的重量即为体积重量或材积重量。

(3) 泡货与重货。体积重量(kg)＝货物的体积(长(cm)×宽(cm)×高(cm))/6 000,也就是说,6 000 cm³体积的货物相当于1 kg重来计算运费,换算过来,1 m³体积的货物要按照167 kg计算运费。

值得注意的是,现实中,DHL、UPS、FeDEX等部分商业快递将体积重量的计算标准定为5 000,即体积重量(kg)=货物的体积(长(cm)×宽(cm)×高(cm))/5 000。国际及港澳台地区邮政特快专递EMS的体积重量则是按长(cm)×宽(cm)×高(cm)/6 000公式折算。

计算体积重量的目的是为了与实际重量做比较。如果体积重量大于实际重量,那么按照体积重量计收运费,此为轻泡货即light cargo。如果实际重量大于体积重量,则按实际重量计收运费,此为重货即heavy cargo。

(4) 计费重量(chargeable weight)。简称CW,顾名思义是计算运费用的重量了,一般而言,计费重量取实际重量和体积重量中较大的一方,计费重量有可能是实际重量,也可能是体积重量。

如果实际重量>体积重量,则计费重量=实际重量;

如果体积重量>实际重量,则计费重量=体积重量。

2. 比重计算

货物比重=毛重(kg)/体积(CBM)。1∶300以上的,通常称为重货,1∶167以下的,一般称为轻货(也有把1∶200以下的叫轻货),既不是重货也不是轻货的,称为平货,如1∶250。

3. 计费重量单位

一般以每0.5 kg为一个计费重量单位,这是国际快递行业中最小的计费重量单位。一般以21 kg为临界值,区分大包小包。

计费重量在21 kg以下的包裹为国际小包,按照每500 g(0.5 kg)为计费单位,计费重量在21 kg(含)以上的包裹为国际大包,按照每kg为计费单位。

在测量重量时,不能有零头出现,即:当物品重量在5.05 kg时,实际计费按5.5 kg;当物品重量在21.1 kg时,实际计费按22 kg。

(二) 首重与续重

国际快递的费用是分重计费,即运费=首重费用+续重费用。国际快递计费以0.5 kg为首重费用,即以第一个0.5 kg为首重,此后的每一个0.5 kg均为续重。通常首重的费用相对续重费用较高。

(三) 包装费

一般而言,物流公司是会免费为客户提供包装的,如纸箱、气泡等。但一些贵重、易碎的物品,因货件价值、包材成本等原因,快递公司仍然要收取一定的包装费用。主要注意的是,包装费用往往是不计入折扣范围的。

(四) 附加费

商业快递在提供相关服务时,往往针对实际提供服务的区别收取相对应的附加费。以 DHL 为例,该公司对派送的快递可根据不同情形征收燃油附加费、高风险地区附加费、限运目的地附加费、超长货件附加费、超重货件附加费、无法堆叠托盘附加费、偏远地区附加费、锂电池附加费、更正地址附加费、数据录入附加费。其中,燃油附加费及偏远地区附加费是最常使用的两项附加费。

1. 燃油附加费

以 DHL 公司为例,燃油附加费的收费标准根据燃油指数收取运费的一定百分比和额外费用,费率根据结算月份之前 2 个月的燃油价格确定。如燃油附加费率为 8%,则燃油附加费=运费×8%。

2. 偏远地区附加费

以 DHL 公司为例,快件发往或递送至偏远或无法提供快递服务的地区则会征收偏远地区附加费。国际件根据快件重量,每 kg 人民币 3.7 元,最低收费 168 元/票。

(五) 运费计算步骤

1. 判断货物属于实重货还是材积货

根据判断的结果,分别依据实重货或材积货的计算公式进行计算。

(1) 若为实重货。即实际重量>体积重量,则运费计算方法为

$$首重运费+(重量(kg)\times 2-1)\times 续重运费$$

【实例】 8 kg 货品按首重 200 元、续重 15 元计算,则运费总额为:$200+(8\times 2-1)\times 15=425(元)$

(2) 若为材积货。即实际重量<体积重量,则先计算材积重量,然后使用计费重量带入公式进行计算:

$$运费=首重运费+(计费重量(kg)\times 2-1)\times 续重运费$$

规则物品:重量(kg)=长(cm)×宽(cm)×高(cm)/5 000

不规则物品:重量(kg)=最长(cm)×最宽(cm)×最高(cm)/5 000

注意:如按国际及港澳台地区邮政特快专递 EMS 折算规则(邮件任一单边长度超过 60 cm 时开始计泡),计算公式为:重量(kg)=最长(cm)×最宽(cm)×最高(cm)/6 000。

【实例】 上海某电商公司需寄递一纸箱货物,尺寸为长:70 cm,高:60 cm,宽:48 cm,客户装满物品后实际称重为 15 kg。若该公司希望通过 DHL 寄递该货物,首重按 180 元,续重 25 元计算。请问,运费为多少?

先按 DHL 公司体积重量折算标准,折算出该纸箱的体积重量为:70 cm×60 cm× 48 cm/5 000=40.32 kg。由于纸箱实际称重为 15 kg,而体积重量为 40.32 kg,那么实际收费会按照 41 kg 计算运费。则运费为

$$180+(41\times2-1)\times25=2\ 205(元)$$

2. 如发生燃油附加费或偏远地区附加费,则需要再计入该类费用

如上例,当燃油附加费率为 8%,无偏远附加费时,此时运费=运费×(1+燃油费率)= 2 205×8%=2 381.4(元)

3. 总运输费用计算

总费用=(运费+燃油附加费+偏远附加费)×折扣+包装费用+其他费用

【实例】 北京某跨境电商公司寄了 2 个重货包裹到加拿大的不同客户,一个 3 kg,一个 28 kg,公司选择 UPS 快递公司。报价为:首重 220 元/0.5 kg,续重 65 元/0.5 kg,超过 21 kg 时,直接按 60 元/1 kg,燃油附加费 10%,折扣为 8 折。总运费多少?

计算过程:

(1) 3 kg 的包裹运费=(220+(3×2−1)×65)×(1+10%)×80%元=478.6(元)
(2) 28 kg 的包裹费用:(60×28)×(1+10%)×80%=1 478.4(元)
总费用=478.6+1 478.4=1 957(元)

三、专线物流运费计算

专线物流费用计算方法与航空快递计算方法大致相似。起重数量少,续重单位量小,通常按 g 为单位收费,有限重,一般收取挂号服务费。专线物流价格时有波动,发货前需联系货代公司或物流企业业务员获得及时报价。需要考虑货物实重和体积,计费重量的选择与航空快递的方法一样,按整批货物的实际重量和体积重量两者之中较高的一方计算。专线物流运费计算公式为

运费=(配送服务费+燃油附加费)×折扣(根据包裹重量按克计费)+挂号服务费

以速优宝芬邮挂号小包和燕文航空挂号小包为例,说明专线物流计算方式。

【实例】 2020 年 4 月份,一位速卖通卖家需要从国内发送一个 680 g 的包裹至白俄罗斯,查询速优宝芬邮挂号小包和燕文航空挂号小包的有关报价(运费附加费率 10%,无折扣)。计算不同物流专线的运输价格,并根据运费多少进行物流选择。首先,查询两条专线物流的报价情况,如表 3-9 和表 3-10 所示。

表 3-9 速优宝芬邮挂号小包资费表①

国家/地区列表	配送服务费元(RMB)/kg	挂号服务费元(RMB)/包裹
白俄罗斯	75.40	25.60
爱沙尼亚	79.80	22.60
拉脱维亚	79.80	26.80
立陶宛	79.80	26.10
德国	65.00	36.10

表 3-10 燕文航空挂号小包资费表②

国家/地区列表			包裹重量为 1—2 000 克	
			配送服务费 (根据包裹重量 按 g 计费) RMB/kg	Item 服务费 RMB/包裹
爱尔兰	Ireland	IE	79.30	25.80
爱沙尼亚	Estonia	EE	98.50	24.30
奥地利	Austria	AT	61.20	25.30
澳大利亚	Australia	AU	61.20	19.30
白俄罗斯	Belarus	BY	64.20	16.20

计算过程：

（1）速优宝芬邮挂号小包价格：

运费＝（配送服务费＋燃油附加费）×折扣＋挂号服务费
＝75.4/1 000×680×(1＋10％)×100％＋25.6＝82(元)

（2）燕文航空挂号小包价格：

运费＝（配送服务费＋燃油附加费）×折扣＋挂号服务费
＝64.2/1 000×680×(1＋10％)×100％＋16.2＝64.22(元)

比较可知，该包裹发送燕文航空挂号小包价格更为低廉。

综上所述，由于不同的计价方式，导致相同的包裹在不同的物流方式下有不同价格。通常，在两种寄递方式时效相同的情况下，可以选择价格较低的物流方式。在买家对时效

---

① https://sell.aliexpress.com/zh/__pc/shipping/itella.htm?spm=5261.8174980.0.0.7d166327utmEZH#limit.
② https://sell.aliexpress.com/zh/__pc/shipping/yanwen_am.htm?spm=5261.8173923.0.0.83612b97FzNqOC#intro.

要求不高时，可以选择成本较低的物流方式寄递包裹，以降低店铺运营成本。卖家在决定使用何种方式寄递包裹时，应综合考虑价格、时效、安全性、服务优劣等多种因素进行选择，兼顾成本与效率，使运营效益达到最大。

第六节 海 外 仓

一、海外仓基本概述

（一）海外仓的含义

海外仓是指由卖家或电商平台设立的境外仓储中心，跨境电商卖家通过市场调研预测，提前将适销的货物规模批量运至仓库，买家下订单后，就可以实现当地销售与配送。目前发展成熟的海外仓还能提供清关、质检、数据分析管理、市场调查与咨询以及退换货等一系列增值衍生服务。因此，海外仓的实质就是将跨境贸易转变为本地进行，消费者的购物体验得到增强，跨境出口电商企业在出口目的地也能得到进一步发展。

其一般运作方式是企业预先在商品目的国自建或租赁仓库，再通过多式联运提前将商品送达该仓库，消费者下单后使用本地物流直接从海外仓库发货、配送。传统物流配送方式物流周期长，且退换货麻烦，还存在海关查扣、快递被拒收等潜在的风险，而该模式实现了"先发货，后销售"。

（二）海外仓的特点

（1）适应性。设立海外仓时必须要考虑与所在国家或地区的经济发展是否相适应，与该地区的物流资源分布是否相协调，与所在出口国的法规政策是否相适应。

（2）协调性。设立海外仓立时必须将所在地区的物流网络作为一个整体系统分析，将海外仓的固定设施与活动设备、公用设备与自有设备实现相互协调，促使海外仓在物流作业、地区分布之间良好配合。

（3）经济性。设立海外仓时涉及多种成本即费用，特别是建设成本及经营成本两大项。海外仓的设立定位在出口国的城区、近郊或者远郊等区域，其未来的建设规模、费用、运费等都是有所差别的。

（4）战略性。设立海外仓时应当具备一定的战略性眼光。首先要对海外市场形成全局观，并且从小区域到大区域、从眼前使用到未来规划，既要考虑当下需求，也要布局未来的发展。

(三)海外仓的产生原因与现状

在当前跨境电商迅猛发展的背景下,跨境物流的发展却存在滞后性,无法满足跨境电商的发展需求,因此海外仓便应运而生了。

1. 政府推动传统贸易转型的重要支撑

近年来,中国跨境电商的交易规模不断增长,增速明显高于传统贸易,是传统贸易得以转型升级的重要模式,成为中国经济增长的新动力,受到了政府的广泛关注。为了给有跨境电商业务的企业提供一个良好的发展环境,国家多个部门颁布了一系列促进跨境电商发展的政策,涉及跨境物流的各个方面和具体环节,例如:税收、通关、支付、海外仓等,从而提升和完善跨境电商发展的政策环境、法律法规以及支撑体系。而跨境物流作为跨境电商发展的重要支撑,其现存问题受到了国家的重点关注。由于海外仓的出现解决了跨境物流周期长、速度慢、退换货难等问题,因而海外仓的建设也得到了国家的大力支持。

2. 跨境电商卖家自身发展的有效方式

对于商家而言,最终目的是获得高额的收益,然而在跨境商品的实际交易中,物流成本居高不下,相关数据显示,物流成本的比重大概在20%—25%,较高的情况甚至达到40%,占据了商品成本的半壁江山,是企业急需解决的一个重大问题。另外,商品运输的周期长,货物的积压占用了企业大量的流动资金,严重时会影响企业的运营,商品到达目的国后,需要安排商品最终的配送等事宜,对于国内卖家而言成本较高,且难以保证商品的安全和运输的时效。这些都表明商家需要一种成本低、效率高、能解决当前问题的物流模式。海外仓的出现满足了电商卖家的需求,有助于其获取高额收益。

3. 消费者购物需求日益提高的解决方法

居民人均国民收入的提高意味着消费水平的提升,居民的购买力增强。越来越多的消费者开始重视个性化需求,对于商品的种类和质量提出了更多的要求,对于国外产品的需求越来越大。跨境网购用户规模逐年增长,从2013年的1 000万人增长至2016年的4 200万人,实现了三倍多的增长。由此可见,消费者对于跨境商品的需求日益增大。

二、海外仓模式及流程

随着跨境电子商务不断发展,对海外仓的需求也逐渐增加,而如何选择一种恰当的海外仓模式便成为摆在跨境电商企业面前的重大难题。目前,中国主要的海外仓模式有:自建海外仓模式、FBA海外仓模式、第三方海外仓模式、与当地企业合资建设海外仓模式四种。

(一) 自建海外仓

1. 简介

卖家自建海外仓,顾名思义就是跨境电商企业在国外自行建立海外仓,自己完成头程运输、通关、报税、海外仓储、拣货、终端配送等一系列业务活动。这类企业通常从事跨境电商行业多年,有雄厚的资金实力,在海外有一定市场份额,出口量达到了一定规模。大部分卖家选择自建海外仓是因为第三方海外仓服务水平不能满足其个性化需求,质量也参差不齐,另外FBA海外仓也有诸多限制条件,所以很多卖家不得不选择不受限制的自建海外仓模式,来为买家提供更优质的服务。

2. 发展现状

自建海外仓需要有一定市场份额做支撑,所以自建海外仓目前相对集中地分布在跨境电子商务发展成熟的海外市场。比如,82.35%的自建海外仓卖家选择在美国建仓,52.94%的自建海外仓卖家选择在德国建仓(见图3-2)。

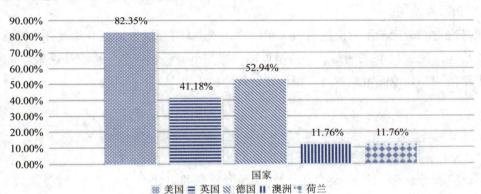

图3-2 卖家自建海外仓国家分布

数据来源:易仓科技。

3. 案例——兰亭集势

兰亭集势(LightIn The Box)是国内最大的跨境电商网站之一,成立于2007年,是跨境电商上市第一股。公司成立之初即获得中外著名VC的投资,经过十年的发展,如今已成为跨境电商自建海外仓的领航者。兰亭集势最开始是以3C、婚纱、家装等产品为主,属于典型的"薄利多销"类型,后来为了实现全球发展的目标,公司决定自建海外仓,为自身经营产品铺路,并采取了一系列相应措施,坚持自力更生的国际化战略,在欧美等商贸交通要地相继建立了海外仓。

(二) FBA海外仓

1. 简介

亚马逊FBA(fullfillment by Amazon)模式是由亚马逊提供一系列的物流辅助服务,其中涉及仓储、拣货打包、派送、收款、客服与退货处理等。跨境电商出口企业把产品挂到亚马逊的跨境电商平台上进行销售,将所销售产品直接送到亚马逊在进口国当地市场的仓库中,一旦进口国客户在亚马逊电商平台上确认购买订单,即由亚马逊的物流配送系统自动完成后续的发货、送货等具体物流操作。

2. 发展现状

根据摩根士丹利的分析,2022年亚马逊在寄递市场的份额将超过美国联邦快递和联合包裹公司。根据美国银行2020年的一份研究报告预测,至2025年,亚马逊物流业务的价值将达到2 300亿美元,超过可口可乐。

亚马逊对第三方卖家有着极大的市场权利。2020年,亚马逊营业收入达3 860.64亿美元,同比增长38%,电商业务营业收入为664.51亿美元,同比增长46%;其中,第三方卖家业务营业收入为273.27亿美元,同比增长57%。根据2020年美国众议院司法委员会下属反垄断事务委员会发布的《数字市场竞争情况调查报告》(以下简称《调查报告》)显示,亚马逊在全球拥有230万第三方卖家,73%的卖家使用亚马逊物流,并向亚马逊支付商品的仓储、包装和运输费用。

亚马逊对小型运输承包商拥有极大影响力。根据《调查报告》,亚马逊使用800多个小型独立承包商完成约48%的最后一公里投递。这些小型企业完全依赖亚马逊生存,亚马逊对其道路费用和其他固定成本具有很大控制权。

(三) 第三方海外仓

1. 简介

第三方海外仓模式是融合了亚马逊FBA海外仓和自建海外仓的一种模式,指由第三方物流企业建设并运营的海外仓库,并以此为基础向跨境电商卖家提供报关、报检、仓储管理、商品分类、运输及配送等服务的海外仓模式。也就是说跨境电商出口企业将整个物流、仓储过程外包给独立第三方。

2. 发展现状

根据亿邦动力调查资料,跨境电商卖家中有65%正在使用第三方海外仓模式。跨境电子商务的繁荣,催生了对海外仓服务需求的高速增长。万邑通等第三方海外仓企业持续增加海外仓建设,万达物流、华运物流等经营贸易物流的企业进行转型升级,顺丰、百世等国内快递企业也开始将眼光放到国外市场。中、小仓库之间团结协作以及政府鼓励公共海外仓建设等因素,让第三方海外仓的平均单仓面积从2016年的2 343平方米,迅速扩大到2017年的5 549平方米。据亿邦动力对210个第三方海外仓的调研显示,第三方海外仓在海外的分布也是相对集中在欧美等发达国家,其中美国建有66个海外仓(见图3-3)。值得注意的是新兴市场的海外仓发展迅速,包括西班牙、日本、中东、南美等国家和地区。

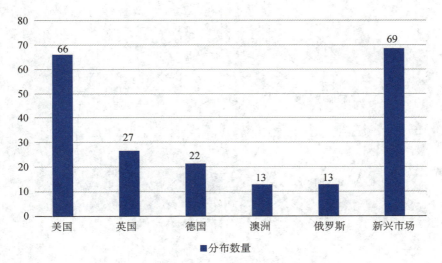

图 3-3　210 个第三方海外仓的分布

数据来源：亿邦动力，http://www.ebrun.com/。

3. 案例——递四方

递四方是一家专业的国际公共物流运营商，始建于 2004 年，其致力于为全球客户提供专业的综合物流和系统平台服务。在全球范围内，递四方拥有 3 000 名以上专业物流管理人员。在欧洲、美国和东亚等国家和地区建立了超过 20 个仓储中心和集货散发中心，此外，在中国大陆还拥有 50 多个直营网点，每天处理超过 200 万个全球在线订单，年营业额逾 5 亿美元。

（四）与当地企业合资建设海外仓

1. 简介

在一些富有消费潜力的新兴市场，政治风险较大，相关法律也不完善，政府工作效率低下拖沓，行政成本高，比如俄罗斯、巴西和东盟国家等。有些跨境电商卖家已具备一定的市场份额，但资金实力还不足以独立建仓，就可能与当地物流企业合作建仓，投入一定的设备和资金，使自己的需求和理念得到满足，与当地合作者共享利益，共担风险。这是为了借助当地第三方的力量，借助其在当地的专业性与影响力，实现本土化服务，并有效规避政治风险。

2. 案例——大龙网

大龙网创立于 2009 年，致力于为中小跨境电商提供全套的仓储物流服务。在世界各大市场几乎都有仓库，是中国最大的跨境电商平台之一。截至 2017 年，大龙网在全球已拥有 20 多个合建或自建海外仓、与多家物流渠道商和支付服务商合作，既为自有产品跨境销售服务，也出租仓位给其他卖家。图 3-4 是大龙网合建仓库的主要布局地区。

图 3-4　大龙网主要合建仓库布局地区

(五) 主要海外仓模式比较分析

在运营过程中，不同模式有不同的特点和优劣势，具体四种模式的比较如表 3-11 所示。

表 3-11　四种主要海外仓模式比较分析

海外仓模式	特点	优势	劣势	模式选择
自建海外仓	1. 灵活性强； 2. 便于本土化经营； 3. 经营管理要求高； 4. 建仓成本高，经营风险大	1. 长期运营，物流成本较低； 2. 拥有货物的控制权； 3. 灵活性较强，有效控制和管理商品； 4. 利于树立品牌形象	1. 前期投入资金较大，维护仓库的运营成本高； 2. 受当地政治、经济、法律等宏观条件的制约； 3. 跨国经营风险大； 4. 人才紧缺	1. 具有品牌知名度的经营消耗性产品的大型跨境电商企业； 2. 制定本土化经营战略的企业； 3. 经营产品具有特殊性的大型跨境电商企业
FBA海外仓	1. 灵活性较低； 2. 操作简单； 3. 有助于产品推广； 4. 投入低、风险小； 5. 仓储成本较高	1. 亚马逊 FBA 仓会为卖家提供提高其销量的辅助服务，降低卖家的广告宣传费用； 2. 一站式服务，方便快捷； 3. 覆盖范围广，可以提供更多选择	1. 商品类别和服务将受制于平台； 2. 滞销产品将会引起高仓储成本； 3. 使用 FBA 仓的前提是卖家必须在亚马逊平台上进行产品销售	1. 刚开始涉足海外仓业务的跨境电商企业； 2. 缺乏知名度和海外仓运营专业化人才队伍的中小型跨境电商企业； 3. 具有品牌知名度但销售的产品是数量有限的耐用消费品

(续表)

海外仓模式	特点	优势	劣势	模式选择
第三方海外仓	1. 建仓成本较低； 2. 服务质量、仓储地址依赖于第三方	1. 提供物流运输及仓储管理等更专业化的服务； 2. 选品范围广泛； 3. 同一批次货物存放在同一海外仓，方便管理	1. 货物控制权丢失； 2. 物流成本高； 3. 服务质量受制于第三方	品牌知名度居中、产品销量较大、产品附加值较低的中型跨境电商企业
与当地企业合资建设海外仓	1. 共担成本、共担风险； 2. 有效规避政治风险	1. 减少建设投入，提高营业利润； 2. 有效规避新兴市场的政治风险	1. 可能无法充分掌握全部物流环节，失去对货物的控制能力； 2. 第三方物流质量难以确定	意欲打入新兴市场的跨境电商

（六）海外仓运作流程

海外仓的本质是跨境物流，其涉及商品境外销售、国际货物运输和国外商品仓储和配送，是以"国内跨境电商企业—海外仓—国外消费者"为流程，以物流、商流、资金流和信息流作为辅助条件，以实现为跨境电商企业提供综合跨境物流方案、提升消费者满意度的新型物流模式(见图3-5)。

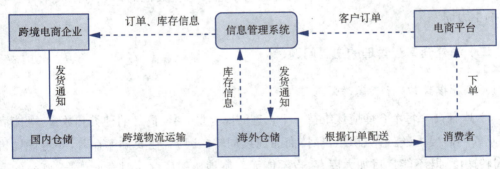

图 3-5　海外仓运作流程图

（1）头程运输：在海外仓储中，国内跨境电商企业需要提前对国外市场的订单进行预测，然后将产品大批量地从国内仓库通过空运、海运、陆运或者多式联运等方式运输至海外仓库，过程中包括报关、保险等环节。

（2）仓储管理：对运送至海外仓库中的商品进行归类存放、管理，实时更新库存量，当商品存量低于最佳库存量时提醒补货。此外，还要对存货设置一定的保护措施，以免商品毁坏、变质等。

（3）消费者下单：当消费者从电商平台下单以后，电商平台将客户订单上传至企业的信息管理系统，海外仓库收到管理信息系统的订单信息以后，进行产品出库和配送。海外仓将通过信息管理系统与跨境电商企业进行信息共享，以便于跨境电商企业及时掌握订单及库存信息，及时补货。

（4）尾程配送：根据买家下单的地址，选择从最近的海外仓发货，而海外仓便可依据具体情况选择最优的物流公司进行最后的配送，将商品快速、安全地送达最终消费者。

三、海外仓的选品规则及库存管理

（一）海外仓的选品规则

（1）确定在哪个国家建立海外仓。我们在建仓的时候要选择可以覆盖周围市场的地方，比如美国覆盖加拿大，那么选欧洲仓的话有五个地方可以选，任选一个就可以。基于专攻哪一个国家来选。还可以通过选品专家热销词来参考海外仓选址。

（2）了解当地国家买家市场需求，从当地电商平台了解和调查。

（3）在国内寻找类似产品，开发海外仓产品。开发指标可依据产品的单个销量、单个到仓费用、单个毛利及毛利率、月毛利、成本收益率等。这些指标根据公司自身情况来确定。

（4）运用数据工具选品。选产品主要参考：数据纵横中选品专家的热销词、热搜词；搜索词分析中的飙升词。具体的数据从选品专家下载，关注成交指数大，购买率小，竞争指数小的产品词。记住口诀"一大两小"。另外还可以选择一些其他的第三方工具来寻找打造爆款的主力词。

（二）海外仓库存管理的主要问题

1. 压货模式，库存高周转慢呆滞多

（1）库存高。每个仓库应该维持一个合理的库存量，要使商品的种类和数量，既能满足销售业务的需要，又能避免积压，保持商品连续周转。因此，在安排库存时，要考虑销售情况、周转速度，既不能盲目加大库存，也不能无限制地压缩库存。对企业而言，商品的库存量是根据销售任务和周转天数，即产品生产周期、运输周期、进货间隔时间来计算确定的。库存太高，占用了公司流动资金，影响了公司的现金流和经营效益；而且大量的库存，需要支付高额的仓储费用，增加商品的管理成本。时间长了导致大量的呆滞库存。对于滞销的产品，由于通常不能退运回国内，公司不得不采用降价促销方式处理，这部分会带来很大的利润损失。

（2）库存周转慢。存货周转天数是指企业从取得存货开始，到消耗、销售为止所经历的天数。存货周转越快，那存货变现的速度就越快。

库存周转率是企业一定时期内主营业务成本与平均存货余额的比率。它是反映存货周转速度的指标,用来反映存货的流动性与存货的资金占用总额是否合理。存货周转是企业营运能力分析的重要指标之一,不仅衡量企业生产经营各环节存货运营效率,而且还被用来评价企业的运营,反映企业的绩效。如果存货周转天数过长、库存周转率过低,显示公司大部分库存的周转速度慢,库存太多,很容易造成货品陈旧、库存费用增加和利息激增、收益性相对恶化、资金调度困难等问题。

(3) 呆滞多。呆滞库存,就是"呆"或者"滞"的库存,是暂时不用或永远没有机会使用的具有风险的库存。一般来讲,库存量高、销售极少、流动缓慢、而库存周转率极低的物品就算呆滞物品。在库存中呆滞时间越久的产品,越难以销售出去,时间长了,成了公司的不良资产。在处理呆滞库存的时候,往往只能亏本销售。

(4) 仓储费高。货物储存在第三方仓库,每个月需要按照仓库实际的储存数量支付仓储费和相关的仓库操作费。如果货物的储存时间超过1年,还会收取额外的超期仓储费。

2. 库存布局不合理

每个仓库的库存应该合理配置,既能满足其所在区域的市场需求,又需要避免太高的库存。在现实的销售活动中有的货物库存太高,销售缓慢,成为呆滞库存;而且经常会出现某个产品在某个仓库畅销导致缺货,但在其他仓库销售不好,还有大量库存的情况。在这时,有两种补货方式:第一种方法是从中国工厂发货,考虑生产周期和运输周期,这种方式周期长,无法马上满足销售需求,客户等待不了那么长时间,通常会直接取消订单,影响公司的销量;第二种方法是从邻近仓库调货,为了满足市场的紧急需求,将货物从一个仓库转运到需要的仓库,但这样也会产生一定的库存调拨费用和中转费用。

如果能有合理的销量预测,提前做好合理库存数量配置,既可以避免"缺货风险",也可以避免产生额外的库存调拨费用。

3. 销售预测不科学

销售预测准确,一方面,供应链可以在正确的时间提供正确数量的产品,提高库存周转率和客户满意度;另一方面,也可以保证公司正常的现金流。如果预测不准确,可能造成畅销的商品缺货,而滞销的商品却堆满仓库,给公司造成巨大的损失。

4. 粗放型库存管理模式

(1) 缺乏信息管理系统,无法进行现代化库存管理。供应链管理需要把供应商、制造商、经销商等供应链上各个节点联系起来,并进行优化,而相应的信息系统技术,可以将所有节点的活动集成在一个系统中,使操作流程和信息系统紧密结合,实现整个供应链的信息化管理。

通过信息化管理,可以实现数据和信息的实时共享和传递,供应链上的各类实体可以共享信息,消除信息不连贯造成的错误,为管理提供决策依据。

（2）安全库存不合理。安全库存,是为了防止不确定性因素(如交期延误、突发性订货、交货期突然提前、临时用量增加等特殊原因)而预计的保险储备量(缓冲库存)。安全库存用于满足提前期需求。市场有太多的不确定因素,因此库存控制的过程是一个动态的过程,根据市场的变化、供应商的变化、企业的变化,随时调整库存控制策略,反映不确定性的动态变化特征。同时对于跨境电商来讲,产品供应有较长的提前期,安全库存的设置尤为重要。安全库存越大,出现缺货的风险越小,但库存过大,会导致剩余库存的出现。如何科学地设置安全库存,是现实操作中必须解决的问题。

（3）供应链信息不畅通。供应链管理最终是以客户为中心,这也是供应链管理的经营导向。无论构成供应链的节点的各个职能部门也好、构成供应链节点的外部合作企业也好,供应链的形成都是以客户和最终消费者的需求为导向。在供应链管理中,关键是合作,供应链上的各个合作部门必须将关键业务上的信息,向各合作方公开,并协同达成共同的目标方向,这样可能产生协同效应。销售部门做好市场调研工作,做好竞争对手销售情况分析,客户需求变化分析,制定相应的销售计划、营销方案,反馈给生产部门;生产部门根据销售部门的市场信息,做好产品的研发和生产,并控制好产品品质;其他相关职能部门本着为客户服务这一共同宗旨,配合协调,共同服务客户,把市场做大做强。如果缺乏整体的供应链管理目标,各个职能部门只顾自己部门的利益,将无法协调合作、无法实施企业的最优管理。因此,确立供应链整体观念至关重要。

5. 库存成本管理目标不清晰

对企业经营活动的评估,不能只看某个节点的经营活动,而应更有效、全面地分析和评估供应链的整体运营管理绩效。因此,需要建立与之相适应的供应链绩效评价指标与目标,科学地评价企业的经营管理情况。如果没有一个科学、全面的,围绕企业综合经营活动的指标,从企业内部运营管理、供应商产品质量和交期管理、客户服务满意度管理、产品库存管理、财务价值管理等多个方面,建立多维度的评价标准,就没有一个科学全面的标准来提升库存管理绩效,也无法指导企业进行正确的经营管理活动。

库存成本管理应该是一个重要的指标,根据生产周期、运输时间、销售情况等,设定合理的库存目标,控制合理的物流和仓储费用,建立科学的库存管理目标,设置合理绩效考核指标,可以有针对性地优化库存科学管理,改善库存结构,从而提高公司的经营业绩。

四、海外仓的选址、规模布局、建设的影响因素分析

海外仓的布局关乎跨境电商企业能否在当下同业激烈的竞争环境中建立自身物流服务优势。但是海外仓的建设是一项复杂的系统工程,在布局海外仓的过程中需要考虑的因素众多,且各因素相互影响、相互作用。因此跨境电商企业在布局海外仓时要结合自身的

发展需求,全面分析地理环境、人文特点以及经营环境等因素,要理清影响选址因素的主次关系,对自身发展影响较大的因素重点考虑,在选址时严格遵守选址原则,而不是一味追求满足某一方面或者多方面目标。

(一) 选址原则

解决海外仓选址问题,实现跨境电商的海外仓布局需要严格遵守一些原则,否则将增加不必要的成本。一般来说选址原则按有利于企业发展或者降低企业成本划分为经济性原则、适应性原则、系统性原则、战略性原则、协调性原则,具体原则如表3-12所示。

表3-12 海外仓的选址原则

原则	内容
经济性原则	海外仓的建设成本十分重要,通常来讲,地址多选择在地价相对较低的地段,同时与客户或供应商距离较近,能够形成一定的辐射区域。因此海外仓的布局规划要遵循经济性原则,确保经济与效率的统一
适应性原则	海外仓的选址应该充分调研当地经济的发展趋势和潜力,同时结合该地区的物流资源以及政策法规,确保海外配送中心具有极强的适应性,使双方都能够通过海外仓实现最佳收益
系统性原则	海外仓的选址要具备长远发展的眼光,确保全面统筹物流运输以及仓储能力,使配送区域基础设施能够在一定时期内做好为跨境电商企业发展的服务,并构建系统化物流网络
战略性原则	海外仓的选址应该本着战略的眼光,最大限度地将当下与未来发展需求统筹兼顾,而且必须理性调研并具有大局意识,使海外仓能够成为跨境电商经济增长的新动力
协调性原则	海外仓的选址要平衡好物流网络的各个环节,力争海外仓在建设之后的生产、运营和管理都能够相互协调支撑。而且海外仓的设计还要从不同影响因素入手,进而通过定性及定量的分析方法或量化模型以选出最适宜的选址方案

(二) 选址影响因素

对于影响仓库选址的因素可将其分为内部因素和外部因素两大类。

1. 外部因素

外部因素采用PESTEL模型进行分析。P—政治因素、E—经济因素、S—社会因素、T—技术因素、E—环境因素、L—法律因素,具体结构如图3-6所示。

(1) 政治因素:政治因素指当地政府是否出台支持建设海外仓的政策,是否支持海外跨境电商企业在当地开展相关业务,给予政策扶持,物流节点建设是否遵循目的地国家的国土政策和城市相关规划,海外仓储中心是否有可扩张的用地,等等。

(2) 经济因素:经济因素主要包括区域经济、产业政策、服务水平与人力资源费用等。区域经济是指海外仓所在地区的经济是否高速发展,物流节点的建设与时间是否有利于本

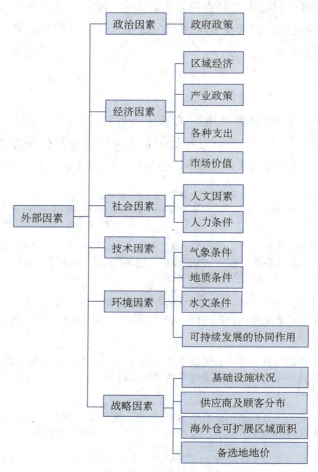

图 3-6 PESTES 因素分析模型

地经济运行等;产业政策是指配送中所在区域是否存在有利于跨境物流发展及影响跨境电商企业社会经济效益的产业政策;各种支出指的是备选地的建设费用、产品的运输费用、仓储费用、水电费用等;人力资源费用是指海外仓的建设与操作需要社会各个层次、拥有不同专业技能的工作人员,同时其属于劳动密集型行业。因此,需要着重考虑所在区域的劳动力成本及员工来源。

(3) 社会因素:社会因素主要包括社会稳定、人文理念、消费习惯以及人力资源因素等。

(4) 技术因素:备选地应具备基础有效的满足产品需求的相关技术。比如京东物流香港地区仓面积近 1 万平方米,并内设恒温区、高值区,以及针对奢侈品的专业打包台等。

(5) 环境因素:自然环境条件因素主要指海外仓选址需要考虑当地的气候条件如温度、湿度、降雨量等。

(6) 战略因素:主要包括基础设施状况、供应商及顾客分布、海外仓的可扩展区域面积、备选地经济因素等。例如,渝欧选择在荷兰建立第一个"海外仓",主要是基于阿姆斯特丹独特的地理位置和其重要的港口城市地位:物流发达、拥有更好的配套业务发展。与此同时,荷兰海外仓的设立,也有利于渝欧在整个欧洲市场的供应链整合,更大提升其在国内市场的品牌影响力,同时阿姆斯特丹也在渝欧铁路附近。当然,荷兰也有较多的优质品牌,能够选择和荷兰的优质厂商(比如达能集团的荷兰牛栏等)进行战略合作。

2. 内部因素

内部因素一般来自企业自身的问题,包括企业的战略、产品的服务水平等。

① 企业发展战略:企业发展战略是企业根据自身发展需要制定各种发展策略和目标的统称,是关于企业如何发展的理论体系。

② 产品服务:产品服务已成为消费者决定购买产品与否,或再次购买的一个重要判断标准。生产各种设备和日用消费品的企业需要格外重视产品的服务,包括售前服务、运输服务、售后服务等,这样可以树立良好的企业形象,提高企业的竞争优势和消费者的重复购买率。

关键词

跨境电商物流 邮政物流 商业快递 专线物流 国际海外仓

本章小结

1. 跨境电商物流与普通物流的区别仅在于地域不同。跨境电商物流指的是跨境电商卖家将货物从本国通过陆运、空运或者海运运往另外一个国家或者地区,但跨境电子商务对物流提出了更高要求,具体表现在:时效性、准确度、破损率;整合化和全球化;跨境电子商务要求物流提供主动服务,而不是传统物流的被动服务。要求产品、物流、信息流和资金流的统一,交易完成后主动把物流信息发送给客户,并实时监控货物直到完成投递;跨境电子商务要求物流注重IT系统化、信息智能化。

2. 邮政途径的物流模式主要是通过"国际小包"实现。目前常见的国际小包服务渠道有:中国邮政小包、香港地区邮政小包、新加坡邮政小包、俄罗斯小包、荷兰小包,等等。

3. 快递又称速递或快运,英文为express delivery,是指物流企业通过使用自身拥有资源、技术与独立网络,或以联营合作的方式,将用户委托的文件或包裹,快捷而安全地从发件人送达收件人的门到门的运输方式。快递公司通过铁路、公路和空运等交通工具,对客户货物进行投递。

4. 随着跨境贸易的日益发展,为降低货物运输成本,物流公司将货物集中以点到点的方式直接发往某个国家或地区,通过合作公司在目的国进行派送的物流方式称为专线物流。目前，国内发往其他国家和地区的专线物流主要包括美国专线、欧洲专线、澳洲专线、俄罗斯专线、中东专线及南美专线等。跨境专线物流存在以下特点：专线物流直达运输，不经停不分拣；专线物流服务内容丰富；专线物流性价比高；专线物流丢包率低；专线物流的时效性介于商业快递与邮政小包之间；专线物流在清关方面表现更为出色；专线物流在部分承运物品方面存有优势。

5. 海外仓是指由卖家或电商平台设立的境外仓储中心，跨境电商卖家通过市场调研预测，提前将适销的货物规模批量运至仓库，买家下订单后，就可以实现当地销售与配送。目前发展成熟的海外仓还能提供清关、质检、数据分析管理、市场调查与咨询以及退换货等一系列增值衍生服务。因此，海外仓的实质就是将跨境贸易转变为本地进行，消费者的购物体验得到增强，跨境出口电商企业在出口目的地也能得到进一步发展。

习　题

一、简答题

1. 简述跨境电商环境下物流的特点。
2. 简述中国邮政服务特色。
3. 简述商业快递的特点。
4. 商业快递计算运费时包括哪些方面？

二、论述题

1. 五大商业快递的优势与劣势分别有哪些？
2. 海外仓库存管理的主要问题有哪些？

第四章

跨境电商选品与产品定价

学习目标》

1. 了解跨境电商选品的考量因素及注意事项
2. 掌握跨境电商选品的分类和方法
3. 知道跨境电商商品的价格构成和定价策略
4. 能够选择适合不同目标市场的商品

> **引言**

小明在选定跨境电商出口平台之后,随即面临商品选品和产品定价的问题。如果选择市场上销售得好的商品,由于竞争激烈,往往会陷入价格战;相反,如果选择市场上销售得不好的商品,竞争对手少,但是顾客不买单,就会面临滞销风险。所以,小明到底应该选择什么样的销售商品?又该对选择的商品进行怎么样的定价?

第一节　跨境电商选品

跨境电商运营成功的因素很多,人才、资金、选择正确的平台运营等。做好跨境电商的第一步就是如何进行跨境电商的正确选品,如果选品失误,就很有可能在跨境创业之初就走了弯路,甚至是越走越远,导致投入了大量的人力和资源,最终还是失败。因此,跨境电商的选品对于跨境行业运营发展具有重要的影响。

一、选品的考量因素及注意事项

(一)选品的考量因素

从市场角色关系看,选品指选品人员从供应市场中选择适合目标市场需求的商品。一方面,选品人员要把握目标需求,另一方面,选品人员还要从众多供应市场中选出质量、价格、外观最符合目标市场需求的商品。成功的选品,应该达到供应商、客户、选品人员三者共赢的结果。选品是决定跨境电商成功与否的关键。由于需求和供应处于不断变化之中,因而选品也是从事跨境电商企业的日常工作。选品的考量因素有以下几个方面(见图4-1)。

(1)商品处于生命周期的上升期。

处于生命周期上升期的商品市场潜力大、利润率高,跨境电商的商品利润率基本上是50%以上,甚至100%以上。

(2)便于运输。

要求商品体积较小、重量较轻、易于包装、不易破碎,这样可以大大降低物流成本和物流环节货损的概率。符合这一特征的商品包括手机壳、手机膜、手机支架、耳机等手机周边商品。

(3)售后简单。

要求商品不需要售后服务或售后服务简单,便于操作、不需要组装或安装。需要有使

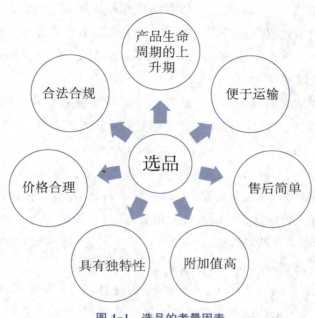

图 4-1　选品的考量因素

用指导、安装指导等售后服务的商品不适合作为跨境电商的选品,否则会加大后期的客户服务成本,一旦处理不当,会直接影响客户的购物体验及评价。

(4)附加值高。

价值低于运费的商品不适合单件销售,可以打包出售,以降低物流成本。

(5)具备独特性。

有自己独特的功能或商品设计,包括独特的商品研发、包装设计等,这样的商品才能不断激发买家的好奇心和购买欲望。

(6)价格合理。

在线交易的价格如果高于商品在目的国当地的市场价,或者偏高于其他在线卖家,就无法吸引买家在线下单。

(7)合法合规。

不能违反平台的规定和目的国的法律法规,特别是不能销售盗版、仿冒或违禁品。这种商品不仅赚不了钱,商家甚至还要付出违反法律的代价。

(二)选品的注意事项

有很多在国内电商平台可自由销售的商品,在跨境电子商务交易中是被禁止销售的,如减肥药。所以,卖家在选择出口跨境电商商品时,要做到以下几点。

(1)符合平台特色,遵守平台规则。

例如,做 Wish 和亚马逊是不一样的。Wish 是一个快销平台,要快速推广商品,这个平台的特点是需要大量的、多类的商品,所以卖家要选择多种品类的商品到平台。而亚马逊平台对商品质量的要求比较高,所以卖家就要找质量比较好的商品。

另外,各个跨境电商平台的规则不同,卖家选品时就必须了解和遵守各平台不同的规则。

(2)最大限度地满足目标市场的需求。

卖家在进行选品的时候需要以客户的需求为导向发现刚需品。关乎衣食住行的商品每个人都离不开,这类商品无处不在,卖家要关注日常小细节,深入了解目标市场消费者的实际需求。

需要注意的是,跨境电商的目标市场主要包括美国站、欧洲站、日本站、非洲站等。位于这些目标市场的消费者不同,卖家需要有针对性地采取差异化的选品策略。这里以亚马逊日本站为例进行说明。全球开店的亚马逊卖家很多,但做亚马逊日本站的卖家并不是太多,应该说亚马逊日本站目前尚属于蓝海市场。日本人的消费习惯和中国人比较接近,卖家对于日本站的选品需要考虑以下两个因素。

第一,商品认证和审核手续问题。在日本销售商品,首先,要考虑的就是外观侵权、食品卫生安全认证、商品安全认证等。日本的动漫非常有名,在日本销售动漫类商品稍有不慎就会侵权,轻则下架警告,重则直接销号。其次,日本站对于进口类商品的审核非常严格。某公司销售过一款水壶,商品发到日本海关时麻烦就来了,海关要求其出示各种认证资料,大部分认证资料要求必须是日本当地的认证。这款水壶由于认证不符合要求,最后的结果是必须被下架。在日本站销售商品,所有商品的认证资料都得准备好。

第二,商品差异化优势和质量优势。日本人非常注重商品的工艺,所以商品的细节在日本站必须处理好,低价低质在日本站行不通。如果商品各方面质量都比较好,就不用担心没有销量。具有差异化优势的商品在日本站的销量会比较好,例如,在日本销售USB线,1米线的销量并不好,价格再低都不好卖;相反,15厘米的线和2米的线销量却非常好,这就是差异化的优势。

"跨境电商——在美国卖什么商品好"

1月:冬季服装打折,是服装的销售旺季,卖家可以多上一些服装商品。

2月:2月14日是情人节,本月是园艺商品、时尚饰品、珠宝和手表、箱包礼品的销售旺季。

3月:3月31日是复活节,会带来园艺商品的热销;服装和家居用品的销售也会在春夏季节快速升温,美容化妆商品的销量会随着春季新品的到来而强势反弹。另外,户外用品、桌球、水上运动用品的销售在春夏比较火热,礼品的销售会随着复活节等特殊节日而火爆。

4月:园艺商品在4月的美国市场销量很好,女鞋和婚庆用品的销售会随着婚礼需求而激增。

5月:园艺商品、时尚饰品、珠宝商品、箱包商品、贺卡的销售会随着5月母亲节的到来而变得火热。

6月:6月有父亲节,同时也是毕业季。空调等制冷电器会在6月开始热销,手机和消费电子商品也是销售旺季,桌球、水上运动用品在夏季比较热销。

7月:7月4日是美国的独立日。家具和家居用品会因为婚礼等需求而进入销售旺季。

8月:学生返校采购季。返校季是服装、鞋类的一个热卖季节,也是手机、消费电子商品、办公用品、运动用品的一个热卖月。

9月:秋季是服装热卖的季节之一,美容化妆品会由于秋季新品的到来而热销。

10月:体育用品在10月会强劲打折,同时,毛绒玩具热销。

11月:11月有感恩节,也是园艺商品的热卖时节,一些家电用品也开始打折。美容化妆用品会随着冬季休假的来临而热卖。毛绒玩具继续热销,礼品会随着冬季诸多重要节日而进入热销季。

12月:冬季是服装和鞋类热卖的季节。圣诞节期间园艺商品会热卖,取暖设备热销,时尚饰品、珠宝和手表在12月的销量会占到全年销量的四分之一。手机、消费电子商品热销,作为礼物或者自用的体育用品也进入热销期。冬季滑雪设备热卖,毛绒玩具热销。

(资料来源:跨境电子商务企业规划师的博客。)

二、选品的分类和方法

(一) 选品的分类

(1) 主动选品。

主动选品指卖家通过对目标市场的了解或者对某个行业的了解,主动去研发或者寻找商品。例如,熟悉数码类消费电子商品的卖家,对数码类商品的选择会精细到:数码类商品→手机周边商品→音响→蓝牙音响。

以蓝牙音响为例,进行主动选品时,卖家需要对整个市场的蓝牙音响商品都了如指掌,如哪款是新开发出来的,哪款是用来低价走量的,哪款是走高端高利润策略的。这个时候,卖家会针对公司的具体情况来自主选择蓝牙音响。

(2) 被动选品。

被动选品指卖家参考大多数卖家的数据,查看其近期销量比较大的爆款是哪些,从而决定自己销售的商品。这样做会比较省事，但是永远会比别人慢一步，所以卖家在选品时如果能做到主动选品与被动选品相结合则效果更佳。

（二）选品的方法

（1）做好目标市场分析。

选品时，卖家要提前对目标市场进行分析，掌握当地人群的生活习惯、饮食习惯、业余爱好以及节假日等基本情况，同时也要参考国内外相关数据信息，为选品提供依据。

（2）做好数据分析。

跨境电商做得比较好的卖家，都很重视数据分析。数据分析是通过对各个业务节点业务数据的提取、分析及监控，让数据作为管理者决策、员工执行的有效依据，作为业务运营中的一个统一尺度和标准。从数据来源看，数据分为外部数据和内部数据。外部数据是指企业以外的其他公司、市场等产生的数据。内部数据指企业内部经营过程中产生的数据信息。卖家要想做出科学的、正确的决策，需要对内外部数据进行充分的调研和分析。

第一，外部数据分析。外部数据分析是指综合运用各种外部分析工具，全面掌握品类选择的数据依据。例如，通过 Google Trend 工具分析品类的周期性特点，把握商品开发先机；借助 Keywords Spy 工具发现品类搜索热度和品类关键词，同时借助 Alexa 工具选出至少 3 家以该品类作为主要目标市场的竞争对手的网站，作为目标市场商品详情页分析的依据。

第二，内部数据分析。内部数据是已上架的商品产生的销售信息，是选品成功与否的验证，也可用于以后选品方向的指导。卖家可通过平台分析工具获得已上架商品的销售信息（流量、转化率、跳出率、客单价等），分析哪些商品销售得好，从选品成功和选品失败的案例中积累经验和教训，再结合外部数据分析，一步步成长为选品高手。

案例分析

以加拿大为例进行选品分析

首先，对加拿大的重大节日进行分析。例如，圣诞节前，大家都会大量采购圣诞商品来装饰家、超市、餐饮店等，这时需求就比较明显；万圣节前，大家会采购面具、服装、道具等。节假日商品大多会提前一个月开发及上架，另外，物流也需要预留出时间，当然这也是出于抢占市场先机的考虑。综合考虑以上因素，我们的选品方向就更明确了。

其次，对季节因素也需要分析。冬季到来前开发帽子、手套、围巾等保暖商品；夏季到来前准备迷你风扇、笔记本冰垫、散热器等降温商品。

最后,在生活习惯方面,可以根据目标市场人群的生活习惯选品。2016 年,Brand Spark 进行了"第十三届年度加拿大购物者调查",有超过 39 000 名加拿大人参与了调查,该项调查揭示了加拿大消费者在日常消费品方面的购物习惯。这项调查得出的结论如下。

(1) 加拿大人喜欢创新,愿意为新商品买单。

在加拿大,无论是经济繁荣时期还是衰退时期,消费者都喜欢新商品。75%的被调查者支持创新,67%的被调查者愿意为新商品多付一些钱。报告显示,加拿大消费者在购物活动中购买首次上架新商品的概率为 13%,所以卖家需清晰地向消费者展示出新商品将会给消费者带来什么好处,即新商品必须引人注目。

(2) 加拿大人对购买过程持不同意见。

52%的被调查者称寻找划算交易的过程让购物更加有趣。56%的被调查者喜欢在多个店中购物以寻求最优价格,但随着搭配价格的兴起,这一比例有所下降。仅有 33%的被调查者认为一站式购物的便利比低价格更具诱惑力。45%的加拿大人不愿意多去实体店,由此可见,电商购物将成为必然趋势。

(3) 大多数加拿大人喜欢"纯天然"保健品。

对于效果好的保健品,55%的被调查者愿意付出更多的钱去购买,而 53%的被调查者称更愿意购买打着"天然"广告语的保健品,因为他们认为这种商品的效果更好。

(4) 加拿大人信任有机食品,但却不爱买。

36%的被调查者承认有机食品更加健康,但是只有 23%的被调查者定期购买有机食品。60%的被调查者称,如果有机食品没那么贵,他们愿意购买更多的有机食品。

(5) 品牌忠诚度降低,加拿大人开始追求更优价格。

45%的被调查者称对品牌的忠诚度不如几年前,一部分原因是商品的价格上升以及加拿大元贬值,所以促销活动比以前更多了。75%的被调查者称会查看每周打印的宣传页,其中 40%的被调查者每周都会查看数码宣传页。

三、货源的选择

出口商品货源的选择有两种渠道:一种是线下货源,另一种是线上货源。

(一) 线下货源

线下货源是指在当地可以找到的实体店货源,包括专业批发市场和工厂货源。

(1) 专业批发市场。

如果资金比较充裕的话,卖家首先在当地专业市场进货。这样做有两个好处:一是可以亲自验看商品的质量;二是确保有库存,不会出现买家想购买某商品却断货的情况。例如,卖家要找电子商品就到深圳,要找服装类商品就到广州、虎门,要找 LED 灯饰类商品就到中山……如果能够和批发市场的老板多次交易的话,卖家还有可能拿到较低的批发价,在有新货或热销款时也会较早得到通知。但是无论选择在哪里进货,一定要记住,首次进货一定要多品类,同一款商品一件就可以了,如果销售情况好就再去进货。因此,专业批发市场货源的优点是方便、运输成本低、可见实物、可议价,且比较稳定。

(2) 工厂货源。

如果能和工厂达成合作,工厂货源是最好的货源渠道,不但可以节省成本,商品售后也有保障,而且工厂货源是人性化的,可定款、定价、定量。对于未来的发展,工厂货源是最佳选择。采用工厂货源的缺点是,如果是小批量拿货,对于工厂来说很难建立合作。

(二) 线上货源

(1) 网上商城批发。

网上商城批发是一个比较常见的渠道,因为没有地域的限制,所以进货比较方便,成本也较低,且货源比较稳定,操作简单,缺点是见不到实物。例如,阿里巴巴上聚集了各类厂家,很多厂家都提供批发业务,商品也配有图片。不过这些厂家都要求卖家大量进货。如果店铺前期资金和经验不足,卖家可以在阿里巴巴的小额批发区进货,虽然进价会高一些,但是风险低,以后销量提高再寻找好的货源就容易了。

(2) 做网店代理或代销。

现在很多电子商务网站上不仅有做批发的,很多还提供代理或代销服务。网代比较适合电商新手,不用什么成本就能将店开起来。但是卖家在找这类代理的时候一定要多对比,可以先买回一两件商品试试,因为现在很多网站提供的商品在质量上没有保障,代理了这样的商品,有问题就会遭到投诉,最后不仅亏了本,还可能会降低店铺的信誉。

一、选品实施

小明在掌握了有关选品的基础知识后,开始着手进行选品。

(1) 选择目标市场。

小明初入跨境电商行业,并没有稳定的客户以及货源渠道。考虑到欧美市场的购买力比较强、市场比较规范,小明决定进入美国市场。

(2) 研究目标市场的热销商品。

小明通过浏览网页,发现美国市场每个月都有热销商品,但是小明仍然拿不定主意。好在他还了解到2015—2017年跨境电商的热销商品分别是平衡车、鱼尾毯和指尖陀螺,如图4-2所示。小明初步决定销售指尖陀螺。

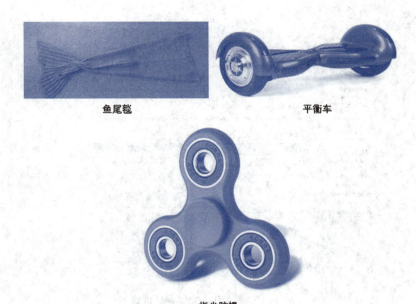

鱼尾毯　　　平衡车

指尖陀螺

图 4-2　2015—2017 年跨境电商的热销商品

二、遵循平台规则进行选品

小明在考察了各种平台的成本后,决定借助敦煌网平台销售商品。首先,小明需要知道敦煌网的商品规则。

小明在浏览了敦煌网后,发现在敦煌网上销售商品要遵守"禁止销售(限售)商品规则"及"禁止销售侵权商品规则"。

(1) 禁止销售(限售)商品。

查看步骤:进入敦煌网首页,单击中间的"政策规则",进入之后再单击"敦煌网经营规则"栏目中的"禁止销售(限售)的商品规则";也可单击"政策规则"栏目中的"专题解读"查看"禁限售产品解析"(见图 4-3 和图 4-4)。

从"规则"部分可知,敦煌网禁止销售的商品包括但不限于毒品类、枪支武器类、医疗药品、影响社会治安类、化学品类、色情暴力、间谍类、烟酒类、货币类、解码设备、人体器官、珍稀物种、金融类、特殊用途的电子商品、政治信息类、服务类、警用品、虚拟类商品 18 类商品。敦煌网限制销售的商品指需要取得商品销售的前置审批、凭证经营或授权经营等许可证明才可以发布的商品。卖家若已取得相关合法的许可证明,应在上传该类商品至敦煌网前,提前向敦煌网授权邮箱提供授权证明。限制销售的商品包含但不限于以下商品。

① 弓弩:需要提供弓弩生产、销售和运输许可证;

② 隐形眼镜(普通隐形眼镜、装饰性彩色平光隐形眼镜):需要提供该类商品医疗器械注册证书以及相应的生产、经营资质证书;

③ 等值纪念钱币(等值面额纪念币,如纪念币上写有 10 元或 10 美元):需提供销售许可证明;

图 4-3 敦煌网禁限售商品规则

图 4-4 敦煌网禁限产品解析

④ 食品类商品：需要提供《食品卫生许可证》《食品经营许可证》《出口食品卫生注册证书》《进出口食品标签审核证书》或《中华人民共和国出入境检验检疫卫生证书》等证明；

⑤ 茶叶类商品：需提供 QS\CNAS 等第三方认证机构证明或《进出口食品许可证》等资料。

从"解析与案例分析"部分可知敦煌网对于禁销品的种类规定及原因解释。

（2）禁止销售侵权商品。

小明选择的指尖陀螺商品不属于平台禁止（限）销售的商品，小明心中暗喜。之后，小明在敦煌网卖家界面输入"指尖陀螺"四个字,发现如图4-5所示的两条信息,第1条信息是"指尖陀螺商品治理公告",第2条是"指尖陀螺:火爆全球的EDC圈时尚玩物"。

```
指尖陀螺产品治理公告
2017-06-07    标签:指尖陀螺
尊敬的敦煌网商户:    近日,平台发现指尖陀螺产品乱放类目的现象严重,并且部分商户由于货源紧缺、产品质量差等经营问题,对客户造成了较差的购物体验。为了规范平台的产品经营,现针对指尖陀螺产品做出如下规范

指尖陀螺:火爆全球的EDC圈时尚玩物
2017-04-28    标签:指尖陀螺
指尖陀螺已成为EDC圈时下最火的手中玩物。EDC即EveryDayCarry,指每天都要携带在身边的物品。
```

图4-5 敦煌网卖家界面关于"指尖陀螺"的搜索结果

小明心中一惊一喜,"惊"的是敦煌网对于销售"指尖陀螺"出台了治理公告,可能限制更多了。喜的是,小明坚定了自己的选品。小明点开"指尖陀螺商品治理公告"链接页,看到如图4-6所示的内容。

小明了解到敦煌网对指尖陀螺商品的规范主要体现在4个方面。

① 指尖陀螺商品上传类目规范:指尖陀螺商品只允许上传到指定类目(包括玩具与礼物、照明灯饰、运动与户外商品这三个类目)。卖家须先行下架非指定类目下的相关商品,如果逾期未处理,平台将进行统一下架。

② 卖家规范:定期针对退款率、纠纷率、责任纠纷率或拒付率严重超标的卖家限制更新和上传指尖陀螺商品。

③ 商品规范:定期针对退款率、纠纷率、责任纠纷率或拒付率严重超标的单个商品进行删除处理。

④ 商品类型规范:具有尖锐外形的指尖陀螺商品如无CE认证证书,则被平台认定为禁止销售的商品。

尊敬的敦煌网商户:

近日,平台发现指尖陀螺产品乱放类目的现象严重,并且部分商户由于货源紧缺、产品质量差等经营问题,对客户造成了较差的购物体验。为了规范平台的产品经营,现针对指尖陀螺产品做出如下规范。

1. 指尖陀螺产品上传类目规范:指尖陀螺产品只允许上传到以下指定类目,卖家须先行下架非指定类目下的相关产品,如逾期未处理,平台将进行统一下架。

指定类目:

一级类目	二级类目
玩具与礼物	新奇特、娱乐消遣玩具
玩具与礼物	爆旋陀螺王
照明灯饰	新奇特灯
运动与户外产品	休闲运动游戏

2. 卖家规范:定期针对退款率、纠纷率、责任纠纷率或拒付率严重超标的卖家限制更新

和上传指尖陀螺产品。

3. 产品规范：定期针对退款率、纠纷率、责任纠纷率或拒付率严重超标的单个产品进行删除处理。

4. 产品类型规范：类似下图这类尖锐外形的指尖陀螺产品如无 CE 认证证书，会被平台认定为禁止销售的产品，如图 4-6 所示。

产品类别	禁售产品及信息	说明及举例（不仅限于以下举例）	违规类型
毒品类	毒品、麻醉剂、制毒原料、制毒化学品、致癌性药物	罂粟花种子、白粉、海洛因等	严重
	帮助走私、存储、贩卖、运输、制造、使用毒品的工具	大麻生长灯等	严重
	制作毒品的方法、书籍		严重
	吸毒工具及配件		严重
枪支武器类	核武器等其它大规模杀伤性产品	弹药、军火等	严重
	枪支及枪支配件	真枪、消音器、枪托、子弹匣、握把、扳机等	严重
	仿真枪及枪支附件	气枪、钢珠枪、彩弹枪及任何形式的伪装枪、枪瞄仪等	一般
	防弹防刺背心、头盔		一般
III类医疗器械/药品	处方药、非处方药、中草药	药膏、喷雾类药品、催情、延时功能的药膏、喷雾、精油类性保健品、减肥药膏、艾叶香薰等	严重
	III类医疗器械	医用针管注射器、隐形眼镜、牙齿美白胶、牙齿美白剂等	一般
	制药设备	制药模具、药品压片机、胶囊抛光机、胶囊填充机等	严重
特殊用途化妆品	祛斑、防晒、美白、祛皱、消炎等治愈治疗效果的化妆品	睫毛增长液、美白膏等	严重
	育发、染发、烫发类产品	育发剂、染发剂等	一般
	脱毛、美乳、健美、除臭类产品	脱毛蜡、丰胸膏等	一般
影响社会治安类	管制刀具及其伪装刀具	匕首、三棱刮刀、跳刀、血槽刀、皮带刀、银行卡刀、口红刀等	一般
	弓弩		一般
	开锁器		一般
化学品类	易燃易爆物品	烟花、爆竹、灭火器、石棉及含有石棉的产品、固体酒精、油漆、火柴、打火石等	严重
	化学品	高锰酸钾、硝酸铵等	严重
	点火器及配件	含有可燃气体或液体的打火机等	严重
色情暴力	含有露骨情色、淫秽或暴力内容的产品	含有色情淫秽内容的书籍、音像制品及视频等（不包括成人用品图片展示违规，如情趣内衣产品模特姿势展示不雅等）	严重
	未成年人色情	年幼充气娃娃	严重
	宣传血腥、暴力及不文明用语		一般
安全隐患类	容易导致他人受伤的产品或防身器具	安全气囊及其配件、飞镖、尖锐指尖陀螺、电击棍棒、手电或电击玩具、强力磁铁组件（球形、立方体或长方体等形状）玩具、水晶泥及水晶泥自制原料等	一般

图 4-6 截至 2021 年 7 月《禁止销售（限售）产品规则》

图片来源：亚马逊官网。

为此,小明决定销售圆滑外形的指尖陀螺商品,不销售尖锐外形的指尖陀螺以避免申请 CE 认证。至此,小明顺利完成了选品任务。

第二节　跨境电商产品定价

跨境电商平台想要获取不错的销量,除了产品和服务以外,产品价格对于消费者来说也是一个重要因素。当前,市面上关于跨境电商新品定价的策略很多,但是,无论是什么样的定价策略,跨境电商产品定价的最终目的始终是获得利润。

一、跨境电商产品的价格构成及定价要点

(一) 跨境电商商品的价格构成

从事跨境电商经营的核心目的是赢利,而利润=商品价格-成本,也就是说商品价格取决于成本和利润。所以,我们要非常清楚真正的商品成本,这也是我们后期商品定价策略的基础。商品的实际成本一般由下面几部分组成:进货成本(商品价格+快递成本+破损成本);跨境物流成本;跨境电商平台成本(包括推广成本、平台年费、活动扣点);售后维护成本(包括退货、换货、破损成本);其他综合成本(人工成本、跨境物流包装成本等);利润率。以下分别进行论述。

(1) 进货成本。

进货成本指从国内供应商处采购商品的成本,一般包括工厂进价和国内物流成本。进货成本取决于供应商的价格基础。在进行跨境商品定价之前首先应该了解商品采购价格处于这个行业价格的什么水平,也就是供应商的价格水平是不是具备优势。选择一个优质的供应商是跨境电商经营的重中之重,优质的商品品质、商品研发能力、良好的电商服务意识都是选择供应商要考虑的因素,但最核心的因素是供应商的价格必须具备一定的市场竞争力,这样才可能拥有足够的利润空间去做运营和推广。

(2) 跨境物流成本。

跨境物流成本是商品实际成本的重要组成部分,根据跨境物流模式的不同而有所不同。在跨境物流费用的报价上,商品标价里通常会写上"包邮"(free shipping),这样的标价方式比较吸引客户。所以,卖家一定要将跨境物流费用计算在商品价格之中。物流成本的核算方法见跨境电商物流部分。

(3) 跨境电商平台成本。

跨境电商平台成本是指基于跨境电商平台运营、向跨境电商平台支付的相关费用,一般包括入驻费用、成交费用、推广费用、平台年费和活动扣点,其中的核心是推广费用,如阿里巴巴速卖通平台的 P4P(pay for performance)项目推广费用。如果卖家的资金实力不够雄厚,对于商品的推广投入成本更应该谨慎且要有非常详细的预算,一般对资金投入的建议是:(工厂进价+国际物流成本)×(10%—35%)。就入驻费用而言,目前只有敦煌网和 Wish 不收费,其余平台都要收费,且每年在 1 万元以上。就成交费用而言,阿里巴巴速卖通按每笔成交额的 5%收取,而亚马逊则是按成交额的一定比例收取,一般为 8%—15%,其他的平台也有相应规定。跨境电商平台成本越高,商品的价格就会越高,就越不具备价格竞争力。

(4) 售后维护成本。

售后维护成本是很多跨境创业新人最容易忽视的一项成本。很多中小跨境卖家在我国境内发货,线长点多周期长,经常会出现一些商品破损、丢件甚至客户退货退款的纠纷。因为跨境电商的特性,这样的成本投入往往比较高,我们在核算成本的时候应该把这项成本明确核算进去。核算的比例一般是:(进货成本+国际物流成本+推广成本)×(3%—8%),如果超过这个比例建议放弃这类商品。

(5) 其他综合成本。

其他综合成本包括人工成本、办公成本、跨境物流包装成本等。

(6) 利润率。

利润率也是跨境电商卖家需要考虑的因素,利润率越高,商品的售价也就越高。目前阿里巴巴速卖通等平台的利润率普遍越来越低,一般在 15%—20%。

(二)跨境电商外贸新人定价要点

(1) 要注意数量单位。

跨境电商外贸新人要注意数量单位,如 piece 和 lot。这个问题看上去比较简单,但是很多外贸新人做跨境电商时往往不注意这类细节,经常把这样的原则问题搞错,最终导致订单成交后亏本发给客户买教训。此外,跨境外贸新人应该根据不同数量为商品制定不同的价格,这样就可以吸引采购商下大订单,如 100 个多少价格、300 个多少价格、500 个多少价格等。

(2) 避免随意定价。

随意定价是目前跨境电商新人最容易犯的错误。如果商品定价非常随便,定了又改,改了又定,会让客户感觉这个店铺在价格核算上不够专业,而且以前买贵了的客户心理会不平衡,认为买亏了。所以,定价要细致严谨,卖家在制定价格之前要做好调研,不要轻易改变价格。

(3) 注意合理的销售方式。

有些商品需要分件卖,有些商品需要分批卖,有些商品需要成批卖,其实这里面都有非常严谨的定价和销售策略,如低于 1 美元的商品一般建议分批卖。

(4) 要进行充分的市场调研。

卖家首先在平台输入关键词，查看自己的价格在行业内属于什么水平；如果自己的商品没有特别具有竞争力的同行，一般建议利润水平不高于25%。多去了解你的同行，多去关注你的竞争对手，多向他们学习，这样你的店铺才能真正成长并获得成功。

(5) 注意C类买家和小B类买家的区别。

通过跨境电商平台我们可以找C类买家，他们的特点是购买数量少，有时甚至只购买单件商品，但对销售服务的要求高。对于这类买家，我们一般建议将商品价格定在正常的零售价格。同时，通过跨境电商平台我们也可以认识一些小额批发商（小B类买家），他们的特点是能产生小订单，对他们在价格上要给予一定的让利，因为小B类买家后期若成长起来，对于店铺的赢利将会是最强的支持，所以我们要特别重视这类客户的订单。

(6) 精准的国际物流快递核算。

一个有责任心的跨境电商卖家要尽量帮助客户节省国际物流费用，在商品标价的时候建议将国际物流费用直接包含在商品单价中，同时标明商品包邮；对于商品的包装和重量要精心计算，选择可靠、价格低廉的跨境物流公司，商品的包装尽可能做到又牢固又便宜，这样就能使店铺真正拥有一批忠实的客户，最终走向成功。

(7) 多了解海外网站上该商品的市场价格。

这一点非常重要，如果目标市场是美国，就多去美国网站了解所售商品的终端零售价格，比较自己商品的零售价格加上快递费之后的价格与美国当地同类商品的价格，看看自己的价格是不是具备竞争力；如果跟美国当地的商品价格没什么差别，那价格竞争力就比较弱，客户下单的可能性就比较小。

(8) 考虑人民币与美元的市场汇率。

对于很多已经有一定销售量的跨境电商卖家来说，其应重点考虑人民币与美元的市场汇率，将商品美元价格的汇率预算得保守一点，以此来规避人民币可能升值的风险。

(9) 不要忘了平台收汇扣费成本。

无论是eBay、速卖通、敦煌网，还是其他跨境电商平台，其单笔美元收汇都会有非常高的收汇成本，这个成本一定要考虑进商品定价。另外，建议店铺账户累积到较大余额时再去平台提现，这样能最大限度地节省提现费。

(三) 跨境电商平台的价格调研

要想在激烈的跨境电商竞争中赢得订单，店铺商品的价格应该有比较明显的优势。只有进行充分的市场调研，做到知己知彼，不断自我调整价格，店铺才能真正具备竞争优势。

对于商品的市场调研，卖家一般要了解下面几个核心点。

(1) 商品价格。

首先进入常规的跨境电商平台，如速卖通、敦煌网、eBay等，选择要调研商品的商品类

目,统计前10页的商品价格,并计算出一个平均的价格水平,对照自己商品的价格,看一下商品价格是不是具有优势。自己商品的价格水平最好在中等偏下的位置,这样最有市场竞争力。

(2) 市场竞争度。

进入速卖通、亚马逊、eBay等跨境电商平台,从下面几个维度进行调研。第一,竞争者的数量。如果竞争者数量太多,那该市场已经是红海市场,定价只会越来越低。第二,地区的分布。关注一下竞争对手店铺的地区分布,同一个地区的竞争者越多,价格溢价能力越差。最后,还应该仔细分析一下核心竞争对手的实力,如店铺的综合能力、品类、营销推广能力等;实力竞争对手越多,后期的溢价能力也越差。

(3) 店铺商品的差异化。

这一点非常重要,因为一个店铺商品的差异化程度越高就意味着商品价格溢价能力越强,所以卖家要在店铺经营的过程中注重自己商品的个性化和差异化,在商品拍摄、店铺装修、商品的包装等方面都要有自己的个性和特色,拒绝同质化竞争和千篇一律的重复。

二、跨境电商产品的定价策略

(一) 跨境电商商品的传统定价策略

要决定如何给一个电商商品定价,对一些卖家来说可能是一个不大不小的挑战——既想给顾客一个合理的价格,又想赚取更多的利润。了解传统的、最受欢迎的零售电商定价策略,有助于卖家混合使用这些不同的定价策略,为所销售的商品设定一个最合适的价格。电商卖家经常使用的、传统的商品定价策略主要有:基于成本的定价、基于竞争对手的定价和基于商品价值的定价。

(1) 基于成本的定价。

基于成本的定价可能是零售行业最受欢迎的定价模式。其最大的优点就是简单。一家商店,无论是实体店还是电商店铺,用不着进行大量的顾客或市场调研就可以直接设定价格,并确保每个销售商品的最低回报。因而,这种定价又被称为"稳重定价"。

卖家要想运用基于成本的定价策略,就需要知道商品的成本,并提高标价以创造利润。

该定价策略的计算方式为:成本+期望的利润额=价格。

想象你拥有一家卖T恤的电商店铺。采购一件衬衫并打印样式,你需要花11.5美元;这件衬衫的平均运费是3美元,所以你估计的成本是14.5美元;而你想在每件售卖的衬衫上赚取10.5美元的利润,所以你的价格就应该是25美元。

如果你新增了一种新T恤,这种T恤需要额外的打印费,成本可能需要15美元,加上3美元的预计运费,你的价格应该为28.5美元,也就是18美元的商品成本再加上10.5美元的利润。

当然,卖家也可以使用百分比来定价,可以简单地在商品成本上加上你期望达到的利润率来定价。

例如:商品成本是3美元,按照速卖通目前的平均毛利润率(15%),还有固定成交速卖通佣金费率5%,以及部分订单产生的联盟费用3%—5%进行计算。我们可以推导出:

$$销售价格 = 3\ 美元 \div (1-0.05-0.05) \div (1-0.15) = 3.92\ 美元$$

再保守点,销售价格$=3\ 美元 \div (1-0.05-0.05-0.15) = 4\ 美元$

那么这其中,5%的联盟佣金并不是所有订单都会产生的,但考虑到部分满立减、店铺优惠券、直通车等营销投入,以5%作为营销费用基本没有差错。

当然,这其中还可以加入丢包及纠纷损失的投入,按照邮政小包1%的丢包率来算,又可以得到:

$$销售价格 = 3\ 美元 \div (1-0.05-0.05-0.01) \div (1-0.15) = 3.96\ 美元$$

再保守点,销售价格$=3\ 美元 \div (1-0.05-0.05-0.15-0.01) = 4.05\ 美元$

得到销售价格后,我们需要考虑该商品是通过活动来销售还是作为一般款来销售。

假如作为活动款,那么按照平台通常活动折扣要求40%(平时打40%折扣,活动时最高可以到50%)来计算,可以得到:

$$上架价格 = 销售价格 \div (1-0.4)$$

基于成本的定价策略可以让零售电商卖家避免亏损,但这种定价策略容易引发价格战。

(2)基于竞争对手的定价。

采用基于竞争对手的定价策略时,你只需"监控"直接竞争对手对特定商品的定价,并设置与其相对应的价格就可以了。

这种零售定价模式,只有当你与竞争对手销售相同商品且两种商品没有任何区别时,才可以达到效果。实际上,如果你使用了这种策略,你就是在假设你对竞争对手已经做了一些相关研究,或是竞争对手至少拥有足够的市场地位,你假设他们的价格一定是匹配市场期望的。

不幸的是,这种定价策略可能会带来价格竞争,有些人称之为"向下竞争"。假设你在亚马逊平台上销售商品,你有一个通常在自己网站上标价299.99美元的商品,因此你将亚马逊上该产品的价格也设定为299.99美元,希望订单能蜂拥而来。但你发现,订单并没有涌来。后来,你发现你的竞争对手正在以289.99美元的价格出售相同的商品,因此你将价格降至279.99美元。不久之后,你们双方都会因为不断降价,把利润空间压缩得几乎可以忽略不计。所以卖家要谨慎使用基于竞争对手的电商定价。

(3) 基于商品价值的定价。

如果专注于商品可以给顾客带来的价值,卖家思考的问题则是：在一段特定时期内,顾客会为一个特定商品支付多少费用？然后根据客户的这种感知来设定价格,这种定价就是基于商品价值的电商定价策略。因为这种定价策略取决于顾客对商品的认知水平,所以又被称为"认知定价策略"。

基于商品价值的电商定价是几种定价策略中最复杂的一种,原因有以下几个。

这种策略需要进行市场研究和顾客分析,卖家需要了解最佳受众群体的关键特征,考虑他们购买的原因,了解哪些商品功能对他们来说是最重要的,并且知道价格因素在他们的购买过程中占了多大的比重。

如果卖家使用的是基于价值的定价策略,这并不意味着只设定完一个价格后就万事大吉了。相反,商品的定价可能会是一个相对较长的过程。随着顾客对市场和商品的了解加深,卖家需要不断对价格进行重复、细微的改动。不过,不管是从平均商品利润还是整体盈利水平来说,该定价方式可以带来更多的利润。

想象一位在繁忙大街上卖雨伞的商户,当阳光灿烂时,路过的行人没有立即买雨伞的需要。如果他们买了雨伞,那也是在未雨绸缪。因此,在天气好的情况下,顾客对雨伞的感知价值相对较低。但尽管如此,卖家仍可以依靠促销来达到薄利多销的目的。在下雨天时,雨伞的价格可能会上升很多。一位急着去面试的行人在下雨天可能愿意为一把雨伞支付更高的价格,因为他不愿意浑身湿透了再去面试。因此,卖家可以从每把销售的雨伞中获得更多的利润。换句话说,商品价格是以顾客的感知价值为基础的。

(二) 跨境电商商品的其他定价策略

(1) 折扣定价策略。

利用电商平台的促销功能,设置折扣价是常见的定价策略。折扣价格并不是长期打折,折扣的目的是吸引消费者,一般是在标价的基础上选择一定的折扣,把利润、成本全部标在你的"上架价格"中,并且把快递邮费也包含在标价里,这样往往比较容易吸引客户。卖家也可以定期做一些优惠活动,如"买就送",参与平台的一些推广活动等。销售量越高,价格越优化,卖家在跨境平台上的排名就越有优势。需要注意的是折扣的英文表达,例如,如果卖家希望将商品打9折,其英文应该写"10%off",而不是"90%off"。

(2) 引流型定价策略。

对于新的跨境店铺,首先要做的就是引流。此时一般的定价策略是,在速卖通等跨境平台输入商品的关键词,找到行业的价格水平,如：找到10家跨境卖家的价格,取一个价格的平均值,最后把商品的"上架价格"标为"平均值×(1－15%)"的价格。这样卖家可能有亏损,但是这样的标价再结合一定的P4P推广,很容易为店铺吸引比较高的流量。这个标价是折扣价格,后期等店铺流量上来以后,卖家可通过调整折扣的方式,把价格调回正常水平。

还有一种引流型定价策略,又被称为"狂人策略",具体做法是研究同行业卖家、同质商品销售价格,确定行业的最低价,以最低价减去其5%—15%的价格为商品的销售价格。用销售价格倒推"上架价格",不计得失地确定成交价。"上架价格"的定价方法有两种。

① 上架价格=销售价格/(1-15%),此策略费钱,可以用来打造爆款,简单、有效,但不可持续,风险较大;

② 上架价格=销售价格/(1-30%),此策略略微保守一些,可以通过后期调整折扣来让销售价格回到正常水平。

以上两种定价思路都可以在15%折扣下平出或者略亏,作为引流爆款的方法。

(3) 盈利款式的定价策略。

盈利商品的调价能力(也就是商品的溢价能力),是定价策略中最核心的部分。对确定能产生利润的商品,卖家应该在商品品质和供应商供应链能力方面做好把控,其品质必须非常可靠而且稳定,供应商的供应能力(包括库存、研发等)应该完善且持续性强。

一个店铺的优质盈利商品必须具备下面几个特性。

第一,行业竞争不充分、不密集。卖家进入跨境电商平台调研,输入商品的关键词,查询这个阶段有多少竞争对手在卖同系列同款式的商品,查看其排名和商品曝光是不是具备优势。一般来说,同类供应商越密集,商品定价越低,溢价能力越弱。

第二,商品的差异化特征。跨境电商商品应在照片拍摄、商品描述上具备差异化,在功能、属性方面有自己的特点。以女装为例,卖家在拍摄商品照片时聘请专业模特,溢价能力就会提高。在船模型上刻字,给客户提供个性化、差异化的服务,商品溢价能力也会大大提高。

第三,营销推广测试新款。把你的商品推广到P4P直通车或者利用Facebook等进行营销推广,添加购物车数据越多,溢价能力就会越高。

第四,客户对品牌的印象。品牌和高档仅是客户的感觉,客户会从店铺装修、店铺设计、图片美工、描述等细节感觉这个店铺的专业度和商品的档次,所以卖家一定要在店铺的设计和定位上下足功夫,做好文章。店铺的设计越专业,商品溢价能力越强。

第五,抓住消费的季节性。很多商品会有季节性,如圣诞节、万圣节、情人节。季节性越强的商品,商品的溢价能力越高。

第六,销售量和好评率。这一点最为明显也最为直接。如果店铺的销售量高、好评率高、客户满意度高,商品溢价能力自然也高。

第七,对于供应商的压价能力。如商品是爆款,销量非常大,店铺订货就会采用大额订单的模式,通常这时供应商就会给店铺一个更低廉的价格,店铺就拥有了一个比较大的价格空间,后期的溢价能力也就比较强。

总之,盈利商品是店铺的核心,对于盈利商品,卖家要依靠特色和差异化提升竞争力,要在拍摄、描述方面费些苦心，并且多给商品增加溢价能力；溢价因素越多，商品的后期利润就越高。

任务解析

小明将借助基于竞争对手的定价、基于成本的定价以及基于商品价值的定价这三种策略来对指尖陀螺进行定价。

（1）基于竞争对手的定价。

小明首先访问敦煌网买家页面，输入"finger spinner"，发现有95 614项搜索结果，并且看到了很多店家的销售价格信息（见图4-7）。

图4-7 在敦煌网买家页面输入"finger spinner"的搜索结果

小明单击价格"price"标签进行排序，发现价格最低为0.41美元（销售量为7批，每批含4件），最高为1 030.70美元（销售量为1件）。小明单击销量"Bestselling"标签，按照销量从多到少进行排序，总结出以下信息，如表4-1所示。

表4-1 敦煌网指尖陀螺销量前十家店铺定价表

名次	销量（件）	最小订单数量区间（MOQ）	价格范围（美元）
1	640 042	30	1.68—1.94
2	621 100	50	0.62—1.01
3	621 007	30	1.94—2.68

(续表)

名次	销量(件)	最小订单数量区间(MOQ)	价格范围(美元)
4	617 749	50	3.72—7.84
5	567 435	40	1.51—2.05
6	563 350	50	1.29—1.70
7	525 770	30	2.14—2.92
8	519 440	65	1.06—1.43
9	494 165	30	2.09—2.86
10	486 801	65	1.06—1.43

按照一般做法，小明需要整理出敦煌网销量排在前十页的所有店铺的价格信息，但是鉴于工作量太大，他只整理了前10家店铺的信息，发现敦煌网上指尖陀螺销量最高的店铺销售了 640 042 批(每批为 30 件)，价格范围为 1.68 美元—1.94 美元；销量第二高的店铺销售了 621 100 批(每批为 50 件)，价格范围为 0.62 美元—1.01 美元。销量第三高的店铺销售了 621 007 批(每批为 30 件)，价格范围为 1.94 美元—2.68 美元……在此基础上，小明得出前十家店铺的最低定价为 0.62 美元，最高价格为 7.84 美元，最小订单数量区间(MOQ)为 30 件—65 件。根据现有卖家的定价，小明将指尖陀螺的定价范围初步框定在 0.62 美元—7.84 美元。

(2) 基于成本的定价。

因为小明目前没有工厂货源，小明打算从阿里巴巴 1688 上寻求货源。小明打开 1688 主页，输入"指尖陀螺"四个字，搜索到如图 4-8 所示信息。

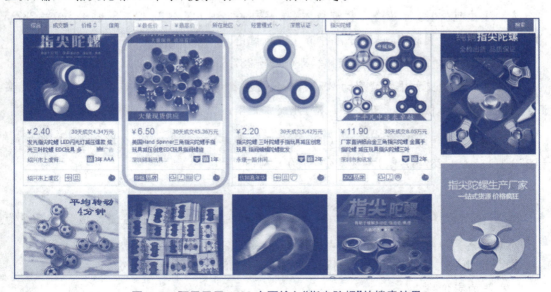

图 4-8 阿里巴巴 1688 主页输入"指尖陀螺"的搜索结果

小明看到第二家店铺的标题中有"美国 Hand Spinner"字样，心想这种陀螺可能更适合美国市场，因此小明希望从第二家店铺采购50件指尖陀螺。他打开第二家店铺的链接，假设他选择采购 A♯陀螺，采购价格为 7 元/件。小明先将收货地选择为自家所在地"广东深圳"，然后在 A♯陀螺的数量栏输入"50"，他发现快递费由"7元"变为"23元"（见图 4-9）。

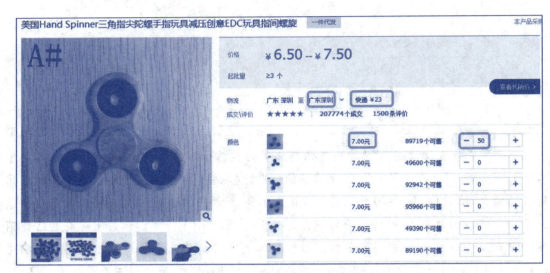

图 4-9　阿里巴巴 1688 网站采购 A♯陀螺的操作图

由此可知，小明从阿里巴巴 1688 采购 50 件陀螺的进货成本为 7×50+23=373(元)。

为了提升商品的竞争力，敦煌网上的商品通常会设置为"包邮"(free shipping)，因此我们需要计算出从深圳到美国的运费。从详情页可知每个指尖陀螺的重量为 60 g，50 个陀螺的重量为 3 kg。邮政小包只接受 2 kg 以内的物品，资费标准为 90.5 元/kg，因此 50 个陀螺要分成两个小包发货，所以跨境物流成本(国际邮费)为 90.5×3+2×8(挂号费)=287.5(元)。定价取决于利润率，以下分两种情况进行讨论。

① 假定小明打算赚取 20% 的利润，即(373+287.5)×20%=132.1(元)。

敦煌网收取的支付手续费率为 2.5%，其他费用都忽略不计，假定美元对人民币的现实汇率为 6.8，为了降低人民币升值的风险，此处将汇率设置为 6.4，则小明的定价将为

(进货成本+利润+国际邮费)/[(1－支付手续费率)×销售数量×美元对人民币汇率]
=(373+132.1+287.5)/[(1－2.5%)×50×6.4]
=2.51(美元)

注意，这个价格是小明输入敦煌网的售价，敦煌网还要再加收佣金费。假如佣金费为货物价格的 8.5%，那么买家看到的售价将是 2.51/(1－8.5%)=2.74(美元)。

② 假定小明打算赚取 10% 的利润，即(373+287.5)×10%=66.05(元)。

则小明的定价将为

(进货成本＋利润＋国际邮费)/[(1－支付手续率)×销售数量×美元对人民币汇率]
＝(373＋66.05＋287.5)/[(1－2.5%)×50×6.4]
＝2.33(美元)

加上敦煌网收取的佣金费,买家看到的售价将是 2.33/(1－8.5%)＝2.55(美元)。

总之,如果小明想从销售 50 件指尖陀螺中赚取 10%—20%的利润,他在敦煌网卖家平台输入的定价范围将为 2.33 美元—2.51 美元,买家看到的定价范围为 2.55 美元—2.74 美元。同理,可以计算销售 100 件指尖陀螺的定价范围,此处不再赘述。

(3) 基于商品价值的定价。

基于商品价值的定价法适合于竞争者较少的商品,如果小明销售的是由国内某个大师设计制作的手工指尖陀螺,那么可以依靠文案来提升消费者的心理价格,进而制定一个利润率比较高的价格。但是因为小明尚无法在短期内找到知名工匠,只是销售普通的指尖陀螺,因此不适合采用基于商品价值的定价法。不过,随着我国大力弘扬"工匠精神"以及国内消费升级,我们有理由相信市场上会出现越来越多由我国工匠打造的独一无二的商品,基于商品价值的定价方法在未来应该大有用武之地。

项目实训

差异化成就了三家公司

背景与情景:

在亚马逊平台上,Anker 一直是一个神话一样的存在。

很多中国卖家都在研究和模仿 Anker,但正如齐白石先生所言:"学我者生,似我者死。"真正能够模仿 Anker 而做得很好的,少之又少;但基于对 Anker 的研究和学习,进而做出新的商品、开拓出新的思路的卖家,倒有几家。下面将就此做一个简单的分析。

Anker 以移动电源起家(见图 4-10),一直以黑白色调为主打。Anker 自己调研得出的结论是欧美人更喜欢黑色,所以,打开 Anker 的店铺,黑色调格外明显。同时,Anker 的商品以方正款式为主,商务人士为其首选客户群体,甚至包括亚马逊全球副总裁在做招商推介的时候也说:"我来中国出差,用的就是中国品牌 Anker 的移动电源。"

很多想从 Anker 身上学习的卖家,都采取了同样的黑色调和方正款,然而由此成功的案例却并不多。但偏偏有两家公司,同样以移动电源为主打,剑走偏锋,选择了和 Anker 不一样的路,却做得非常成功。

图 4-10 Anker 移动电源

Jackery，同样主推方正款式（见图 4-11），却选择了和 Anker 完全不一样的颜色——橙色。Anker 的黑色给人以冰冷沉稳的印象，而 Jackery 的橙色却以鲜活亮眼的色彩吸引了用户的眼球。抛开品质方面的对比不谈，单纯从色彩层面来看，如果说 Anker 是以成年稳重的商务人士为核心客户群，那么 Jackery 则明显可以获得女性群体以及更年轻的消费者的青睐。

图 4-11 Jackery 移动电源

亚马逊平台上，在移动电源这个类目下，Anker 占据着霸主地位，而 Jackery 的另辟蹊径也让它活得非常好。从商品浏览数量可知，Jackery 的销售金额也是以亿元为单位计，将普通卖家远远甩开。

Jackery 之外，另一家移动电源品牌的打造过程就更有意思了。Lepow，以更加鲜活的形象切入移动电源市场（见图 4-12）。在品牌打造的过程中，Lepow 选取了绿色和黄色为主推色调。同时，在款式的选择上，Lepow 选取了圆润款式甚至带有卡通形象的款式为主打，一下子就俘获了年轻群体的心。在亚马逊平台上，Lepow 起步虽晚，但发展速度很快。

回头看这三家的选品思路，Anker 凭首发优势，主要面对商务人士群体，占得移动电源类目的龙头；而 Jackery 在选品中既从 Anker 的发展中看到了商机，同时为了避免与 Anker

图 4-12 Lepow 移动电源

正面肉搏,选择从侧翼进入,以亮色调获取了年轻群体的青睐;当 Lepow 想进入移动电源这个市场时,想撼动 Anker 的销售地位已经非常困难,既然无法撼动,就迂回前行吧,你们都针对商务成熟人士,我就选择新人类。于是,它以更加年轻化的群体为目标,做出针对性的颜色和款式优化,也一举获得成功。

案例解析

亚马逊平台的特点是以商品为导向,适合做品牌。但是对于中国卖家来说,在亚马逊上只有"跟卖 Listing"和"自建 Listing"两条路线。亚马逊平台允许多个卖家共用一个商品链接,因此,在一个卖家上传商品后,其他卖家可以在此基础上填写价格信息,售卖同样的商品,也就是跟卖。

跟卖要选择销量好的商品。在亚马逊上跟卖的商品大多数是电子类、汽配、家居和运动器材等标准化商品。不过要明确"跟卖"的母 Listing 是否是品牌,有无侵权风险。但由于同质化商品竞争会带来价格战,跟卖往往没有利润,销量上升很快但风险大,容易产生账号被封的后果。而自建的大多数商品是得到认可的品牌(往往是非标准化和主观性商品,相对比较小众),设计独特,利润有保障,不参与价格战。因此,在这一品牌路线下,选品的核心是考虑这类商品的市场销售容量。

思考:

结合上述案例,分析各个跨境电商平台的卖家应该如何选品。

关 键 词

跨境电商选品的分类　跨境电商产品的低价策略　跨境电商商品的案例分析

本章小结

1. 对跨境电商的选品和定价的相关知识进行了讲解,并且模拟了初入跨境电商行业的小明的选品及定价过程,步骤翔实,具有可操作性。
2. 在选品方面,选品的考量因素有:商品处于生命周期的上升期、便于运输、售后简单、附加值高、具备独特性、价格合理、合法合规。
3. 选品的注意事项包括:符合平台特色,遵守平台规则,最大限度地满足目标市场的需求。
4. 选品的分类包括主动选品和被动选品;选品的方法有从生活日用品入手的方法和数据分析法。货源的选择包括线上货源和线下货源。
5. 在定价方面,商品的价格构成包括进货成本、跨境物流成本、跨境电商平台成本、售后维护成本、其他综合成本、利润率六个部分。
6. 跨境电商商品的定价策略包括基于成本的定价、基于竞争对手的定价和基于商品价值的定价三种策略。

习题

一、判断题

1. 高仿A货和LV手包可以在亚马逊平台销售。   （   ）
2. 敦煌网的销售对象是大批量采购商。   （   ）
3. 只要跨境电商商品质量够好,定价越高越好。   （   ）
4. 只要商品有特色,跨境电商选品可以不考虑平台特色。   （   ）
5. 敦煌网是免注册费的跨境电商平台,对于交易的商品仅收取支付手续费,不收佣金费。
                                                    （   ）

二、简答题

1. 简述跨境电商选品与传统贸易选品的异同。
2. 假设你毕业后从事跨境电商出口贸易,请结合家乡的实际情况,谈谈你对选品的理解和想法。
3. 简述跨境电商商品的价格构成。
4. 简述跨境电商商品的定价策略。

第五章

跨境电商产品发布与优化

学习目标 >>

1. 掌握速卖通平台产品发布规则
2. 掌握速卖通平台发布产品步骤和注意事项
3. 掌握跨境电商平台文案策划方法
4. 掌握速卖通店铺装修优化的方法
5. 了解速卖通店铺推广的各种渠道

店铺正式运营后,只有将商品准确、完整地上传到店铺中,买家才能搜索到并进行购买,卖家才能真正实现盈利,而在商品上架与商品销售的整个过程中,卖家需要长期坚持做的一项工作就是对商品进行优化,其中包括优化商品标题、优化商品图片、优化商品详情页等,因为只有创建高品质的商品页面,才能有效地提升商品和店铺的流量,进而提高转化率。

第一节 速卖通平台产品发布

好的产品信息发布,可以更好地提升产品的成交率,促使买家下单。因此发布一个好的产品描述应该做到标题专业、图片丰富、描述详尽、属性完整、价格合理,等等。

一、设置运费模板

在发布新产品之前,需要先完成运费模板和服务模板的设定。

(一) 运费模板

运费模板是针对交易成交后卖家需要频繁修改运费而推出的一种运费工具。通过运费模板,卖家可以解决不同地区的买家购买商品时运费差异化的问题,还可以解决同一买家在店内购买多件商品时的运费合并问题。

运费模板是根据货品重量的不同,使用卖家设置的到各地区的运费费率来计算运费的。当买家下单订购时,根据所购货品的总重量以及发货到买家收货地址的对应运费费率,系统将自动计算出最后需要的运费。

进入卖家后台＞产品管理＞运费模板,如图5-1所示。

点击"新增运费模板",如图5-2所示。

输入运费模板的名称并点击"保存",如图5-3所示。

保存模板名称后,可看到下方出现了多家物流公司的列表,分为经济类物流、标准类物流、快速类物流等,每类物流下面又包括多家公司,可以对其中一家或多家公司分别设置运费(建议多设几家以供发货时选择)。

需要注意的是,要先勾选某家物流公司,然后才能对其进行设置。可以设标准运费、卖家承担运费或自定义运费,如图5-4所示。

图 5-1　系统运费模版

图 5-2　新增运费模版

图 5-3 设置模版名称

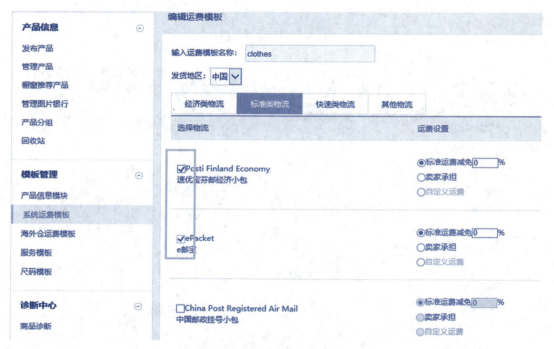

图 5-4 运费设置模版

需要注意的是,每家物流支持送达的国家和地区以及对单件包裹的限重都是不同的。因此在设置前,需要了解物流公司详情。详情的内容对于货物的发运是非常重要的。例如图 5-5 所示的"中国邮政平常小包",它只能运送订单金额 5 美金以下、重量 2 kg 以下的小件商品。也就是说，如果我们要销售的产品单件的金额超过了5美金，或者单件的产品重量超过了2kg，那么是无法使用"中国邮政平常小包"来运输的，运费模板中必须再选择别的物流公司，否则买家就无法购买该产品。

图5-5 中国邮政平常小包货运细则

再例如"标准类物流"中的"E邮宝"，它虽然没有订单金额和重量的限制，但是它只能运往三十几个国家。如果我们在运费模板中只选择了它，而没有同时选择别的支持运往其他国家的物流公司，那么除了这三十几个国家以外的其他国家的买家，就不能够下单购买产品。

因此，在设置运费模板时，考虑到不同类型的产品（如价值比较高的，比较重的），我们可以针对这些产品分别设置多个运费模板，以便在发布不同类型产品时选用。

速卖通平台运费模板类型如图5-6所示，共有三种运费类型：标准运费、免运费、自定义运费。

（1）标准运费：平台按照各物流服务提供商给出的官方报价计算运费。决定运费的因素通常为：货物送达地、货物包装重量、货物体积重量。如果卖家为不同的运输方式减免了折扣，平台会将在官方运费的基础上加入折扣因素后计算出的运费值呈现给下单的买家。物流折扣（减免）：在联系货运代理公司时，货运代理公司会给予一定的折扣（折扣的多少视与货运代理公司的协议而定，也可以使用平台上面展示的货代公司），可以将此折扣信息填写在产品的运输折扣内容里，以吸引买家下单。

（2）卖家承担运费：即包邮免运费；也可以将运费添加到产品价格中以吸引买家下单。

（3）自定义运费：可以自由选择对不同的国家设定不同的运费类型，包括标准运费、卖家承担运费或者是自定义运费。一般建议新卖家选择对欧美发达国家发货，以减少货物发往偏远国家造成的偏远运费损失。自定义运费也可以根据自己的买家群分布来定运费，从而吸引自己的主要群体买家。

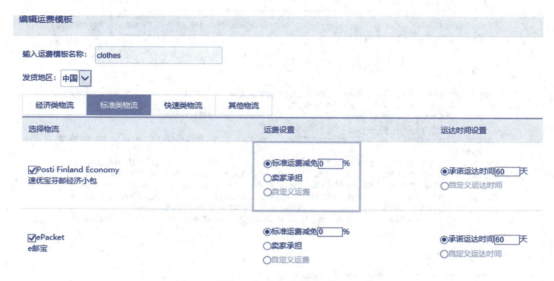

图5-6　运费模版设置

如需要对某种物流方式进行个性化设置，比如对部分国家设置标准运费，对部分国家设置免运费等，步骤如下。

① 可以在运费模板设置时，选择"自定义运费"→"添加一个运费组合"，如图5-7所示。

图5-7　运费模版设置——自定义运费设置

② 选择该运费组合包含的国家：可将某些热门国家选为一个组合（若欲吸引美国买家，可选择美国，并将美国地区的运费设置为容易吸引买家下单的水平，如卖家承担运费）。或如图5-8所示按照区域选择国家。

③ 可对该组合内的国家设置发货类型：标准运费减免折扣、卖家承担运费或者自定义运费。自定义运费的设置如图5-9所示。

④ "确认添加"后生成一个新的运费组合，可以继续添加运费组合，也可以对已经设置的运费组合进行编辑、删除等操作。

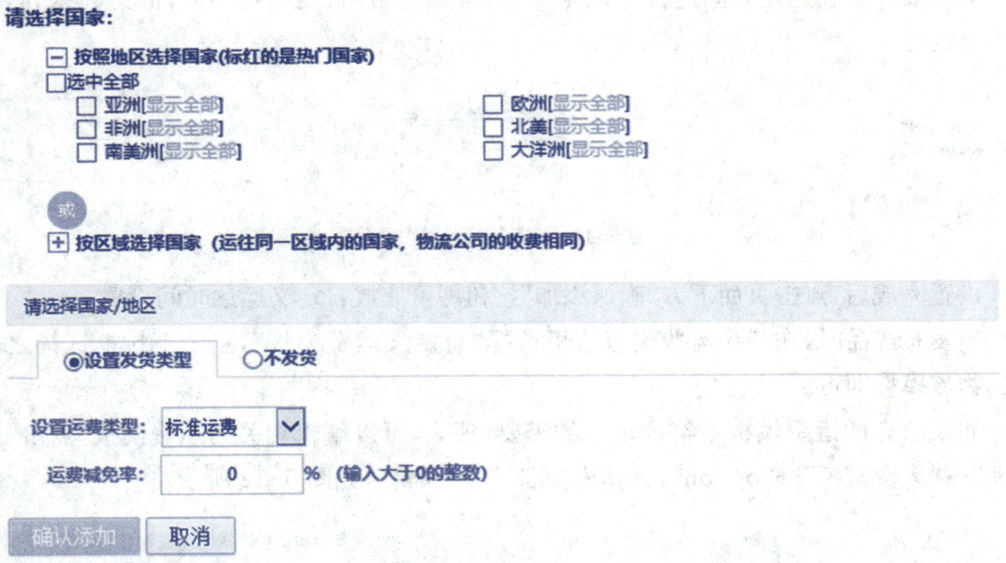

图 5-8　按区域选择国家设置运费

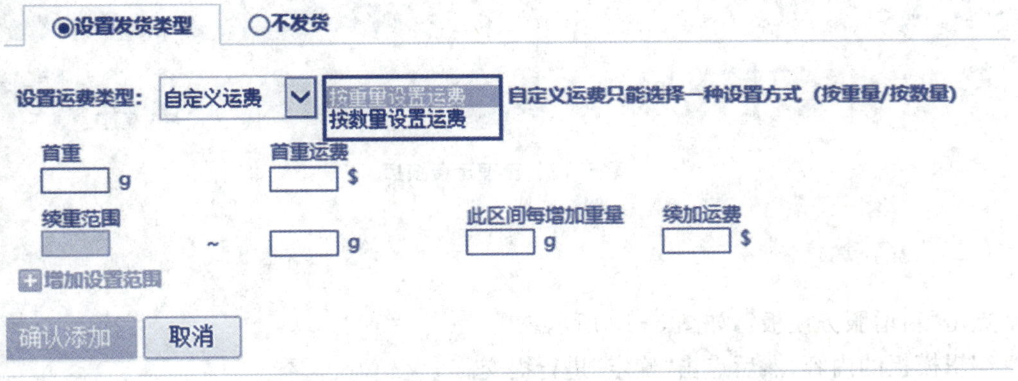

图 5-9　发货类型设置

⑤ 对于难以查询妥投信息、大小包运输时效差的国家,可以选择"不发货"→"确认添加"即可屏蔽该国家/地区,如图 5-10 所示。

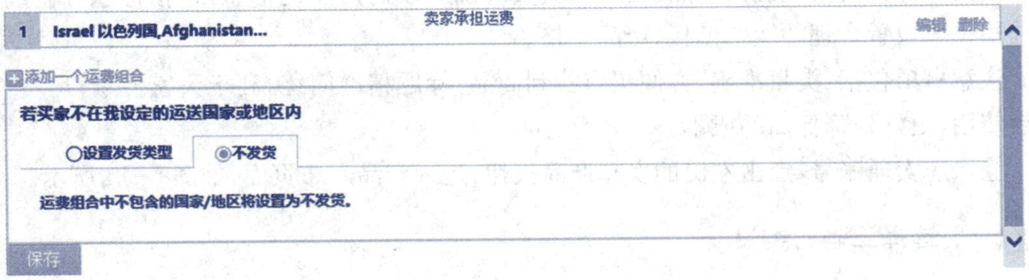

图 5-10　不发货设置

如需要对货物运达时间进行个性化设置,可以点击"自定义运达时间"进行操作,如图5-11所示。

图 5-11　自定义运达时间设置

设置完成后,点击页面下方"确认添加"按钮即可完成自定义运达时间设置。

当发布产品时,在产品运费模板这里选择"自定义运费模板",点击下拉框选择之前设置的物流模板即可。

如果已有的运费模板不符合现在的需要,那么,可以编辑相关的运费模板,点击"产品管理"→"运费模板"→"option1(具体模板名)"→"编辑",如图5-12所示。

图 5-12　管理运费模板

(二)服务模板

点击"新增服务模板",如图5-13所示。
编辑模板的内容,然后点击"确定"进行提交。

二、产品发布操作

重要步骤:选择正确的产品类目——真实准确地填写产品的信息,包括标题、属性和详细描述——设置合理的运费模板,产品价格。

注意事项包括:类目准确,方便买家找到商品;标题精准简练,利于买家搜索;运费模板灵活使用,更好地降低商品成本。

登入速卖通账号,点击左侧的发布产品按钮,进入产品发布页面,如图5-14所示。

(一)选择正确的类目

点击"我已阅读规则,现在发布产品",如图5-15所示。

图 5-13 服务模板设置

图 5-14 产品发布页面

(二) 填写完整的产品属性

在填写产品属性的时候一定要填全、填正确,因为不同的类目,就会有不同的产品属性,属性填写率尽量100%,有助于增加曝光。产品属性必须是正确的、与所发布的产品对应。同时可以添加自定义属性,如图 5-16 所示。

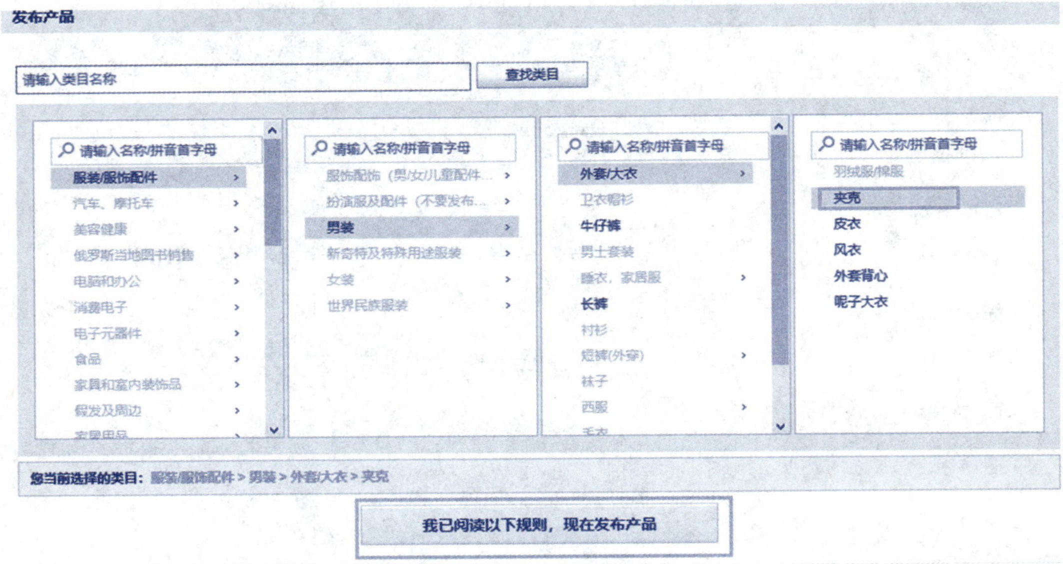

图 5-15　类目选择页面

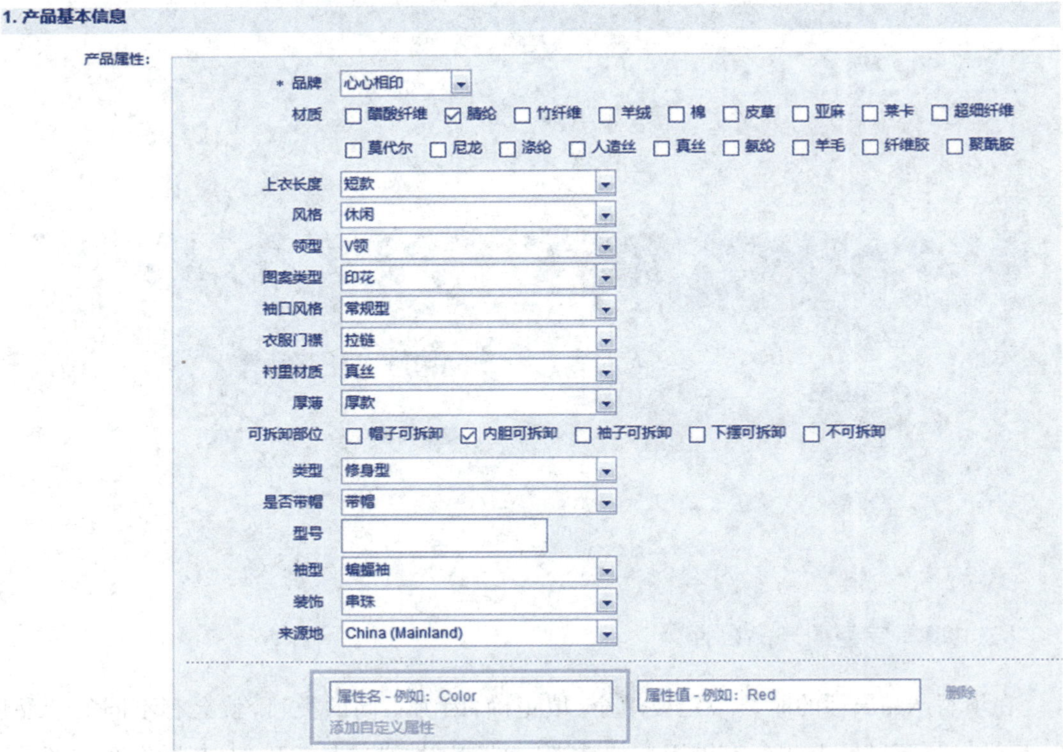

图 5-16　产品属性填写页面

（三）填写标题和关键词

速卖通标题就是为了让买家找到你的产品，更确切地说是为了让买家找到他需要的产品，而你的产品就是他所需要的。标题是直接关系到产品曝光的基础，因此标题一定要准确、正确地表述产品。

标题格式：核心词（必填）＋属性词（必填）＋流量词（可多个），最好 128 个字符都填满，核心关键词一定要放在前面，如图 5-17 所示。

* 产品标题：eater Coat Off White Long Sleeve Cardigan Fleece Full Zip Male Causal Plus Size Clothing for Autumn

图 5-17　标题格式

标题一般采用三段法制作，指核心词＋属性词＋流量词。核心词就是行业的热门词、大词。属性词是例如长度、颜色、材质、形状、型号等的词。流量词就是能带来流量的词。找出一个产品最佳的组合词可能需要不断观察和优化。关于产品的特征词和高转化、高曝光的词，大家不要拍脑袋地想当然，要进行合理的数据分析进而得出结果。

关键词有三个选项，一般来说采用 A、B、C 包含法，配合速卖通类目、速卖通标题、详细描述来形成四重匹配，最大限度地匹配系统的搜索法则。

（四）上传产品图片

主图有 6 张，要完全合理地利用起来。好的主图能增加点击率，减少直通车不必要的花费。6 张主图就是一个产品描述的缩影，能提高手机端的客户的转化率。主图第一张放最佳视角镜头，清晰明白地展示产品。再配以细节图、模特图、对比图、材质图、功能图、认证图。主图的尺寸没有明显的规定，但通常建议主图是 400×400 像素，颜色的 SKU 图为 200×200 像素，理由是考虑手机端和打开速度。主图的形状都是方形，普搜页面、产品页面都是方形。

（五）制作详情页

详情页成功与否直接影响转化率，影响订单。作为速卖通卖家，详情页是你和买家展开对话、说服和影响买家下单的唯一渠道。

编辑产品详情页的时候需要注意以下几点。

1. 产品规格详情

详情其实很简单，就是参考产品规格表。如果是外购的产品，可让供应商提供产品规格，也可参考说明书；若实在不行，如果你的产品在平台上已有人卖，而且是一模一样的，直接可以参考别家的产品规格，但是一定要自己检查，不可把别人的品牌词也放进来。针对电子产品，其实还是可以细分几个小版块的，如产品规格、产品特性、系统支持、产品包装

等,对这些内容的描述一定要记住:产品规格参数一定要和产品本身一致,另外基本属性填写也要一致。

2. 售前关联营销

关联营销产品一定是卖家想要推广的产品,或者是新品,需要花精力,集中各种渠道去推广这个速卖通 listing,才可以把流量集中到想要重点营销的产品上去。

3. 说明店铺优势

店铺优势指能够打动客户购买的亮点,比如做了俄罗斯海外仓,且在莫斯科附近区域,3—5 天即可收到货物,这时候就可以做个海外仓模板,把它放在做了海外仓的 listing 最前面。如果公司资源很多,比如拥有自己的工厂、仓库,经常参加各种展会,比如美国展、德国展等,强烈建议把这些亮点放在一张图上,因为这就是你们的公司实力展示。

另外再放一些相关的认证图片,这些也放在一张图上,比如 CE、ROSH 认证等,这些都代表公司的实力,也是提高转化率的重要因素。

4. 售后关联营销

放一些店铺的盈利款或者爆款关联即可,新品的话不建议放在最下面,直接放最前面的售前关联,营销点击率会高点。

不管是售前还是售后,关联营销的最简单有效的做法直接就是用一张宣传图超链接,关联2—3 个产品,目的就是为了让客户把相关的产品加入购物车一起购买,多了就适得其反。

详情页是影响产品转化率的关键因素,卖家想要流量快速提升、订单暴涨,最终都要落实到店铺转化率上,所以一定要注意详情页各方面的细节,从一点一滴做起。

5. 产品实拍图片

图片侵权是平台严厉打击的对象,相信有不少卖家因为这个吃过亏,曾经发生过一个卖家大促活动已经锁定了,因为图片被举报侵权,而直接下架 listing 的情况,造成卖家严重损失。

6. 售后模板展示

售后模板就是一个支付方式、物流时效、售后保证、五星好评等内容的展示,但是要做出自己公司的特色来。如果有自己的品牌的话,售后模板上最好突出这个基调,整个详情页的导航条最好带上品牌 logo,这样看起来感觉更专业。

三、管理产品

产品发布成功后,我们还可以对其进行管理、分组等。

主要包括以下几项内容:管理已发布产品、橱窗推荐产品及管理产品组。点击图 5-18所示的菜单,分别查看其说明。

图 5-18 产品管理页

点击"进入卖家后台">"产品管理">"管理产品",如图 5-19 所示。

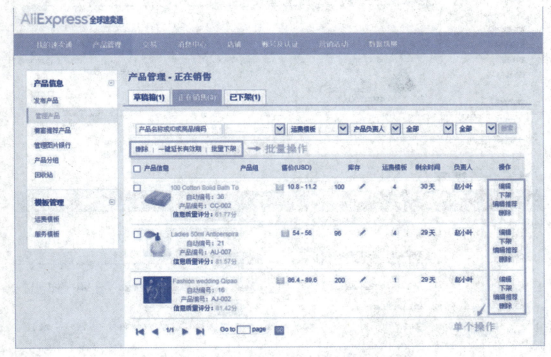

图 5-19 产品管理——正在销售

在这里可以看到所有已上架、编辑中及已下架的产品。对于已上架正在销售中的产品,可以随时进行再次编辑、下架、编辑推荐(推荐到店铺橱窗中展示)及删除。也可以同时选中多个产品进行批量操作。

"草稿箱"中的产品指的是已经保存但尚未提交的产品,可以随时点击"编辑"按钮再次进入提交,如图 5-20 所示。

超过发布有效期或卖家手工下架的产品会出现在"已下架"列表中,可以随时编辑或重新上架,如图 5-21 所示。

四、产品发布常见问题

(一)运费设置

先需要设置标准运费、免运费或自定义运费,根据情况选择如下。

图 5-20　产品管理——草稿箱

图 5-21　产品管理——已下架

1. 标准运费

若是需要设置标准运费,即需要平台自动按照各物流服务提供商给出的官方报价计算运费,可以按照以下步骤操作,参考标准运费如何设置。

(1) 请先登录速卖通帐号,依次点击:"产品管理">"运费模板">"新增运费模板"。

(2) 为该运费模板设置一个名字(不能输入中文),然后在相应页面选择物流方式、填写货物运达的时间和折扣。

(3) 可以选择为自己支持的发货物流方式打勾,如果选择多种物流方式,买家下单时可以根据自己的需求选择适合自己的物流。

2. 免运费

若是需要设置免运费,则需要设置所有国家免运费或者部分国家免运费。可以按照以下步骤操作。

（1）若是需要将所有国家都设置免运费，操作如下。

① 请先登录速卖通帐号，依次点击："产品管理">"运费模板">"新增运费模板"。

② 选择想设置的物流方式，点击"卖家承担运费"即可。

注意：不同国家国际快递的运费相差很多，在这样的情况下，全部设置免运费存在风险，并且转嫁到产品价格中的具体金额不确定，应在详细了解运费情况的前提下进行设置。

（2）若是需要部分国家免运费，其他国家的买家下单需要运费，可以通过自定义运费设置置，操作如下。

依次点击"产品管理">"运费模版">"新增运费模板"，在此选择合适的物流方式点击自定义运费，设置运费组合。

例如，想设置针对一部分国家（比如美国）的买家下单时无须支付运费，并限制部分国家的买家不能购买此产品，同时设置其他国家的买家下单时需要支付运费：

点击"自定义运费">选择美国等国>"设置运费类型">"自定义运费">设置运费组合>"卖家承担运费">"添加一个运费组合"，选择日本等国"不发货"按钮。

同时针对"若买家不在我设定的运送国家或地区内"选择"标准运费"并设置合适的折扣。

3. 自定义运费

若是需要设置自定义运费，可以按照以下步骤操作。

依次点击"产品管理">"运费模版">"新建运费模板"，在此选择合适的物流方式，点击"自定义运费"设置运费组合。

比如想设置针对一部分国家（比如美国）的买家下单时无须支付运费，并限制部分国家的买家不能购买此产品，同时针对其他国家的买家下单时需要支付运费，就可以点击"自定义运费"按钮，在此设置运费组合，可以先按照洲选择美国等国，然后在下方"设置运费类型"中选择"卖家承担运费"，点击"确认"添加，再点击"添加一个运费组合"，选择日本等国，然后点击下方的"不发货"按钮后再"确认"添加第二个组合。同时针对"若买家不在我设定的运送国家或地区内"选择"标准运费"并设置合适的折扣。

同时，可以通过自定义运费设置按购买件数计算运费。比如希望设置购买5件以内运费为20美金，后续每增加1件运费增加5美金，可以点击"自定义运费"，选择国家后再点击"自定义运费"，首重最低采购量设置1，首重最高采购量设置5，首重运费为20，每增加产品数设置1，续加运费设置5。

（二）产品包装

产品包装后的重量要如实填写。产品包装后的尺寸，如果是纸箱包装，按箱规填写，如果是快递袋包装的，建议不要直接按量出的长宽高填写（最长边不要超过该运输方式的规定长度),否则速卖通平台容易算成泡货,致使显示出来的运费价格高于按实际重量算出的价格。

1. 产品包装技巧

好的包装是促销成功的一半,做好产品的包装,可以减少产品因运输途中的损坏所造成的损失。

(1) 包装步骤。

① 包装。如果有多件物品,要把每件物品都分开放置,为每件物品都准备充足的缓冲材料(泡沫板、泡沫颗粒、泡沫、皱纹纸)。需要注意的是颗粒缓冲材料可能会在运输过程中移动,所以如果采用颗粒材料,一定要压紧压实。

② 打包。使用一个新的坚固的箱子,并使用缓冲材料把空隙填满,但不要让箱子鼓起来。如果是旧箱子,要把以前的标签移除,而且一个旧箱子的承重力是有一定折扣的,您需要确保它足够坚固。

③ 封装。最后用宽大的胶带(封箱带)来封装,不要用玻璃胶。再用封箱带把包装拉紧(封箱带用十字交叉的方法拉紧,如果是胶带至少 6 厘米宽)。

(2) 包装注意事项。

① 在填充包装盒的时候,不要过度填充,造成运费成本增加;

② 在选择包装材料的时候,根据产品的不同特质进行选择;

③ 如果用木头等包装材料时,一定要事先查好所运送的国家有无特殊规定,避免造成损失。

2. 包装箱的选择

常用的货物包装材料有纸箱、泡沫箱、牛皮纸、文件袋、编织袋、自封袋、无纺布袋等。

常用的包装辅材有封箱胶带、警示不干胶、气泡膜、珍珠棉等。其中以纸箱包装最为常用。纸箱的选择有以下要点。

按做纸箱用的纸板(瓦楞板)可以分为三、五、七层纸箱,纸箱的强度以三层最弱、七层最高。服装等不怕压、不易碎的产品,一般用三层箱;玻璃、数码产品、电路板等贵重物品,最好用七层箱再配以气泡膜,以确保产品在运输途中的安全性。

按纸箱的形状可以分为普箱(或双翼箱)、全盖箱、天地盒、火柴盒、异型箱(啤盒)等。

衬垫主要用于箱子内部,起到加强箱子强度、保护产品的作用,广泛适用于易碎品、贵重物品的包装。如:手机,电子产品套装(电源、光盘、说明书等配件)。

同样大小的箱子,天地盒、啤盒的价格要高于普箱。因为其用料较多,侧面一般为二层纸板,故强度、密封性也高于普箱。普箱的方便、便宜、环保使得普箱的应用范围最广。

选购纸箱时最好是根据产品特征、买家要求,同时结合成本投入综合考虑。虽然强度高的纸箱安全性更高,但是成本也更高、物流费用也会增加。也可以订制自己的专用包装纸箱,印上需要的 logo 等信息。这样可以让产品在物流全程中吸引更多买家,同时传播商品品牌。

第二节 产品优化

一、对产品标题进行优化

产品标题在 listing 中具有举足轻重的作用,一个好的标题,要具备让顾客读了之后不需要再看产品描述就能够产生正确的购买行为的能力。一个优秀的标题可以实现最大化地为产品引流,提高曝光量和订单量。同时,激发客户的购买欲望。

(一)标题要有专业性

产品标题是吸引买家进入产品详情页的重要因素。整个产品标题的字数不应太多,应尽量准确、完整、简洁。产品标题支持站内、外关键词搜索,一个专业的产品标题能让自身产品从搜索页面上万的优质产品中脱颖而出。优质的产品标题应该包含买家最关注的产品属性,能够突出产品的卖点:

(1)产品的关键信息以及销售的亮点;

(2)销售方式及提供的特色服务;

(3)买家可能搜索到的关键词。

(二)标题中的关键词

在标题的设置中,关键词的选择一定要精准,至于如何选择,会使用数据分析的卖家不妨借助数据分析作多维度的参考,如果不懂数据分析,那么不妨借助于多个竞争对手的标题来作为参考,逐层过滤筛选。除了精准关键词,为了涵盖更多的搜索,标题中不妨加入相关度较高的宽泛关键词和长尾关键词。

标题中的关键词要达到两方面的目的:一是搜索引擎能够抓取到,进入搜索结果中。二是客户在浏览页面时可以准确理解该 listing 是什么产品。

(三)标题优化注意事项

(1)速卖通标题的描写是重中之重,真实准确地概括描述您的商品,符合海外买家的语法习惯,没有错别字及语法错误,请不要千篇一律地描述,买家会产生审美疲劳。

(2)速卖通标题中切记避免关键词堆砌,比如:"MP3、MP3 player、music MP3 player"这样的标题关键词堆砌不能提升排名,反而会被搜索降权处罚。

(3)速卖通标题中切记避免虚假描述,比如卖家销售的商品是 MP3,但为了获取更多的曝光，在标题中填写类似"MP4、MP5"字样的描述，有算法可以监测此类的作弊商品，同时虚假的描述也会影响商品的转化情况，得不偿失。

（4）速卖通标题除必须写出产品名称外，产品的属性、尺寸等都应该写上，但是，切记不要加符号，特别是引号、句号等。因为客户搜索产品从来不会在关键词之间插入这样的符号，基本上用的都是空格。

（四）示例

1. 优质标题范例

优质的标题范例如图5-22和图5-23所示。

图5-22 优质标题范例(1)

图5-23 优质标题范例(2)

2. 失败标题范例

失败的标题范例则如图 5-24 和图 5-25 所示。

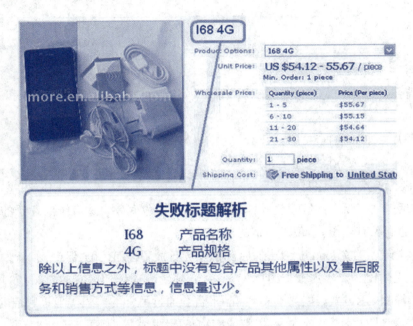

图 5-24　失败标题范例(1)

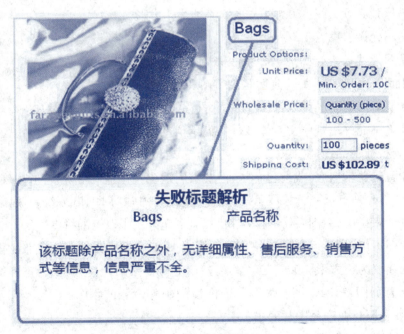

图 5-25　失败标题范例(2)

二、对产品详情页进行优化

(一) 图片优化

1. 速卖通产品图片统一规范

其一,背景底色为白色或纯色,图片尺寸800×800像素及以上,图片横向和纵向比例建议1∶1—1∶13。

其二,图片要求无边框和水印,不允许拼图。

其三,logo统一放在图片左上角。

(1) 女装行业产品图片要求。

① 无杂乱背景,统一背景颜色,最好是白色或者浅色底(注:除有统一背景的品牌店铺,且整个店铺的商品有定位,呈现出一定的调性)。

② 图片上除了英文 logo 统一放在左上角,不允许放置任何尺码、促销、水印、文本等信息。

③ 图片主体比例要求占整个图片70%以上,禁止出现任何形式的拼图,尤其是商品多色使用多宫格的展示方式(注:多SKU商品平台会通过另外的方式实现买家端的展示)。

④ 上传六张图片,顺序依次为:模特或实物正面图、背面、侧面、若干细节图。

(2) 男装行业产品图片要求。

① 主图像素必须大于800×800,形状必须为正方形。

② 主图不允许拼图。

③ 商品图片建议上传5—6张,第一张为衣服(或模特)正面图,第二张为衣服背面图,第三张为侧面图(如有),再加一到两张细节图和一张商品实拍图。

④ 商标所有人可将品牌 logo 放置于主图左上角,大小为主图的1/10寸。

⑤ 图片上不允许出现中文字体、水印、促销信息等。

(3) 童装行业产品图片要求。

① 图片背景要求白底,或纯色背景,但要求店铺统一背景风格,模特居中展示需要占主体70%以上,不允许有杂乱背景展示,不允许加边框和中文水印,logo统一放在左上角。

② 允许两张拼图,左图模特右图实物图,但不允许三张以上的拼图。

③ 实特图可以平铺,但背景色和风格必须统一,且主图中只能出现一张主体图片。

④ 主图建议为正方形、800×800像素,建议上传6张图片,第一张为正面图,第二张侧面图,第三张背面图,第四至第五张为产品的细节图,第六张实物图。

(4) 婚纱礼服行业产品图片要求。

① 主图像素必须大于等于800×800。

② 主图背景建议为浅色、纯色或是白色。

③ 主图须达到6张,第一张为正面全身图,第二张为背面全身图,且不得少于3张细节图。

④ 主图中的真人模特必须露出头和脸,禁止将头剪裁掉或是在脸部出现马赛克。

⑤ 主图不得拼接,不得添加边框,不得出现除店铺编号以外的水印(水印必须是浅色),不得包含促销、夸大描述等文字说明,该文字说明包括但不限于秒杀、限时折扣、包邮、X折、满X送X等;品牌logo放置于主图左上角。

⑥ 产品大小占图片比例80%以上,多色产品主图禁止出现九宫格。

(5) 鞋行业产品图片要求。

① 图片背差简单(自然场景)或者纯白底,以不妨碍商品主体为唯一原则;建议不要用深色背景及光线较暗的实拍图片。

② 重点展示单只或者一双鞋子(占据图片60%以上的空间)。

③ logo固定在图片左上角,且logo不宜过大,最好整店保持统一,鞋子上不能出现水印。

④ 图片上不能出现多余文字,严禁出现汉字,不能出现任何促销信息。

⑤ 图片不要自己打图标或者加边框。

⑥ 图片尺寸800×800像素及以上,图片长宽比例保持1∶1,图片数量必须5张以上,不要用拼接的图片。

⑦ 多颜色展示(每张只展示1种颜色,我们会上线List页面展示SKU颜色的功能,不需要在一张图片上展示多种颜色)。

2. 图片优化

"好图胜千言",在进入产品详情页面时,产品图片是买家首先关注的地方。清晰、丰富、全方位的详细描述图片,既能帮助卖家赚取买家眼球,又能突出产品特征,体现卖家的专业度。

在上传商品图片的时候,需要在"产品详细描述模板"上传5张及以上的产品图片,多角度、全方位地展示产品,以提高买家对产品的兴趣。

在选择产品图片时,可以选择发布多图产品。多图产品的图片能够全方位、多角度展示商品,大大提高买家对商品的兴趣。建议上传不同角度的商品图片。

产品图片有静态和动态两种,静态的只能放1张图片。动态的最多可以放6张图片。一般产品都用静态的,因为动态的数量有限,除非有些产品很有必要用多张图展示,则可以用动态的。

(二) 属性优化

产品的详细描述是让买家全方面了解产品并形成下单意向的重要因素。一个优秀的产品描述能够打消买家对于网上购物的不信任感,给买家一个非常专业的印象。

成交产品的详细描述大都包含以下几个方面。

(1) 产品重要的指标参数、功能描述;

（2）5张及以上详细描述图片；

（3）服装类产品建议描述材质选择、颜色选择、测量方法，电子、工具、玩具类的产品还可以增加使用方法；

（4）支持的物流、运输方式等；

（5）售后赔付规则；

（6）其他一些重要的服务内容（公司实力介绍、促销礼品等）。

采购需求明确的买家在对关键词搜索之后，还会根据某些属性进行进一步的筛选。只有填写了对应属性的产品，才会在买家点击筛选条件后出现。

详细准确填写系统推荐和自定义产品属性，可以方便买家更精准地搜索到产品，提高曝光机会，更重要的是让买家清晰地了解产品的重要属性，减少买家的顾虑和沟通的成本，提升交易成功的概率。通过分析成交数据，大部分成交较多的卖家，不仅填全了系统提供的属性，同时也主动添加了许多买家关注的产品属性。

针对同一款产品，因为颜色不同，产品的价格也会不同，所备的库存也是不同的，可以分别进行如下设置。

（1）针对不同颜色设置价格时，一定要注意产品是按照组合进行收费的还是按照单个销售的；

（2）对于每个颜色的产品，可以上传本产品的缩小图，也可以选择系统定义的色卡；

（3）对于同一款产品，不同颜色的可以按照每种不同的颜色设置是否有库存。

专业完整的产品信息展示能够让产品更容易获得买家的青睐。那么想要体现产品描述的专业性，就需要把握买家关注的热门关键词。

全球速卖通对50多个重点行业的买家需求进行了归纳总结，从热销的产品中提取出了一批买家们最关注的属性词汇。可以结合产品的实际情况，将这些热门关键词合理地应用到标题填写、属性填写、详细描述填写等，以便提升产品信息展示质量，赢取更多订单。

三、对产品价格进行优化

产品定价的关键不仅仅在于价位高低，而是要准确、适度，精准把握到海外买家的心理预期。设置不同的价格区间，形成梯度价格，一方面能有针对性地满足不同层次的买家需求，另一方面也能利用价格差，吸引买家产生更多购买。根据对成交产品的数据建模分析，绝大多数的成交产品都设置了4个及以上的价格区间。在交货时间方面，在线交易的买家都更青睐于能在较短的时间获得购买的产品，因此越短的交货时间越能获得买家的关注。买家的常规最小订单金额在1 000美金以下，而心理预期的交货时间一般是在7天以内。

（一）产品价格优化技巧

产品规格：此项为选填项，如MP4产品有2 G、4 G等，可在产品规格中填写"MP4 2 G"。

供应商价:指的是产品实际的销售价格,由卖家填写。此数目为卖家最后收到货款的数目。

网上售价:指的是买家所看到的价格,是系统根据供应商价自动计算出来的。

交货时间:买家成功下单后,卖家执行订单至成功发货期间的天数,此项由卖家自定义,这里不含物流公司的运输时间(交货期限只能填写 3—60 天)。

如果同一产品拥有不同的规格,也可以针对不同的规格在不同的数量区间设置各自的价格和交货期,如图 5-26 所示。

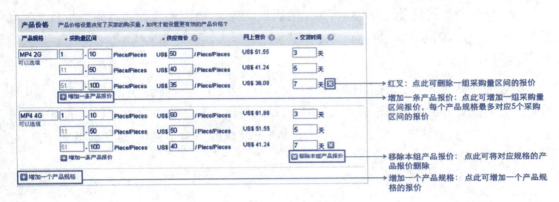

图 5-26 产品价格优化

总之,产品的起订量设置不应该过大,过大会让一些想测试订单的买家或个人消费者无法进行交易,降低成交概率。另外,产品的价位区间,建议多设计几个价位区间,让价格和采购量尽量满足多层次客户的需求,而且不同区间的价位尽量形成明显的差距,这样能鼓励客户多买。

(1) 如果选择按件出售商品,即在产品包装信息的销售方式一栏选择的是"按 piece/pieces 出售"。那么需要在产品价格信息中填入的价格为每一件商品的价格。

(2) 如果选择打包出售商品,那么需要在产品价格信息中填入的价格为每包的产品价格。例如,选择了打包出售的销售方式,每包商品设定为 10 件,需要在产品信息中填入的价格是 10 件商品的价格。

有不少卖家将打包价格误填为单件产品的价格,这样会导致产品价格过低,无法正常发货并完成交易,甚至还有可能引发交易纠纷,影响卖家后续发展。

(二) 产品价格设置常见误区

1. 粗心大意操作失误

因为粗心大意而填错产品价格的比比皆是,这类问题最典型的代表就是把 LOT 和 PIECE 搞混。有的卖家在产品包装信息的销售方式一栏选择的是"打包出售",填写产品价格的时候,误把 LOT 当成 PIECE,填的却是 1 件产品的单价。结果,买家看到的实际产品单价也就严重缩水了。这也是目前平台上某些产品的价格低得离奇的一个重要原因。

另外,还有不注意货币单位,把美元看成人民币,数字是对了,单位却错了。本来是150元一件的商品,最后显示出来的实际产品价格成了150美金一件了。

故此,在填写产品价格信息的时候一定要谨慎细致,不要犯低级错误。

2. 随意定价

没有外贸经验,或者是没有投入相应的精力和时间,对于全球速卖通平台上的产品的定价随便乱填。

随意定价的方式只会极大地伤害买家的购买体验,对卖家的信誉和口碑更是会产生严重的影响。所以,应考虑周全后,再确定产品价格。

3. 销售方式不恰当

销售的产品规格小货值低,比如,零配件、小日用品。一个产品的单价可能就只有几美分甚至是更低。可是在选择销售方式的时候,却选择按 PIECE 出售。如果国外的买家真的要买一个产品,卖家是卖还是不卖呢?对于这类产品规格非常小、货值也比较低的产品,可以选择打包出售。

(三) 优秀范例

产品价格优化的优秀范例如图 5-27 所示。

图 5-27 价格优化范例

四、产品优化常见问题

(一)产品标题

产品标题是买家搜索到并吸引买家点击进入商品详情页面的重要因素。字数不应太多,要尽量准确、完整、简洁。一个好的标题中可以包含产品的名称、核心词和重要属性。

不要在标题中罗列、堆砌相同意思的词,否则会被判定为标题堆砌。标题可以含有以下要素:

产品名+热门词+亮点特征+基本属性+蓝海词+长尾词+材质+款式+颜色+产品编号

常用词:new arrival、free shipping、wholesales、promotion。

特性词:hot,fashion,designer,cheap,2011,men,women,kids。

(二)产品图片的拍摄与处理

1. 拍摄技巧

(1) 借助适当的光线提高整个物品的亮度。
(2) 尽量使用与物品形成鲜明对比的背景。
(3) 利用一块平整的有颜色的布作为背景,以便凸显出您的物品。纯白色背景可以为黑色物品以及某些珠宝带来很强烈的对比效果。
(4) 避免使用杂乱的背景,这样会转移买家的注意力,或者让他们搞不清哪一件是您要卖的东西。
(5) 将相机的分辨率设置为适中的大小(例如 1 024×768 像素)。
(6) 从某个角度近距离拍摄一些物品的细节部分,可以较好地展示物品材料和质地。
(7) 图片应拍摄得足够大,方便展示物品的各个细节部分,需要时可以让图片占满整个图片框。
(8) 拍摄物品的某些细节和多角度(正面、背面、侧面、顶部)的特写,以便潜在买家可以全面了解物品的实际情况。必要时在图片上可以注明尺寸信息。
(9) 考虑采用三脚架在室内光线下进行拍摄,拍摄时建议不用闪光灯,使图片更真实清晰。

2. 处理图片

图片上传到本地电脑后,通常可以用图片编辑软件来优化效果。例如可以使用 Photoshop 或者其他图片编辑软件来对图片进行处理。

可以尝试以下几种操作。

(1) 裁剪图片,删除所有不必要的背景；
(2) 平衡对比度和亮度；
(3) 对图片进行锐化处理；
(4) 调整大小,可以将图片文件调整至约 200×200 像素。

（三）产品属性

尽量简洁清晰地介绍商品的主要优势和特点,不要将产品标题复制到简要描述中。产品的详细描述是让买家全方面了解商品并有意向下单的重要因素。优秀的产品描述能增强买家的购买欲望,加快买家下单速度。

一个好的详细描述主要包含以下几个方面。
(1) 商品重要的指标参数和功能(例如服装的尺码表,电子产品的型号及配置参数)；
(2) 5张及以上详细描述图片；
(3) 售后服务条款。

第三节　文　案　策　划

一、文案的定义

文案就是以文字来表现已经制定的创意策略。文案不同于设计师用画面或其他手段的表现手法,它是一个与广告创意先后相继的表现的过程、发展的过程、深化的过程。在现代电商企业中,文案一般是指制定编写电商产品文案的职位。

文案是由标题、副标题、广告正文、广告口号组成的。它是广告内容的文字化表现。在广告设计中,文案与图案图形同等重要,图形具有前期的冲击力,广告文案具有较深的影响力。

所谓广告文案是以语辞进行广告信息内容表现的形式。广告文案有广义和狭义之分,广义的广告文案就是指通过广告语言、形象和其他因素,对既定的广告主题、广告创意进行的具体表现。狭义的广告文案则指表现广告信息的言语与文字构成。广义的广告文案包括标题、正文、口号的撰写和对广告形象的选择搭配；狭义的广告文案包括标题、正文、口号的撰写。

策划,指积极主动地想办法,定计划。它是一种策略、筹划、谋划或者计划、打算,它是个人、企业、组织机构为了达到一定的目的,在充分调查市场环境及相关联的环境的基础之上,遵循一定的方法或者规则,对未来即将发生的事情进行系统、周密、科学的预测并制订科学的可行性的方案。在现代电商企业中,策划一般是一种制定营销计划和广告活动的职位。

在广告学中,文案与策划本来应是两个相互联系但完全不同的专业方向,只是受制于我国各行各业普遍的公司小型化现状,所以才产生了文案策划这种"复合型专业人才"。尤其对于大部分电商企业来说,岗位人才分工不会完全做到那么细分,多数情况下为节约成本,企业尤其需要既能编写产品文案又能策划广告活动的复合型人才,于是产生了文案策划这个职位。

电商企业的文案主要是产品详情页的文字内容,或者营销图片、视频中的旁白与说明,具体包含:广告语、广告标题、内文等,概括来说就是一切呈现给买家观看的视觉内容。而电商企业的策划,应该分为营销策划和文案策划。营销策划主要考虑怎样做营销广告及营销活动,比如买家群体分析、营销数据分析、网站页面布局、营销活动策划等。而文案策划主要考虑的是广告文案的策划,比如说传达对象、传达重点、创意构思、情景设计等。在电商企业里,营销策划的工作通常由运营人员或者营销人员负责,而文案策划的工作就得由文案策划人员来承担了。

电商文案的文体,一般来说不会像传统文学作品比如散文那样优美感人,也不会像小说文体那般曲折不平,电商文案策划人员的首要任务,是如何在最短的时间内,吸引买家眼球,激发他们的兴趣,引导点击,产生购买的欲望。因此,电商企业需要的文案,提倡突出重点,突出主要的思想策略的表达,不强调华丽的修辞,而是用最简单直白的语言来影响用户的感受,比如说简单地描绘出用户心中的情景,语言简单,直指利益,让观看者心中充满画面感。设计未动文先行,电商企业的文案必须与策划相结合,从买家的角度出发,才能够更好地打动买家,达到成功营销的目的。

二、文案的重要性

电商卖的不仅仅是图片,还是文案。用通俗易懂的语言来说,文案就是文字内容,策划就是通过文字内容来描绘其中的画面情景,刺激顾客的感官让其产生联想,从而唤起顾客对于描述的客体的兴趣。在网络营销的流程中,所有图片的设计都必须先从文案开始。例如所有电影电视的拍摄都必须先有剧本。设计师在制作图片前必须先拿到一份营销文案,清楚其要传达给消费者什么样的信息,并以文字内容为依据来配图。因此,视觉营销中的文案策划人员是非常重要的,就好比是个编剧或导演的角色,指导设计师将他所想象的最佳产品视觉制作呈现出来。

电商的销售平台首先贩卖的是感知,这个感知不仅仅代表图片,也代表了文字,打动消费者的可能是一幅很有意境的图片,也可能是一句抒情的诗句,更有可能是直指人心的销售话术。

对于传统的实体店来说,优秀的销售员会用精彩的话术改变顾客刚进店里时心中预设的目标商品与预算,使客户以为自己购买了最想要的商品,而这个被成功引导购买的商品甚至实际上不是客户原本想要买的那一款。

好的文案要写哪些内容?

例如:这个商品曾得过什么奖?源自哪个知名品牌?是目前哪个通路的销售冠军?是哪个网站网友口碑最佳的商品?哪个当红名人代言这个商品?或凸显这个商品的绝对价格优势。不管文案策划人员的文字功力如何,如果商品原本有这些优势,都要把这些事实强调出来。

以T-master智能茶壶为例,文案"大师壶"直接明了地表现其专业性,并邀请了茶道非遗大师为其代言。主视觉文案,直接表现产品荣获设计界最高奖之一的德国IF奖(见图5-28、图5-29)。

图5-28 文案案例(1)

图5-29 文案案例(2)

好的文案可以防御竞争对手的攻击。

竞争对手的攻击包括文案攻击以及价格攻击。好的文案策划可以有技巧地化解对方的攻势，不必指名道姓正面冲突。例如：某知名竞争对手描述其服装产品的价格比我方的店铺卖价便宜许多。那么我方可以强调我们的商品货源纯正、质量优异，并在文案中指出"目前网络上有店家推出价格低于行情却来路可疑的同款商品，已有消费者吃亏上当了"，从而达到反将竞争对手一军的作用，并轻松化解己方的价高窘境。

三、"催眠文案"撰写

催眠文案是目前比较盛行的电商文案，所谓的催眠文案就是能够把你的消费者给催眠了，然后让消费者去购买你的产品，看似非常神奇，其实所谓的催眠文案并没有我们想象中那么难。催眠文案的关键就是在于我们在写的时候一定要重视以下几个方面。

（一）要重视用户的心理

催眠文案关键就是抓住用户的心理，如果不能抓住用户的心理，就很难写好催眠文案，那么我们怎么去抓住用户的心理呢？第一点：了解我们用户的心理，多去对用户的数据进行分析，对用户阅读习惯、用户的跳出率、用户的转化率进行分析，才可以把握用户的心理，提炼出真正可以打动客户的核心卖点。

可以代入顾客的身份想象一下，平时我们去实体商场逛街购物的时候，是一种什么样的心理变化过程？除了我们事先熟知的店铺或品牌以外，如果我们突然决定进入一家从未踏入过的新店铺，可能是因为该店铺所陈列的某些产品吸引到了我们，或者是我们从橱窗产品的陈列判断出这家店铺有符合我们需求的产品，进入店铺快速浏览一圈后，如果发现没有我们感兴趣的产品，就会迅速离开（在网店里我们称之为跳失）。反之如果对某件产品很有兴趣，就会停留下来做进一步了解（在网店里我们称之为停留时长，买家停留时间越长，就代表越有希望成交）。当买家在某件产品面前停留下来的时候，实体店的服务员都会赶紧上前，做一番介绍和说明，解答买家所提出的问题（即答疑解惑，打消买家心中疑虑，建立信任的过程）。优秀的服务员会判断买家表现出的兴趣点在哪些方面，从而有的放矢地着重抓住这几个产品卖点详细夸奖，强化客户内心的喜欢感受，加强对商品的消费决心。

网络店铺的催眠文案也可以用同样的方式来定位用户的心理。文案策划必须事先层层剖析买家心理，根据大数据精确地提炼出卖点。然后设计师以卖点为纲领，准确呈现出能迎合买家心理需求的视觉内容来着重表现，最终让买家对商品越看越喜欢，越看越觉得是自己内心真正需要的商品。

（二）写催眠文案要有一定的真实性，获取更高的信任度

其实文案很多都是夸张的，但是催眠文案的撰写一定要走心，写更为真实的文字，这种

文字往往看起来没有什么广告味道,却更容易吸引到人们的注意,并且这种走心的文案更容易促进人们消费。

消费者选购产品有两种模式:低认知度模式(不花什么精力去思考)和高认知度模式(花费很多精力去了解和思考)。

电子商务发展初期,大部分消费者对产品的认知处于"低认知度模式",他们懒得详细了解和比较,而是简单地通过价格、颜色、款式、是否是品牌等来判断。在低认知度模式下,消费者只会购买一些价格便宜的日用消费品,或者是已被认知的品牌产品。所以与低认知度模式相对应的文案很多都是简单而夸张甚至虚假的,但是这种文案对于高端高知买家来说是起不到任何作用的。

随着电子商务的发展,竞争也越来越激烈,多数经验丰富的消费者已经转变为"高认知度消费者",他们会花更多的时间和精力来比较产品本身,而不是简单地通过品牌和产地来判断。而"真实详细的分解产品属性的权威文章"就是个最好的参考方法,可以让消费者由"一个模糊的大概印象"到"精确地了解"。多数大品牌的宣传文案也开始通过展示真实、准确、详细的产品参数,高清放大的产品细节图,替代过去假大空的夸张宣传。

如图5-30为速卖通网站上小米手机的详情页文案案例,着重强调了其电池的强大,因此除了吸引眼球的主视觉"5 000 mAh"和主文案"The Battery Champion",后面的副文案就是非常实际而真实地给了顾客体验感:"Take more pictures, play more games, watch more content without worrying about constant charging."充分从客户的需求出发,表明更大容量的电池的优势。

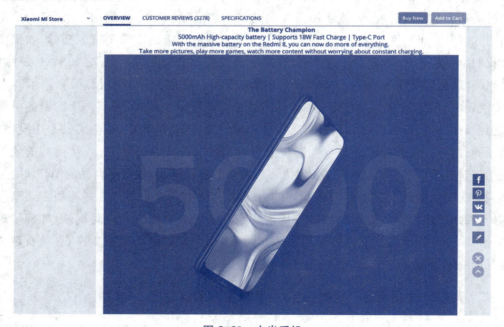

图5-30 小米手机

再比如大家熟知的苹果的官网,打开网页就是超级放大的产品细节图,没有多余的明星代言图和夸张的广告语,例如图5-31所示的iPhone 11 Pro的产品展banner,主画面只有正反面超大的产品图,分别展示屏幕像素和背后多个强大的摄像头,广告语非常真实朴素:"iPhone 11 Pro 摄像头、显示屏、性能样样Pro如其名"。然后进入其详情页,看到的都是放大文字的各项技术参数说明。

图5-31 苹果官网

销售平台要求卖家对产品的描述必须真实并能全方位地展示产品,即要求必须有细节图的展示。那么,在细节展示上,如何分解产品属性,获取买家更高认知度呢?从苹果官网的例子中可以看出,所谓的分解产品属性,就是将产品的功能、用途、材料、技术、工艺等属性进行分解,用量化的文案,搭配能让人产生联想的画面,从而给买家留下深刻的印象,对其"iPhone 11 Pro 摄像头、显示屏、性能样样Pro如其名"的文案深信不疑。

(三)催眠文案要特别重视文案的转化率

没有转化率的文案就不是成功的文案。怎么提高催眠文案的转化率呢?以下有四种方式可以操作。

(1)用爆款卖点引起用户的注意;
(2)用场景化的设置指明用户的需求;
(3)用产品卖点满足用户的需求;
(4)用技巧增强产品文案的说服力。

催眠文案的意义就在于提升转化率实现变现,所以催眠文案也不能像传统文学作品那样太注重文艺性,重点不在文字优美而在于文字产生的效果,其目的一定是最能激发顾客去购买产品,那么我们写催眠文案的时候就必须重视转化率的问题,转化率不高的话,可以及时地去调节催眠文案。

第四节　店铺装修操作

店铺形象就是一个店铺的招牌,全店设计、宝贝图片甚至模特都能体现店铺形象,那么塑造什么样的店铺形象才能让人过目不忘呢?

一、电商优化店铺装修的5大技巧

1. 主题明确,突出属性与个性

电商在装修之初,要明确自己想要什么样的店铺,并以定下的理念贯彻落实到店铺装修完成。如家居类,主题为温馨、舒适、让人感到轻松,那么在装修的时候,就要表现出自己家居产品的属性,同时突出产品使人感到放松的特点。

2. 清晰简洁,色彩搭配时尚不繁复

干净简洁的店铺让人感觉畅快,清晰的版面能帮助买家快速锁定自己关注的问题。

现在很多卖家在商品详情页添加很多优惠、福利,但是没有做好区分整理,看起来乱七八糟,买家也很难看出自己能拿到多少优惠,所以即使折扣力度大,但没有被买家迅速感知,转化率依旧很低。

色彩搭配很容易表现主题。雍容华贵风格往往颜色深沉,清新活泼风格则多为浅色。此外,暖色系与冷色系相互搭配,往往效果较好。

但是,不是所有的颜色都会适用所有店铺。因此,必须在明确店铺风格的基础上去选取颜色,并尽量减少颜色的繁复使用。

3. 风格统一,方向明确

尽管有时候在促销活动时期,店铺的风格会随活动场景变化,但风格必须始终是统一的。例如在圣诞节即将到来时,店铺装修会大量运用红、绿等颜色,但依旧要保持店铺原本的淡雅淑女风。

一个店铺最好只定一种风格,并按这个方向走下去。但这绝不是鼓励因循守旧。店铺在开店之初,很多东西都是未知的,甚至不知店铺的风格是否符合市场需求,那么,店铺就需要做出变化与升级。卖家要么与市场需求并进,要么走在需求前面。

4. 细致入微,涵盖面广而简

很多极好的形容词用在商品上不一定取得好的效果,因为过于单一,也没有切合消费

者关注的点。消费者是个性化的,卖家必须抓住关键点去装修店铺。如商品细节、相关证明、发货快递与时间、优惠、包装、图片角度等,这都是消费者关注的点,而不是在商品详情页装修时,只是一长排商品图片加形容词。

5. 抓住消费者关注的点,简洁地展示出来

如果消费者点击了一款产品,又能在短时间内锁定关注的点,那么成交就会很快。

二、店铺优化实践案例

了解了这5种技巧之后,我们来看下在实际操作中我们是如何进行店铺优化的。我们以速卖通的优化案例来说明。

1. 产品主图的优化

产品主图就如同一个产品的脸面,它是客户对该产品的第一印象,所以一定要精致。先来看一下比较优秀的主图案例(见图5-32、图5-33)。

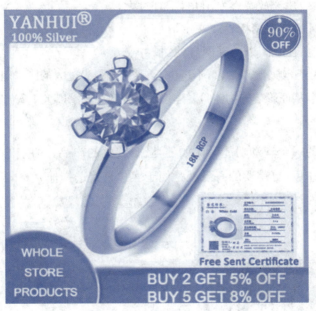

图5-32 主图范例(1)

优秀的主图画面干净整洁,产品清晰明了,可以凸显品牌logo。

然而多数卖家受到国内平台风格的影响,经常将主图做得过于炫目。虽然暂时取得了较高的点击率,但长期来看其实是对店铺及品牌调性的一种损伤。

以下是速卖通平台的主图要求:

(1)图片格式为JPEG,文件大小在5 MB以内;

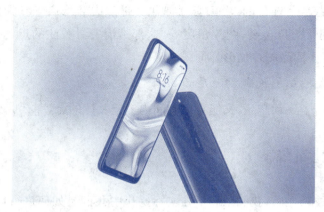

图 5-33 主图范例(2)

（2）图片像素建议大于 800×800；

（3）横向和纵向比例建议在 1∶1 到 1∶13；

（4）图片中产品主体占比建议大于 70%，背景为白色或纯色，风格统一；

（5）如果有 logo，建议放置在左上角，不宜过大；

（6）不建议自行添加促销标签或文字；

（7）切勿盗用他人图片，以免受网规处罚。

平台建议图片大于 800×800 像素，不过也不能过大，因为过大的图片对流量的消耗会更多，页面打开速度会减缓，从而影响购物体验。建议长度在 800 像素以上 1 200 像素以下就可以了。

2. 颜色图的优化

颜色图是主图的一个辅助功能。比如鞋类、服装类的产品，颜色款式很多，这时候颜色图就起到了补充的作用，更重要的一点就是便于客户直接选择他喜欢的款式（见图 5-34）。

图 5-34 颜色图范例

以下是速卖通平台的颜色图的要求：
(1) 单个图片不超过 200 KB，支持 JPG、JPEG 格式；
(2) 建议颜色图的大小为 500×500 像素。

3. 店铺信息模块的优化

店铺的产品信息模块的功能非常重要。例如我们在"双 11"的时候可以做大促的活动信息，接下来，又是感恩节、平安夜、圣诞节等，节日一个接着一个。

这时候如果按照传统的方式，到每个产品里面去单独添加活动信息，那效率定会非常低。产品信息模块主要解决的就是这个问题。

将一种产品模块做好母版，我们只需要将这个信息模块插入到相应产品中就好了。待到我们需要用的时候，只需统一改动母版即可，无须再一个一个地添加更改。产品信息模块有两种方式。

一种为关联产品模块。是主要依赖于系统操作的一个模块，使用速卖通平台时我们可以选择多款关联产品（见图 5-35）。

图 5-35 关联产品模块

第二种为自定义模块。自定义模块可以插入图片、文字及超链接。这种方式比关联产品模块更加开放。因为我们不仅可以放产品链接，还可以做新品促销的海报图、优惠券的领取链接、物流信息，以及重要通知等（见图 5-36）。对于产品海报，如新品推广、活动促销、爆款打造等都可以利用这个板块的优势，我们通常建议自定义模块中的海报。

我们也可以用这个模块做假期或者重大节日的通知。我们只需要将活动通知在自定

图 5-36　自定义模块

义模块的母版中编辑好,或者做成图片直接上传到母版中,这样通知就很方便地显示在各个产品之中了。

做活动促销的信息也可以用这个板块,这样可以快速更替为下一个节日的活动。

产品信息模块是一个十分方便的功能模块,我们要熟练掌握它的使用方法,才能更好地将店铺体系优化完善起来,在活动或者节日之时真正发挥这个模块的优势。

第五节　推 广 操 作

电商新开店铺应该如何做推广?以下为一些主要的推广方式。

(一)免费的网络通信工具

网络通信工具有哪些呢?国内主要就是指QQ、微信这类互联网工具,而国外主要的网络通信工具如下。

1. Skype

可以聊天、打电话的软件。在线聊天是免费的。在国外也是一个利用率很高的工作软件。它可以用于视频聊天、语音会议等,传输文件的功能是很多人愿意放弃邮箱的原因之一,许多工作组都可以使用它。

2. Whatsapp

免费的社交软件,可以与不同国家不同语言的人交流,也可以发送短信、图片等,具有语音和视频通话功能。应用程序图标有点可爱。

3. Facebook

它曾经进入中国市场,所以大家都很熟悉,但后来很快就退出了。照片和视频可以无限量上传,类似国内微博,主要用于展示自己的生活,并具有互动和评论交流的功能,但不是主要功能。

4. Viber

虽然它也依靠网络传输数据进行交流,但它与其他交流软件的区别在于,它不需要注册和交朋友,可以直接与其他用户交流,发送图片和短信。

5. 雅虎通

全球领先的互联网公司雅虎推出的即时通信工具,是国际上主流的即时通信工具之一。美国在即时通信市场份额排名第一,全球每天有 5 000 多万人登录和使用雅虎信使。它具有独特的环境、语音聊天、超级视频等功能,能够与朋友、家人、同事等进行即时交流。

6. IMVU

一个三维角色和场景聊天软件。用户可以自由设定自己的肤色、脸型等,通过虚拟货币购买更多的衣服、家具、礼品或宠物。所有的聊天场景都是 3D 虚拟环境,可以是酒吧、游乐园、海滩、游泳池等,甚至可以在酒吧里选择座位。聊天是泡泡式的,它可以改变 3D 角色的情绪和行为,或者做很多日常的动作。

合理利用这些工具可以为我们在一定程度上提升店铺的流量,关键是看怎样去运用。很多的国外顾客对推销信息是很敏感的,或许可以说讨厌,不要一加好友就去发广告,而是积极地参与互动,讨论,让更多人了解你,知道你有这样的一个店铺,从而推动顾客去点击你的店铺寻找他需要的产品或服务。

(二) 问答平台

电商店铺的推广,要尽量利用问答平台的力量,这个利用不是说我们直接地利用回答别人的问题来做广告。而是我们要用心去回答问题,再适当地、不着痕迹地加上自己的店铺链接,不一定要有首页的网址,可以是详情页,或是其他可以到达我们店铺的链接。现在网络上有很多问答平台,国外比较著名的交互式问答平台有如下几个。

(1) Google answer:分门别类地罗列了最新的提问,承诺 24 小时答复。

(2) Yedda:属于一种用户参与类搜索引擎,网站更倾向于网友的更多的参与以让用户得到更好的搜索体验。

(3) Wondir:匿名就可以提问,提供两种服务,一种是匹配到专家,一种是罗列来自各个搜索引擎的搜索结果。

(4) Quomon:一个专业化的在线问答服务网站,主要提供 IT 相关领域内的在线问答服务的网站。

（5）StackExchange：经验问答互动平台，重视问答质量和专业性，从而使其从本质上区别于多数同行，是真正提供专门知识的网站。

（6）Brainly：社会化知识分享平台是一个在全球多个国家都有其为学生打造的社交学习网站，为每个国家的学生都提供分享知识、互相学习、以社会化激励手段促进学生获得教育的社交网络。

（7）SegmentFault：极客IT知识问答社区是一个专门面向IT行业开发者的问答社区，可以在这里提出任何与开发相关的问题。

（8）FormsPring：基于兴趣的问答社交平台是一个全新的根据兴趣来进行社交问答的互动站点，用户根据自己的爱好兴趣来选择一些感兴趣的问题去回答，同时还可以与志同道合的人做朋友。

（三）国外博客推广

现在国外网络上的免费博客有很多，如Facebook，Twitter，Blogger，Windows live space，MySpace，Yahoo blog，AOL blog等。博客相对来说没有那么严格，可以说比较宽松，我们可以在博客上带上自己的产品，或是服务、店铺地址。

（四）电子邮件推广

通过群发邮件方式推广，要注意的几点是：第一，邮件地址的有效性。这需要长期对用户的邮件地址进行维护并收集整理更新。第二，邮件内容的实用性。内容必须有效，并且有可读性，能引导读者了解并最终产生购买欲望。第三，邮件发布的时间把握。比如节假日等特殊时间。

（五）软文推广

软文推广指的是，在互联网及各种媒体上以一种隐晦的方式间接宣传公司及公司产品的正面形象和品牌。软文的特点是亲和度高，传播性广，大众乐意接受并会自发地去传播影响，具有极强的潜移默化效果。与之相类似的有软广告、软宣传、软新闻等。软文推广可以说是性价比最高、安全指数也最好的一种推广手段，一篇成功的软文带来的何止是外链，更多的是业务订单。好的软文不是只为了带上网站的链接，而是为公司做好业务推广，不是说一篇文章就为了带来一个链接。不过，其也有着极大的缺陷，即国外的软文发布渠道相对太窄，并不能像国内有大量的官方、权威、门户网站可以发表，只能通过一些自媒体的方式来发表，影响力相对有限。相对来说，软广告、软视频有着更大的操作性，不过成本较高。

(六) 海外搜索引擎广告投放

国外最著名的搜索引擎有如下几个。

(1) 谷歌(Google)。世界上使用人数最多的英文搜索引擎,被认为效率最高、最准确、排序也最科学的搜索引擎。

(2) 雅虎(Yahoo)搜索引擎。世界上最早的搜索引擎之一。

(3) 必应(Bing)搜索。微软开发的搜索引擎,因与微软系统的 IE 浏览器捆绑,使用率比较高。

使用这些世界使用最广的搜索引擎投放广告虽然昂贵,但是效果也是最好的,能帮助商家的店铺更好地与消费者建立联系。

其实除了这些,还有很多推广的方法,就是在于经营者是否去坚持,精于一种方法就足够了。让店铺获得更多的流量就是电商赖以生存发展的条件,也是电商产品业务的必要条件。

🛒 关 键 词

运费模板　产品发布　产品优化　文案　店铺装修　推广

🛍 本章小结

1. 好的产品信息发布,可以更好地提升产品的成交率,促使买家下单。因此发布一个好的产品描述应该做到标题专业、图片丰富、描述详尽、属性完整、价格合理等。

2. 产品优化包括:产品标题优化、产品详情页优化、属性优化。

3. 文案就是以文字来表现已经制定的创意策略。文案不同于设计师用画面或其他表现手法,它是一个与广告创意先后相继的表现的过程、发展的过程、深化的过程。在现代电商企业中,文案一般是指制定编写电商产品文案的职位。文案是由标题、副标题、广告正文、广告口号组成的。

4. 一个店铺形象就是一个店铺的招牌,全店设计、宝贝图片甚至模特都能体现店铺形象,电商优化店铺装修的五大技巧:主题明确、清晰简洁、风格统一、细致入微、抓住关注点。

5. 提升商品的转化率离不开店铺的推广,主要通过:免费的网络通信工具、问答平台、国外博客推广、软文推广、海外搜索引擎广告投放。

习　题

一、单选题

1. 速卖通的商品标题最多可以有多少个字符？（　　）
   A. 100 个　　　　B. 128 个　　　　C. 136 个　　　　D. 150 个

2. 以下哪个属于速卖通平台产品标题里的流量词/核心词？（　　）
   A. long sleeve　　B. men's shirts　　C. wholesale　　D. cotton

3. 以下哪个不属于速卖通平台产品标题里的属性词？（　　）
   A. cotton　　　　B. dress　　　　C. high-heel　　D. V-neck

4. 速卖通平台发布的产品主图必须（　　）。
   A. 纯色背景　　B. 有水印　　　　C. 无任何文字　　D. 有边框

5. 速卖通平台中，卖家最多可以给商品添加几个自定义属性？（　　）
   A. 7　　　　　　B. 8　　　　　　C. 9　　　　　　D. 10

6. 以下哪一种是最适合电商文案的文体。（　　）
   A. 小说　　　　B. 散文　　　　C. 诗歌　　　　D. 广告语

7. 以下哪项不属于电商文案要写的内容。（　　）
   A. 产品品牌　　B. 产品优势　　C. 产品价格　　D. 产品缺点

8. 电子商务发展初期，大部分消费者对产品的认知处于（　　）。
   A. 低认知度模式　B. 高认知度模式　C. 低消费模式　D. 高消费模式

9. 以下不属于电商优化店铺装修技巧的是（　　）。
   A. 主题明确　　B. 画面复杂　　C. 风格统一　　D. 清晰简洁

10. 以下不属于国外主要的网络通信工具的是（　　）。
    A. Skype　　　　B. Whatsapp　　C. Google　　　D. Facebook

二、多选题

1. 产品发布时需要注意哪些？（　　）
   A. 完整清晰的详细描述　　　　　　B. 与产品匹配的类目
   C. 全面准确的属性　　　　　　　　D. 完整而又重点突出的标题

2. 关于产品类目说法正确的是（　　）。
   A. 错误的类目选择会影响曝光
   B. 必须选择类目之后才能进入产品发布页面
   C. 类目在产品排序中很重要
   D. 错误的类目选择会受到平台处罚

3. 什么样的商品描述是优质的？（　　）
   A. 商品信息描述准确完整　　　　　B. 商品信息描述真实

C. 重点突出的完整标题　　　　　　D. 属性填写完整

4. 哪些因素会影响产品排名？（　　）

　　A. 卖家的服务能力：平台会结合卖家跟买家及时沟通情况、账号的好评率、纠纷率、退款率、成交不卖等情况排序，如好评率越高，排序会优先

　　B. 商品的信息要尽量准确完整，配以高质量的图片

　　C. 信息标题中增加突出商品的优势关键词，属性填写完整，并正确选择产品的类目

　　D. 商品的交易转化能力：买家下单后要及时发货，避免成交不卖

5. 产品标题如何填写？（　　）

　　A. 清楚地描述商品的名称、型号以及关键的一些特征和特性

　　B. 符合海外买家的语法习惯

　　C. 切记避免虚假描述，以免影响您商品的转化情况

　　D. 切记避免关键词堆砌，以免引起搜索降权处罚

6. 文案是由（　　）组成的。

　　A. 标题　　　　B. 副标题　　　　C. 广告正文　　　　D. 广告口号

7. 催眠文案的关键就在于我们在写的时候一定要重视（　　）。

　　A. 客户心理　　B. 真实性　　　　C. 转化率　　　　D. 文字优美

8. 好的文案可以防御竞争对手的攻击，竞争对手的攻击包括（　　）。

　　A. 耳语攻击　　B. 文案攻击　　　C. 价格攻击　　　D. 人身攻击

9. 速卖通平台的主图要求包括（　　）。

　　A. 图片格式为 JPEG，文件大小在 100 MB 以内

　　B. 图片像素建议大于 800×800

　　C. 横向和纵向比例建议在 1∶1 到 1∶13

　　D. 如果有 logo，建议放置在右上角，不宜过大

10. 跨境电商店铺在海外主要的推广方式包括（　　）。

　　A. 免费的网络通信工具　　　　　B. 问答平台

　　C. 微信推广　　　　　　　　　　D. 搜索引擎广告投放

第六章

跨境电商营销

□ 学习目标 》

1. 了解我国跨境电商发展现状
2. 掌握跨境电商的基本营销策略
3. 熟悉站内站外的营销方案和规则

> **引言**

当前,全球经济发展和贸易投资中的不稳定因素增多,主要国际组织纷纷下调全年经济和贸易增速预测。根据世贸组织最新公布的数据,2020年1—5月,占全球贸易90%以上的71大经济体进出口下降13.3%,其中,5月单月降幅达25.9%。国际市场需求低迷,贸易保护主义上升,外部环境不确定性增加,我国外贸发展面临的形势依然复杂严峻。如何加强跨境电子商贸,做好跨境电商营销变得尤为紧迫。

第一节 跨境电商营销理论

(一)跨境电商近10年市场状况

2011年至今,跨境电商交易额保持着超过20%的复合增速。2016年,我国货物贸易进出口总额24.33万亿元,同比下降0.9%。其中,跨境电商交易规模达6.7万亿元,同比增长24.07%(如图6-1所示);传统进出口贸易额17.6万亿元,同比下滑8.33%,连续三年呈下滑态势(如图6-2所示)。从2011—2020年十年间的交易规模来看,跨境电商保持着22%的高复合增速,高于传统进出口贸易3.9%的复合增速,跨境电商的高速增长一方面来自对传统贸易业务的迭代,另一方面源自对新业务、新领域、新模式的探索发展。

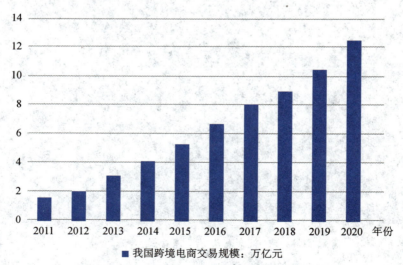

图6-1 2011—2020年我国跨境电商交易规模

数据来源:中国统计年鉴2021。

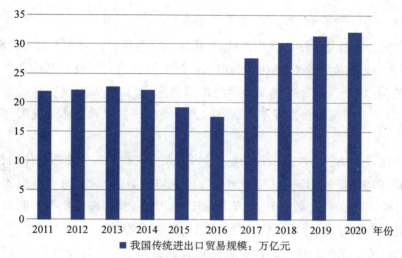

图 6-2　2011—2020 年我国传统进出口贸易规模

数据来源：中国统计年鉴 2021。

（二）跨境电商的市场营销

1. 基础理论——4P 理论

4P 理论产生于 20 世纪 60 年代的美国，随着营销组合理论的提出而出现。1953 年，尼尔·博登（Neil Borden）在美国市场营销学会的就职演说中提出了"市场营销组合"（marketing mix）这一术语，其意指市场需求在某种程度上受到所谓"营销变量"或"营销要素"的影响。为了寻求一定的市场反应，商家要对这些要素进行有效的组合，从而满足市场需求，获得最大利润。营销组合实际上有几十个要素（博登提出的市场营销组合原本就包括 12 个要素），杰罗姆·麦卡锡（McCarthy）于 1960 年在其《基础营销》（*Basic Marketing*）一书中将这些要素一般地概括为 4 类：产品（product）、价格（price）、渠道（place）、促销（promotion），即著名的 4P 理论。1967 年，菲利普·科特勒在其畅销书《营销管理：分析、规划与控制》第一版进一步确认了以 4P 理论为核心的营销组合方法，具体如下。

（1）产品（product）：注重开发的功能，要求产品有独特的卖点，把产品的功能诉求放在第一位。

（2）价格（price）：根据不同的市场定位，制定不同的价格策略，产品的定价依据是商家的品牌战略，注重品牌的含金量。

（3）渠道（place）：商家并不直接面对消费者，而是注重经销商的培育和销售网络的建立，商家与消费者的联系是通过分销商来进行的。

（4）促销（promotion）：商家通过销售行为的改变来刺激消费者，以短期的行为（如：让利、买一送一、营销现场气氛等）促成消费的增长，吸引其他品牌的消费者或促成提前消费来实现销量的增长。

2. 跨境电商在市场营销方面的主要优势

（1）平台优势。得益于网络技术支持，我国第三方跨境电子商务平台发展迅速，在平台的支持下跨境电商商家发展日趋成熟，为市场营销的开展奠定了良好基础条件。跨境电商经营主体主要为以下三种：自主建设经营的出口商家；出口商家提供贸易服务的第三方交易平台；利用第三方跨境平台发展电子商务的出口商家。这三种主体的发展都主要依托于电商平台。

（2）用户优势。受经济快速发展的驱动，当下人们的购物需求逐渐延伸增长，对境外商品具有购买需求的人群比例日益扩大，加上我国人口基数庞大，为跨境电商的建设与发展带来巨大的用户基础。统计数据显示，截至 2019 年年底，我国高频次参与跨境网购的用户人数已经高达 9 000 万以上，且人数涨幅仍处于不断扩大状态。

（3）政策优势。基于跨境电商行业近年来表现出的巨大潜力及良好发展前景，国家为提高扶持力度，出台了一系列政策用于推动跨境电商的发展，比如扩大政策的覆盖面，增设跨境电商试验区。这一系列的利好政策说明国家对外开放的力度不断加大，跨境电商的发展也开始进入新的快车道。

3. 跨境电商在市场营销方面的主要限制

（1）品牌服务意识不足。由于跨境电商行业在我国发展时间尚短，整体体系仍待完善，因此贸易服务基本处于相对滞后状态，大多品牌缺乏足够的服务意识，且交易和货运基本依靠第三方平台进行，直接制约着跨境电商市场营销的长线发展。另外，为追求短期效益，制造商大多通过价格低廉的产品来吸引消费者，产品同质化现象严重。由于缺乏足够的创新意识与服务意识，大部分跨境电商品牌难以在国际舞台上站稳脚跟，所生产出的产品竞争力较弱。

（2）国际竞争影响。与发达国家相比，我国跨境电商平台起步较晚，在支付手段、物流体系方面稍处劣势，加上国际竞争趋势下发展空间受到挤压，导致市场营销成本无形间出现增长。例如，PayPal 作为国际领先在线支付公司，支持着全球多个地区货币贸易，在第三方支付结构中优势明显，但是国外领头快递公司在国际物流方面具有垄断性，无形中提高了消费者购买的风险系数。跨境电商在增加消费者的采购半径的同时，也开始通过跨境贸易压低货物成本，导致国内一些低信任度的行业面临冲击。

（三）电子商务时代跨境电商市场营销的基本现状

1. 平台之间竞争激烈，小型电商生存困难

网络信息的便利性使得进口商品的相关信息越来越透明，消费者可以周转于各个电商平台针对同一产品进行查询比较。在此趋势下，为占据更多市场空间，不同电商平台之间价格竞争日趋激烈，各种限时限购、满减、定时促销等降价促销方式层出不穷。在电商平台

商品无差异化的趋势下,为了抢夺订单、点击率和市场份额,电商及其背后的融资势力采取了最直接、最暴力的价格战。在猛烈的价格轰击和行业的迅速发展下,一些小型的垂直跨境电商平台在价格上无法和巨头商家相比较,同时在经营上没有自身特色,最终在竞争中走向关停。例如,天猫国际、网易考拉等大型电商时常进行价格消耗战,中小型电商平台由于无力抗衡,在市场竞争中难以获取对等红利,加上各种运营成本、监管成本的影响,容易因无法维持其经营而关闭。

2. 品牌市场定位模糊,服务同质程度严重

很多跨境电商商家由于起步较晚、发展不充分等原因,容易受到大型且运营成熟的商家的冲击,加上缺乏正确的经营理念,产品同质化问题严重,市场定位模糊导致没有特色,品牌效应难以凸显。一方面,此类中小型商家大多缺乏清晰的市场定位和发展目标,市场竞争手段薄弱,导致利润有限,无法长时间生存。另一方面,缺乏具体的营销定位,导致视野狭窄,定位不清晰。跨境电商商家缺乏明确的市场战略,不会灵活调整营销策略以迎合不断变化的市场需求,营销上也大多采取的是降价促销的策略。在经济全球化的背景下,跨境电商商家面临着更多的文化冲击,导致商家本身驾驭品牌的难度大大提升,如果缺乏一定的文化底蕴和深入探索精神,就无法在消费者心中树立合适的品牌形象,无法在境外市场中打开知名度,也就无法撼动境外主流品牌的地位,最终陷入长线发展困难的僵局。

3. 物流体系尚未成熟,难以提升服务质量

跨境电商的发展需以布局完善的物流体系为支撑,传统国际贸易所常用的海洋运输由于成本高、速度慢,已不适用于现代跨境电商行业,国内常用的邮政快递、顺丰快递也同样存在速度或成本方面的问题,缺乏最优物流方案。同时,在物流服务质量方面,我国目前的物流体系也存在明显的滞后性,如投诉处理效率低下、客户反馈渠道狭窄等,直接影响着消费者体验,进而制约跨境电商的营销与发展。

第二节 跨境电商营销策略

一、选品策略

1. 选品的基本原则

(1) 商品的市场潜力要足够大,利润率应该比较高。根据经验,做跨境电子商务的产品利润率一般在50%以上。

(2) 商品要适合国际物流,不能太大、太重或太脆。

(3) 商品的操作要足够简单，否则后续的客户投诉和服务成本会非常高。

(4) 产品要有自己独立的研发、包装等设计能力，不要违反平台和目的国的法律法规以及知识产权保护政策。

2. 选品策略制定——关键词选品

所谓关键词选品，就是通过搜索关键词的参数质量，来决定选品方向。那么决定关键词选品的参数有哪些呢？搜索量、商品关联度、搜索结果数。搜索量：这个很好理解，搜索量越大，意味着潜在客户越多。商品关联度：搜索量不代表购买转化，所以商家需要选择与商品关联度高的关键词，这样才能最大效率提高购买转化。搜索结果数：搜索结果越多，说明竞争者越多，搜索结果少，说明竞争者较少，更有把握成功。另外就是长尾关键词了，所谓长尾关键词，就是搜索量虽然没有核心关键词那么多，但是商品关联度却比较高的词。多覆盖这类关键词，对于提升曝光是有很大帮助的，而且在投放性价比上也比较有优势（见图6-3）。

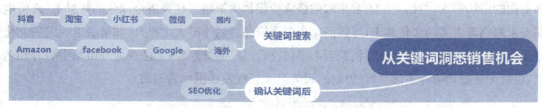

图6-3 平台使用"关键词"分析图

3. 品牌塑造

在选品的时候，商家需要提前思考如何打造品牌。主旨鲜明的品牌对销量的帮助是毫无疑问的，商家不需要打造人尽皆知的品牌，但品牌本身的包装，可以树立一种调性，并吸引到一批受众，再借助差异化来打造壁垒，这也是商家选品时需要提前考虑的（见图6-4）。

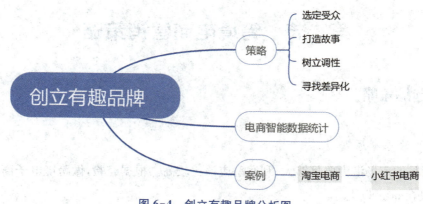

图6-4 创立有趣品牌分析图

4. 寻找市场痛点

在新兴市场，寻找市场痛点切入的策略会非常有效，找到用户尚未得到满足的需求，交付合适的产品即可。如果是成熟市场，那么就不太可能存在明显的痛点了，这时候，需要商家"包装痛点"。举个例子，挪车牌这个商品，许多商家强调的是质量好、号码可隐藏、色彩丰富，但商家完全可以从背光下清晰、耐高温等角度去包装，通过差异化制造二级痛点（见图6-5）。

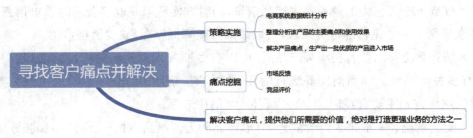

图6-5 客户痛点和解决方案分析图

5. 关注潮流

卖家需要保持对售卖商品细分领域的持续关注。对于趋势的把握，一方面能够明确选品的目的是赚快钱还是做长期生意；另一方面也能确保跟随市场趋势，选中最受消费者青睐的商品（见图6-6）。

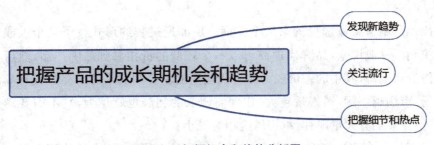

图6-6 把握机会和趋势分析图

二、渠道策略

销售渠道是指商品从生产者传送到用户手中所经过的全过程，以及相应设置的市场销售机构。正确运用销售渠道，可以使商家迅速及时地将产品转移到消费者手中，达到扩大商品销售，加速资金周转，降低流动费用的目的。任何一个商家想把自己的产品顺利销售出去，就需要正确选择产品的销售渠道。选择销售渠道的内容有两个方面：一是选择销售渠道的类型，二是选择品牌代理。

1. 网络营销渠道

与传统营销渠道一样，以互联网作为支撑的网络营销渠道也应具备传统营销渠道的功能。营销渠道是指与提供产品或服务以供使用或消费这一过程有关的一整套相互依存的机构，它涉及信息沟通、资金转移和事物转移等。根据知名品牌营销策划传播机构品牌联播对网络营销渠道策略的划分，一个完善的网上销售渠道应有三大功能：订货功能、结算功能和配送功能。

（1）订货系统。它为消费者提供产品信息，同时方便厂家获取消费者的需求信息，以求达到供求平衡。一个完善的订货系统，可以最大限度降低库存，减少销售费用。

（2）结算系统。消费者在购买产品后，可以有多种方式方便地进行付款，因此厂家（商家）应有多种结算方式。当前国外流行的几种方式有：信用卡、电子货币、网上划款等。而国内付款结算方式主要有：邮局汇款、货到付款、信用卡等。

（3）配送系统。一般来说，产品分为有形产品和无形产品，对于无形产品如服务、软件、音乐等产品可以直接通过网络进行配送，对于有形产品的配送，要涉及运输和仓储问题。国外已经形成了专业的配送公司，如著名的美国联邦快递公司，它的业务覆盖全球，实现全球快速的专递服务，以至于从事网上直销的 Dell 公司将美国货物的配送业务都交给它完成。因此，专业配送公司的存在是国外网上商店发展较为迅速的一个原因所在，在美国就有良好的专业配送服务体系作为网络营销的支撑。

2. 品牌代理

品牌代理是销售渠道选择的第二个方面。厂商通过契约形式授予某个人或公司销售其产品的权利。一般说来，品牌代理商可以一个较低的折扣拿到品牌产品，然后再以全国统一的零售价格销售，其中的差价成为品牌代理商的主要利润来源。品牌代理商的核心就是开拓市场，市场越广阔、销售量越大，代理商赚取的利润也就越大，它不需要动用自己的流动资金，不需要拥有大量库存，承担风险相对较小。

品牌代理是一个双向概念，即既是产品方做出的自愿选择，亦是代理方做出的自愿选择。尤其对于一些外来品牌，它们需要找到合适的代理人来将品牌本土化，以期更好地走进消费者的心里。

三、促销策略

对于跨境电商出口从业者而言，西方的各种节假日往往是一年中销量最高的时间，类似于国内电商的"双11""6·18"等，不过同时在这些节假日里竞争也是最激烈的，卖家们往往需要绞尽脑汁地进行商品促销才能不被竞争者埋没。做促销就意味着通过减少利润来提高销量和市场占有率，那么，怎么做商品促销呢？

1. 商品促销的类型及优劣势

想要了解怎么做商品促销，就需要先了解现在常见的促销类型有哪些，每种促销类型都有其独特的优势和缺点。

（1）折扣券。折扣券的优势在于可以在短时间内提高销量，对买家而言最具有冲击力，增加买家的购买力，同时在短时间内是最有效的对抗竞争者的方式。

折扣券的优势明显，缺点也很突出，最大的缺点是无法从根本上解决销量问题，无法长期运用，且很难将价格提升复原。

（2）附加交易。附加交易即在买家购买商品时附赠一些同类的商品，也就是所谓的"买就送"。这种促销类型的优势在于，可以通过附加产品达到细分市场的目的，同时对于新顾客而言能够起到促进尝试的作用；但是同时，附加商品的把控上难度不小，附加商品的价值过大或者过小都会引起买家对商品的质量的怀疑，从而引起负面效果。

（3）商品折扣。区别于折扣券，商品折扣是直接在商品的原有价格上进行打折，对于消费者更为实在。其优点很明显，对于潜在目标买家而言能够刺激其购买力，且在与竞争者的对抗中有着很好的效果，而通常折扣会标明时间，避免了价格回调的难度。缺点在于，无法长期进行进而降低利润，且折扣力度太小无法达到预期的效果，折扣力度太大又容易引起买家对促销活动真实性的怀疑。

（4）批量折扣。这种类型的折扣通常见于卖家与分销商、批发商之间，根据不同的采购量给予不同的折扣优惠。优势在于可以稳定卖家的销量，且利润可观。缺点则是需要兼顾所有采购方的利益匹配。

2. 商品促销常见操作

跨境电商面对的是全球市场，每个地区都有其独特的节日，所以在做促销之前必须要先了解这些节日。世界上节日这么多，卖家不可能也没必要利用每个节日，把精力放在全球范围内流行的一些大的节日来运作显得更加合理。表6-1是作者整理的在一些跨境电商较为成熟的市场上的主要节假日。

表6-1 部分国家的部分节日促销活动日

节/假日	时间
美国地区	
父亲节	6月第三个星期天
返校季	8月末到9月初
万圣节	10月31日
感恩节	11月第四个星期四

(续表)

节/假日	时间
美国地区	
黑色星期五	感恩节后一天
网络星期一	黑色星期五后第一个星期一
圣诞节	12月25日
英国地区	
夏季银行假日	8月最后一周的星期一
圣诞节	12月25日
节礼日	12月26日
夏季促销	6月—8月

3. 促销策略

跨境电商卖家应根据自身的目标市场、目标人群，结合不同的节假日，在节假日来临前进行准备、筹划，常见的规划思路如下。

（1）选择重点节假日。卖家应该结合自身商品的目标市场，对该区域的节假日进行规划，不是每一个商品都适合所有节假日。重点规划适合自身商品的节假日进行重点推广促销。

（2）提供与节假日相关的商品和内容。很多卖家往往只关注圣诞节，也只有圣诞节的促销思路。所以在遇到其他节日时，直接套用圣诞的思路进行操作，这样通常无法取得好的效果。

（3）提前进行筹备。任何促销活动，都无法一蹴而就，更别说在竞争者林立的跨境电商行业。所以想要在节假日中所做的促销策略取得可观的效果，就必须要打提前量，未雨绸缪。通过社交媒体、搜索引擎优化等手段，长期向目标人群灌输促销概念。

4. 关于政策

政策的变化会导致商家无法临时调整策略而错过促销的最佳时机，所以要时刻关注目标市场及平台的各种政策，做到及时应对。卖家做商品促销可以在短时间内提高商品的销量，但需要时刻关注国家政策，对于一些不注意政策变化同时自身产品不具备较强柔性的卖家而言，往往会因忽略政策变化而错失最好的经营节点。

第三节 跨境电商营销活动

一、店铺自主营销

店铺自主营销的方式有很多种,以速卖通为例,有限时限量折扣、全店铺满立减、店铺优惠券、全店铺打折、满赠等店铺活动。

1. 限时折扣

这个主要是由卖家自主选择活动商品和活动时间,设置促销折扣及库存量的店铺营销工具。利用不同的折扣力度推新品、造爆款、清库存,是非常实用的一种营销手段。它的优点就是可以在商品主图显示折扣标志,在买家搜索页面额外曝光,并能在买家购物车和收藏夹显示折扣提醒,操作步骤如下。

(1)登录"我的速卖通",进入"营销中心",点击"店铺活动"后,开始创建"限时限量折扣"活动,如图 6-7 所示。

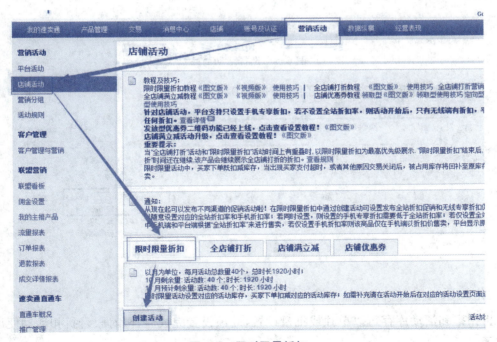

图 6-7 限时限量折扣

(2)点击"创建活动"按钮进入创建店铺活动页面。活动开始时间为美国太平洋时间(美国太平洋时间比北京时间慢 15 个小时),请提前至少 12 小时创建好活动,如图 6-8 所示。

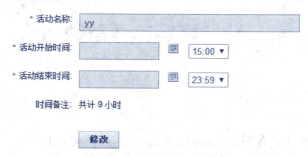

图 6-8 活动基本信息

(3) 创建店铺活动后，选择参与活动的商品，每个活动最多只能选择 40 个商品，如图 6-9 所示。

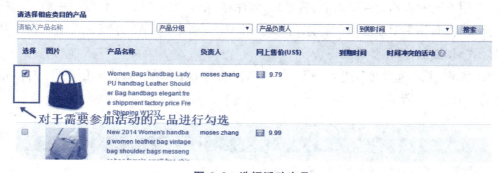

图 6-9 选择活动商品

(4) 设置商品折扣率和活动库存，如图 6-10 所示。

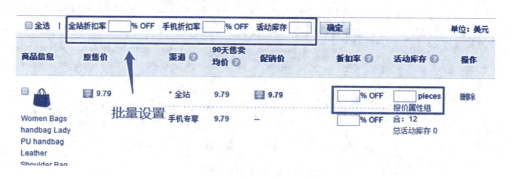

图 6-10 设置商品折扣率和活动库存

折扣率和活动库存可以单独或批量设置，此项设置完成后，限时限量折扣活动便设置完成了。

2. 满立减

满立减是卖家在产品本身单价的基础上，设置订单满多少元、系统自动减多少元的促销规则,可刺激买家消费更多的金额。卖家可以在每款商品的界面周边,搭配一些关联产品,这样在买家想凑足满减金额时,可以起到一个推荐的便利作用。搜索页面可显示满立减标志,店铺首页也具有明显标志,吸引并刺激买家下单。

卖家开通速卖通店铺后可免费使用,可以根据自身经营状况,对店铺设置"满 X 元优惠 Y 元"的促销规则,即订单总额满足 X 元,买家付款时则享受 Y 元优惠扣减,操作步骤如下。

(1) 创建活动。

登录"我的速卖通",点击"营销活动",在"店铺活动"选择"满减优惠",点击"创建活动",如图 6-11 所示。

图 6-11 设置满立减

(2) 填写活动的基本信息,如图 6-12 所示。

图 6-12 活动基本信息填写

① 在"活动名称"一栏内填写对应的活动名称,买家端不可见;

② 在"活动开始时间"以及"活动结束时间"内设置活动对应的开始时间以及活动结束时间;

③ 活动时间下方，可查看不同时区的时间，便于卖家更好地进行国家差异化运营。

（3）设置活动类型和详情。

① 设置"活动类型"，选择"满立减"。

选择"部分商品"，即设置部分商品的满立减活动，订单金额包含商品价格（不包含运费），商品按折后价参与；选择全店所有商品，为全店铺商品均参与满立减活动，订单金额包含商品价格（不含运费），所有商品按折后价参与。

② 设置"满减条件"。

可只设置一个条件梯度，则系统默认是单层满减，在"条件梯度1"的前提下，可以支持优惠可累加的功能（即：当促销规则为满100减10时，则满200减20，满300减30，依此类推，上不封顶）。也可设置多个条件梯度，多个条件梯度需要满足：后一梯度订单金额必须要大于前一梯度的订单金额；后一梯度的优惠力度必须要大于等于前一梯度的优惠力度，如图6-13所示。

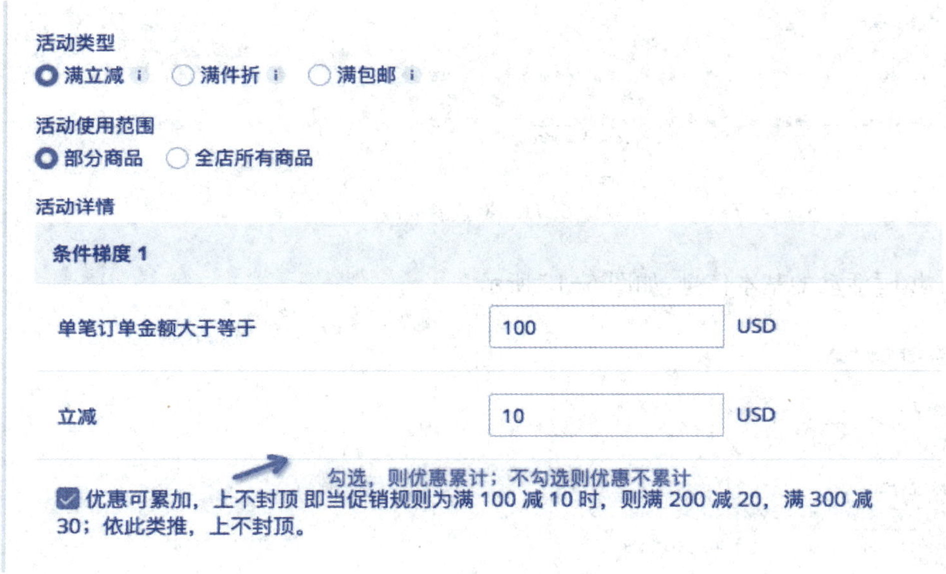

图6-13 设置活动类型和详情

③ 选择商品。

针对"商品满立减"活动，可以通过"选择商品"或者"批量导入"点击选择商品，如图6-14、图6-15所示。

也可以通过Excel批量导入商品，批量上传界面如图6-16所示，先下载模版，在模版文件中提交商品信息，然后上传文件。

（4）完成设置。

导入商品后，点击"确定"后，完成设置。

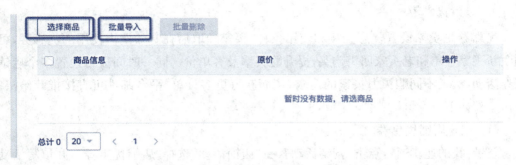

图 6-14 选择商品(1)

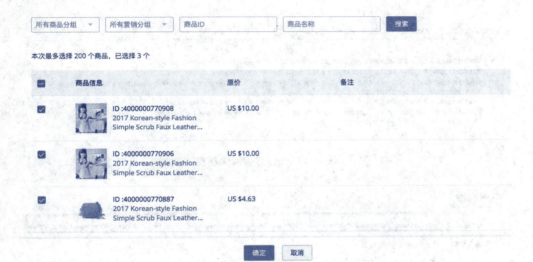

图 6-15 选择商品(2)

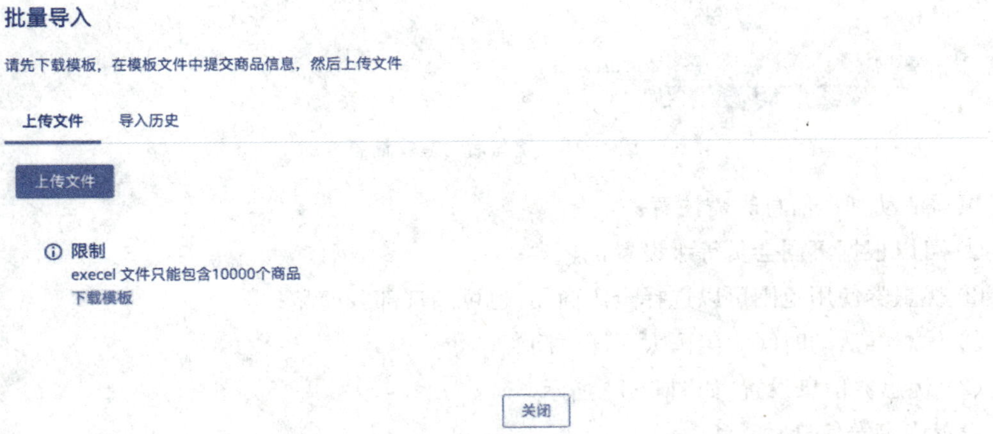

批量导入

请先下载模板，在模板文件中提交商品信息，然后上传文件

上传文件　　导入历史

上传文件

ⓘ 限制
　　execel 文件只能包含10000个商品
　　下载模板

关闭

图 6-16 设置批量上传

3. 店铺优惠券

优惠券是卖家设置优惠金额和使用条件，买家领取后在有效期内使用的优惠券，可以刺激新买家下单和老买家回头购买，提升购买率及客单价。同一时间段可设置多个店铺优惠券活动，满足不同购买力买家的需求，从而获得更多订单，平台邮件可直接推荐给买家，操作步骤如下。

（1）创建店铺优惠券。

登录"我的速卖通"，点击"营销活动"，在"店铺活动"选择"店铺优惠券"，并填写活动基本信息，如图6-17、图6-18所示。

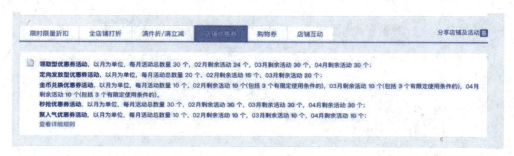

图6-17 选择"店铺优惠券"

图6-18 填写活动基本信息

填写活动基本信息时需注意：
① 可以根据不同会员等级设置优惠券；
② 优惠券使用范围可以选择全店商品，也可圈选部分商品；
③ 优惠券活动时间为美国太平洋时间。

（2）优惠券信息设置，如图6-19所示。

设置优惠券信息时需注意：
① 目前优惠券设置已经同步商品发布的币种，请在设置"面额"和"使用条件"时，仔细核对金额；

图 6-19　优惠券信息设置

② 面额：优惠券的优惠金额，当优惠券为"满 X 美金、优惠 Y 美金"时，这里的面额指的是 Y；

③ 有效期指有效天数，即买家拿到优惠券后多少天内可以用，指定有效期即优惠券只能在设置的规定时间内使用，其他时间不可用。

(3) 点击"确认创建"，即完成活动创建。

(4) 前台展示效果，在"Sale Items"处，如图 6-20 所示。

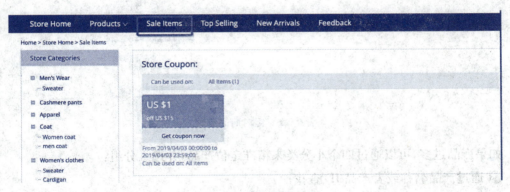

图 6-20　前台展示效果

4. 全店铺打折

全店铺打折是一款可根据商品分组对全店商品批量设置不同折扣的打折工具，可帮助卖家在短时间内快速提升流量和销量。根据不同分组的利润率设置不同的折扣力度，还能在买家购物车和收藏夹设有折扣提醒，使商品更易出单，操作步骤如下。

(1) 创建活动。

登录"我的速卖通"，点击"营销活动"，在"店铺活动"选择"全店铺打折"。

(2) 设置"营销分组"。

对全店铺商品进行分组，如图 6-21 所示，每组可添加相应商品，如图 6-22 所示。

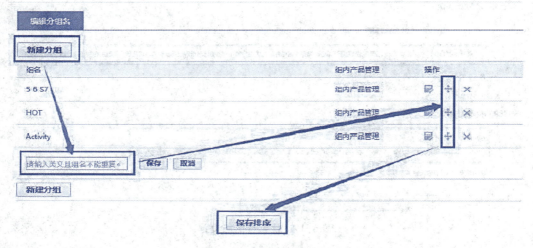

图 6-21 设置营销分组

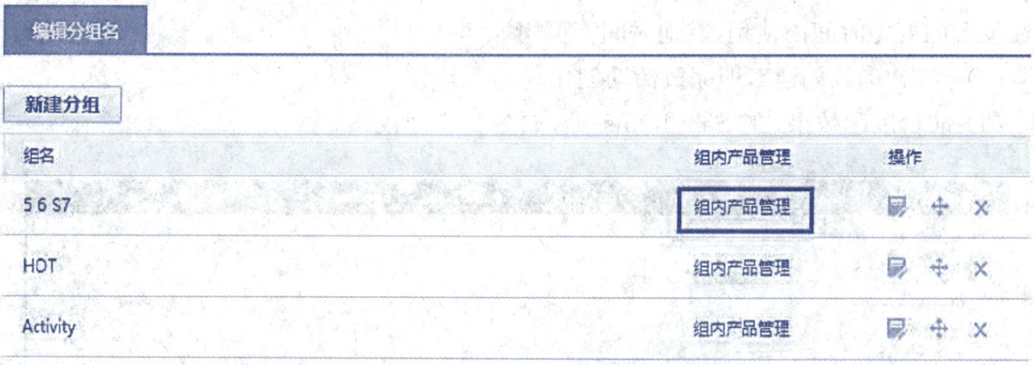

图 6-22 组内商品管理

如果产品过多,可以通过四个小分类来精准定位产品,并选入分组:

① 通过产品名称或者产品 ID 查找;

② 按照产品分组查找;

③ 按照产品负责人查找;

④ 按照到期时间查找。

营销分组建成后仍旧可以进行产品添加、移除分组、调整分组、调整顺序等管理。

(3) 编辑活动信息。

编辑活动名称(活动名称属于卖家自定义,买家端不显示,可根据方便辨识原则自由命名,以英文名或者活动结束日期标注为佳),如图 6-23 所示。

(4) 设置折扣。

全店铺折扣分两部分,全站折扣和无线折扣。

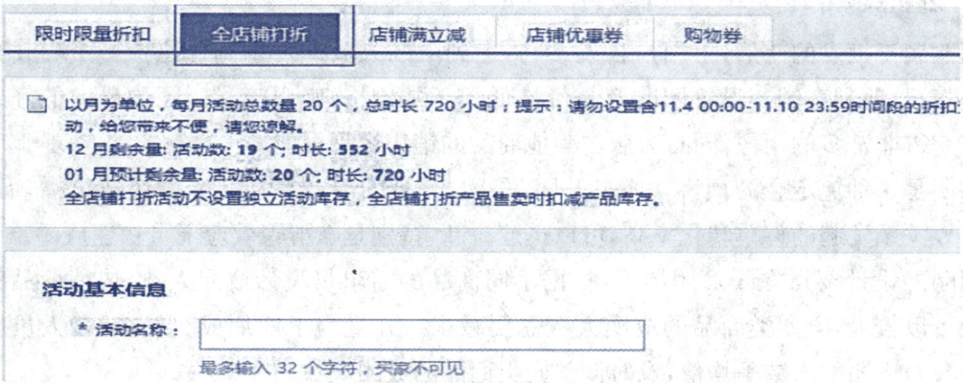

图 6-23　编辑活动信息

基本计算方法为：

折扣价＝原价×（100％－折扣率），20％折扣率指商品打 8 折，30％折扣率指商品打 7 折，以此类推，如图 6-24 所示。

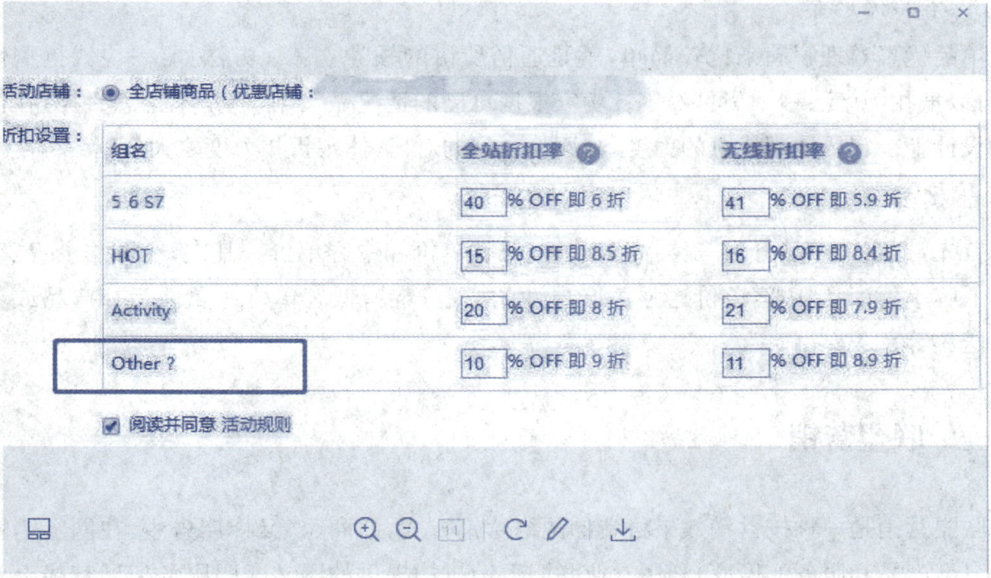

图 6-24　设置折扣

这里出现的"Other"组，包含所有未进入营销分组的商品，点击"确定"后完成全店铺活动设置。

二、平台活动

常见的平台活动有以下几种。

1. 团购/拼团

团购属于批发的变形，由用户自发参与，达到限制人数即可拿到优惠价。团购其实本质也是打折，薄利多销。设置团购商品价格低于正常价格，吸引流量。团购最大的好处就是能够获得非常多的用户，同时为店内其他商品的销售带来可能。

拼团是一种免定金的预售。通过开团、参团、分享的模式在社交圈中快速传播，而且，利用熟人关系发起的订单转化率高，可以迅速拉新，特别是在群聚效应下可快速成团。

团购的设计要点在于参团体量，根据不同商品的需求量设计成团人数，快消商品的成团人数可以较大，电器类商品的成团人数需要减少。并且为了增加成交量，运营人员应该积极观察未成团的人数平均值，及时调整同类商品的成团人数。

2. 优惠券

优惠券由平台主动派发或用户自己领取。平台在设置满减优惠券时通常遵循的规则是：①门槛越高优惠力度越大；②需要全品类、多档类。所以，对于活动设置者而言，一定要了解店铺最便宜与最贵的产品分别是多少钱。

3. 单品优惠券

单品优惠券理解起来比较简单，就是通俗所讲的领券立减。方法如：一块钱抢购优惠券，可以抵扣10元；秒杀优惠券等。卖家根据自己的情况做策划，但是不论怎么样，在优惠券的设计上一定要体现优惠的力度，与原价产品的对比，体现折扣力度之大。

4. 满赠

首先，把店铺产品分为三类：高客单价、低客单价和中客单价。其次，在方法上：高客单价送低客单价产品，中客单价送强关联属性的搭配产品，低客单价送属性互补产品或者是买一送一等。

三、联盟营销

联盟营销是一种按营销效果付费的网络营销方式，即商家（又称广告主，在网上销售或宣传自己产品和服务的厂商）利用专业联盟营销机构提供的网站联盟服务拓展其线上及线下业务，扩大销售空间和销售渠道，并按照营销实际效果支付费用的新型网络营销模式。

联盟主要分三块：广告主、联盟会员和联盟营销平台，早期的联盟以推销自己的产品为主，自1997年3月在Chinabyte网站上出现第一个商业性网络广告，网络广告就在中国开始迅速发展了，中国最早的联盟肯定是源自国外的，也就是早期在网上兴起的赚美金时期，具体的第一个联盟广告已记不清楚是哪家，但是联盟广告开始大范围在国内兴起的时候就有TOM短信联盟的广告，它在真正意义上给很多SOHO一族带来收益，后来就出现了无数的短信联盟，文本链联盟（也就是点击联盟），再后来就有越来越多的联盟诞生了。

联盟分为以下几种形式。

（1）以推广自己的产品为主的联盟，也就是金山联盟、MOP 联盟、QIHOO 联盟，这类以推广自己产品为主的联盟，主要为扩大自己产品的市场。在早期，因为缺乏管理经验，联盟对于作弊和价格体系的分配，以及公司赢利的分析把握不是很准，所以存在一些问题。比如说金山毒霸的点击广告实际安装效果不好，从而换为以安装计费，安装计费早期因活跃用户效果不好，从而只和部分网站合作。MOP 和 QIHOO 也是类似情况，早期的代码设计问题和价格问题导致后期价格和点击率下跌得很厉害。

（2）自己不做产品，以推广别人的产品为主的联盟。这样的联盟一般是站在中间的位置，因市场而变化的，希望客户有一个舒适的体验从而有稳定的收益来源，希望站长有好的收益而长期合作，所以是一个先有鸡还是先有蛋的事。联盟需要一群销售人员负责谈广告客户，一群市场人员负责联系站长，放广告代码这一形式适合一些销售能力比较差的网站，在网站没有壮大的时候，可以放联盟广告来稳定部分收益，从而把心思放在发展网站上以做大，这样就可以有好的价格来雇佣销售人员专门负责谈广告客户。这样的联盟其弱势在于，要是客户对效果有什么不满意而拒绝付款，那么联盟就会面临给站长结算保信誉还是不给站长结算保利益的一个问题。

（3）自己有产品，也有联盟，但还在别人的联盟做推广的，比如百度、新浪、搜狐、雅虎、金山，他们自己有联盟，还在其他联盟里面推广，这样的联盟投资不小，花费不少，但是站长收益一般不是很理想，因为他们的面铺得广，所以单用户的收益就会比较小，任何产品和联盟都有一个权衡值，在这个值内站长收益是不错的，过了这个值，站长的收益就会不理想了。

（4）自己有产品，自己也有联盟，也推客户的广告。这类联盟在以推广自己为主或为辅的时候，还推别人的产品，在效益好的时候，主要是推别人的产品以保证收益；效益不好的时候则推自己的产品以保证站长有广告做。

四、社交营销

社交营销是现在常用的营销方式之一，常见的社交营销有以下几类。

1. 电商＋社交

电商＋社交的方式有两种：一种是电商运营者，通过建立一个社区来增加用户之间的活动沟通，增加用户黏性，引导用户完成销售流程；另一种就是商家意识到提高社交属性可以提高用户黏性，邀请社交领域的 KOL 作为商品的导购，提高商品的转化率。

2. 社交＋电商

建立一个能满足用户交流的社群，邀请用户进行产品销售。这种模式在线上线下都可以用，于线上就成了电商模式。一般这类型的兴趣社区会聚集一些志同道合的人，社区里还有社群达人、粉丝等。

3. KOL

KOL 的全称是 key opinion leader，意思是关键意见领袖。这一模式有两种形态，一种是平台，一种是个体。

平台：建立导购平台，请 KOL 导购，吸引顾客购买，更容易使用户产生信任感和黏性。KOL 导购能够给用户更强的安全感，赢得用户的信任感，成交率比较高。

个体：比如微商、网红、明星等类型。利用这些具有影响力的人物为产品做广告宣传。

4. KOC

KOC 从 KOL 衍变而来，全称是 key opinion consumer，意思是关键意见消费者。由于 KOC 自己就是消费者，分享的内容多为亲身体验，因此，他们的短视频更受信任；他们距离消费者更近，更加注重和粉丝的互动，由此 KOC 和粉丝之间形成了更加信任的关系。此外，他们的内容、文案虽然不精致，甚至有时候还很粗糙，但是因为真实所以可信，因为互动所以热烈，这样带来的结果是显而易见的，可以对曝光实现高转化。相比 KOL，KOC 是粉丝的朋友，是具有"真实、信任"等特质的消费者。

5. 好友拼团

这种模式最常见的就是拼多多，用户通过与亲人、同事、好友拼团抢优惠以及团长免单等方式引起用户裂变，借助社交的力量进行推广传播。但是使用这种方式要注意，产品一定要实惠，不然就无法利用用户图便宜的心理，引起用户的兴趣了。

6. 微商

这种模式是将传统线下的存货模式转移到线上，打造直销的团队运营。优点在于用户黏性比较高，方便管理，信息的推广速度比较快。缺点是层次多，缺乏第三方监管，对终端消费者和低层代理可能会造成一定的伤害。

第四节　营销推广

一、站内营销

站内营销是指商家在其经营的平台上进行的各种营销推广行为，包括各种促销活动、购买网站首页展示位（广告）、邮件营销、站内社区的宣传、网站建构优化和页面优化，等等。

1. 促销活动管理

促销管理是指商家通过利用媒体广告、人员推销、公共关系等方式进行的阶段性造势，对刺激销量、塑造品牌等活动方式的管理。它对单个店面运营有着聚集人气、吸引人流、增加销量的价值。

（1）促销管理步骤。想要获得良好的促销效果，必须根据促销管理的"三步骤"来执行促销活动，以符合计划、控制、检核、执行这一管理循环（PCDA循环）的要求。设定促销目标，可从下列目标中选定：①提高营业额；②提高毛利额；③提高商品浏览量；④提高转化率；⑤提高客品数（每位顾客平均购买的品种数）；⑥其他。

（2）拟定促销计划。根据欲达到的促销目标，衡量经费、媒体、节令、活动、竞争店铺状况等因素而拟定促销计划。

（3）计划执行与评估分析。依据促销方案，通知各有关部门人员配合执行，并在结束后进行评估分析。

2. 付费广告

（1）收费模式（promoted listings）。eBay promoted listings 是以业绩为导向的。只有当消费者点击广告并在30天内购买产品时，卖家才需要支付广告费用。

（2）新模式。CPA收费模式与CPC收费模式存在着一个重要区别，目前eBay的promoted listing广告只有广告为卖家带来订单，产生消费者购买时，卖家才需要为广告付费，而CPC（每次点击成本）模式下，只要购物者点击广告，卖家就需支付一定的广告成本，无论购物者是否真的购买了商品。

（3）显示位置。搜索结果的第四、第五这两个位置，以及产品页面的特定区域，是专门为promoted listings保留的。使用promoted listings广告后，它只会在注册站点的网页上展示，比如美国站卖家使用后，广告只出现在美国站上。广告出现的位置包括：①台式电脑和移动搜索结果页面；②在搜索结果中的突出位置；③在产品详情页面的特定区域。

（4）优势。这一模式下的优势有如下几方面。

① 提高曝光。促销列表可以将你的商品放在更多买家面前，将可见度提高多达30%。

② 按效果收费。在买家点击您推荐的商家信息并在30天内购买促销商品之前，不会收取任何费用。

③ 引导式设置。商家的指导工具有助于消除猜测，并建议推广哪些项目以及成本。

④ 详细报告。访问详细的广告系列指标和销售报告，以监控效果并微调您的广告系列。

（5）整体的发展历程大概经历了以下几个关键时点。

2017年2月，eBay推出"promoted listings"，帮助卖家有效推广商品。

2017年8月，eBay宣布产品数量为一件的商品也可以投放"promoted listings"广告，来提高商品可见度。

2018年8月，eBay针对卖家推出的"精简"版广告计划名为promoted listings lite，专门为"consumer sellers"提供了快速查看产品列表的工具，程序费用结构不同。

2019年2月,eBay计划为那些愿意支付额外费用推广商品的卖家推出CPC点击付费广告。

3. 邮件营销

邮件营销是在用户事先许可的前提下,通过电子邮件的方式向目标用户传递有价值信息的一种网络营销手段。

(1) 邮件营销的基本因素。

邮件营销有三个基本因素:基于用户许可、通过电子邮件传递信息、信息对用户是有价值的。三个因素缺少一个,都不能称之为有效的邮件营销。因此,真正意义上的邮件营销也就是许可邮件营销(简称"许可营销")。基于用户许可的邮件营销与滥发邮件(spam)不同,许可营销比传统的推广方式或未经许可的邮件营销具有明显的优势,比如可以减少广告对用户的滋扰、增加潜在客户定位的准确度、增强与客户的关系、提高品牌忠诚度等。根据许可邮件营销所应用的用户电子邮件地址资源的所有形式,可以分为内部列表邮件营销和外部列表邮件营销,或简称内部列表和外部列表。内部列表也就是通常所说的邮件列表,是利用网站的注册用户资料开展邮件营销的方式,常见的形式如新闻邮件、会员通讯、电子刊物等。外部列表邮件营销则是利用专业服务商的用户电子邮件地址来开展邮件营销,也就是以电子邮件广告的形式向服务商的用户发送信息。许可邮件营销是网络营销方法体系中相对独立的一种,既可以与其他网络营销方法相结合,也可以独立应用。

(2) 邮件营销的黄金法则。

通过电子邮件发送广告的公司面临着一条前途光明但又危险的道路,任何错误(比如把电子邮件发送给一个并不需要的顾客)都可能会在一夜之间毁了公司的声誉。然而,如果公司对于电子邮件的使用恰到好处的话,它不仅能够建立起与客户的联系,而且可以获得超额利润,并且其所花的费用仅仅是直接邮寄所花费用的一小部分。越来越多的公司开始采用邮件营销模式,因为电子邮件营销可以带来许多看得见的好处,比如互联网使营销人员可以立即与成千上万的潜在和现有顾客取得联系。研究表明,80%的互联网用户在36小时内会对收到的电子邮件作出答复,而在直接邮寄(简称直邮)活动中,平均答复率仅为2%。同时,与在线营销的其他方式相比,电子邮件是一个显而易见的赢家,通过"点击通过率"这一指标可以充分体现出来。然而,发送电子邮件需要注意一些因素。为了达到一个较高的"点击通过"率,或者为了让电子邮件的接受者们尽快作出答复,营销人员必须遵循电子邮件营销的一个基本规则:征得消费者的同意。

① 给顾客一个必须作出答复的理由。创新的直接营销公司利用电子邮件形式上的小游戏、清道夫搜索清除和瞬间就知道输赢的活动来吸引顾客。

② 使你的电子邮件的内容个性化。网络使公司能够根据顾客过去的购买情况或合作情况,将其发送的电子邮件的内容个性化。同时,顾客也更乐于接受个性化的信息。电脑

书店亚马逊(Amazon.com)的站点通过顾客的购物历史记录向那些愿意接受建议的顾客发送电子邮件并提出一些建议,赢得了许多忠诚的客户;IBM公司的"聚焦于你的新闻文摘"站点将有选择的信息直接发送到顾客的电子邮件信箱中……那些同意接收新闻信件的顾客可以从一个有兴趣的话题概况清单中选择他们想要阅读的内容。

③ 为顾客提供一些从直接邮寄邮件中所得不到的东西。直接邮寄活动需要花费大量的时间去准备、实施。因为电子邮件营销的实施要快得多,所以它们能够提供一些对时间敏感的信息。例如,美特俱乐部(Club Med)站点利用电子邮件向其数据库中的 34 000 个顾客提供尚未售邮的折价的度假方案。如果营销人员根据所有这些规则来从事其营销活动,他们很可能使电子邮件成为最热门的新型营销载体之一。

二、站外营销

站外营销也叫站外推广,是指商家在自身所处平台以外的区域进行的推广(线上＋线下)。站外营销所涉及的范围十分广阔。本节主要针对一些线上模式的站外营销进行介绍。线上模式的站外营销主要方式分为:(1)让用户能够通过关键词搜索找到商家,从而点击商家的站外链接进入网站进行浏览;(2)在用户聚集区进行产品的展示,从而让商家更快捷地找到其目标用户群体,引导用户进入网站形成转化。

三、开展社交媒体营销应规避的误区

如今,社交媒体营销对于各个商家来说变得越来越至关重要。商家需要通过社交媒体来制造良好的第一印象。如果第一印象不好,商家将很难会有第二次机会。以下是跨境电商营销中应该避免的几个错误。

1. 缺乏社交媒体营销策略

如果一个公司缺乏社交媒体营销策略,那它也将传递不了什么有效的信息,而且它与消费者的沟通也必将是脱节的、混乱的。一个清晰有效的社交媒体营销策略,其价值就在于它能够使发布的内容有效吸引消费者并产生黏性。

2. 创建太多账号

不要试图在每一个社交媒体上都建立账号。当然,活跃在多个平台是很重要的,但是频繁创建社交媒体账号的举动无益于与消费者建立信任关系,只会让这家公司看起来摇摆不定缺乏可靠性,从而也无益于品牌的推广。

3. 数据造假

数量不能成就质量。商家的目标是为了与消费者建立信任关系,而不应该只关注于数量。

成千上万的粉丝数量应该是商家拿时间和精力换来的。买粉可能会造成公众的强烈反感。

4. 只做品牌宣传

一个商家的社交媒体平台如果只是无休无止地进行品牌宣传，这应该很容易引起人们的反感。在这里可以参考下"5-3-2"模型，这个模型可以在保证商家的粉丝忠诚度的同时，提高商家的粉丝量。

(1) "5"指五条其他内容，不涉及商家自身；

(2) "3"指三条关于商家自身的内容，但不涉及推销；

(3) "2"指两条内容来帮助宣传品牌，内容要有趣。

5. 忽略打造标签，或者没有正确使用标签

标签的使用可以极大程度上提高消费者对商家品牌的印象，同时也可以让更多的人更方便、更准确地找到商家发布的内容，从而提高商家品牌的曝光率和可见度。正确的标签是一个好的品牌定位，错误地使用标签会让消费者错误地理解该产品的特性。

6. 缺乏与粉丝的互动

使用社交媒体的人会很高兴看到一些商家的回应。因为他们希望是在与一个人类沟通，而不是一个机器人。商家对于一些热点的回应可以建立与消费者之间的信任与亲密关系，也可以帮助商家在消费者心中留下一个有趣、智慧的印象。

🛒 关 键 词

跨境电商营销　站外营销　站内营销

👜 本章小结

1. 跨境电商营销相比传统营销有它自身的特点，比如平台、用户、政策等；同时，也存在一定的不足，比如竞争激烈、定位模糊、物流体系不完善等。

2. 跨境电商营销策略包括选品策略、渠道策略、促销策略等方面。

3. 跨境电商营销活动和推广方式多种多样，有店铺活动、平台活动、站内推广、站外推广等。

🛒 习　题

一、单选题

以下哪种方式属于店铺营销（　　）。

A. 限时折扣　　　　B. 邮件营销　　　　C. 好友拼团　　　　D. 多账号营销

二、多选题

跨境电商营销策略包括(　　　)。

A. 选品策略　　　B. 定价策略　　　C. 渠道策略　　　D. 促销策略

三、判断题

开展社交媒体营销应避免创建过多账号。　　　　　　　　　　　　　　(　　　)

四、简答题

1. 请列举几种站内营销的方式。
2. 开展社交营销的注意事项有哪些?

第七章

跨境电商支付

> **学习目标** »
>
> 1. 了解跨境电子商务支付的概念和特点
> 2. 熟悉不同电子商务支付手段
> 3. 掌握 PayPal 支付的操作流程

引言

目前跨境电商发展如火如荼,尤其是2016年以后市场逐渐走向开放和规范,跨境电商已经开始反向驱动中国国内供应链升级。跨境电商成为中国外贸业务发展的新引擎。对于电商系统来说,业务从国内转移到跨境,变化最大的可能就是支付流程。

第一节　跨境电商支付概述

跨境支付指两个或两个以上国家或者地区之间因国际贸易、国际投资及其他方面所发生的国际间债权债务,借助一定的结算工具和支付系统实现资金跨国和跨地区转移的行为。如中国消费者在网上购买国外商家产品或国外消费者购买中国商家产品时,由于币种的不一样,就需要通过一定的结算工具和支付系统实现两个国家或地区之间的资金转换,最终完成交易。

一、跨境电商支付模式

跨境电子支付业务发生的外汇资金流动,必然涉及资金结售汇与收付汇。我国跨境电子支付结算的模式主要有跨境支付购汇和跨境收入结汇两种方式。跨境支付购汇包括第三方购汇支付、境外电商接受人民币支付、通过国内银行购汇汇出等。跨境收入结汇包括第三方收结汇、通过国内银行汇款、以结汇或个人名义拆分结汇流入。支付流程如图7-1所示。

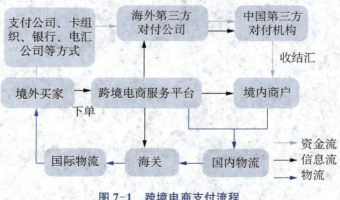

图7-1　跨境电商支付流程

二、跨境电商支付方式

跨境支付有两大类，一是网上支付，包括电子账户支付和国际信用卡支付，适用零售小金额类；二是银行汇款模式，适用大金额类。信用卡和 PayPal 目前使用比较广泛，其他支付方式可作为收款的辅助手段，尤其是 WebMoney、Qiwiwallet、CashU 对于俄罗斯、中东、北非等地区的贸易有不可或缺的作用。

1. 信用卡

跨境电商网站可通过与 Visa、MasterCard 等国际信用卡组织合作，或直接与海外银行合作，开通接收海外银行信用卡支付的端口。目前国际上五大信用卡品牌是 Visa、MasterCard、AmericaExpress、JCB、Diners club，其中前两家被更广泛地使用。

信用卡适用范围：从事跨境电商零售的平台和独立 B2C。

2. PayPal

PayPal 是倍受全球亿万用户追捧的国际贸易支付工具，即时支付，即时到账，全中文操作界面，能通过中国的本地银行轻松提现，解决外贸收款难题。

PayPal 适用范围：跨境电商零售行业，几十到几百美金的小额交易使用更为划算。

3. Payoneer

Payoneer 是一家总部位于纽约的在线支付公司，主要业务是帮助其合作伙伴将资金下发到全球，其同时也为全球客户提供美国银行/欧洲银行收款账户，用于接收欧美电商平台和企业的贸易款项。Payoneer 支持全球 210 个国家的当地银行转账；可在全球任何接受万事达卡的刷卡机（POS）上刷卡；支持在线购物和 ATM 提取当地货币。

Payoneer 适用范围：单笔资金额度小但是客户群分布广的跨境电商网站或卖家。

4. 电汇

电汇是付款人将一定款项交存汇款银行，汇款银行通过电报或电话传给目的地的分行或代理行（汇入行），指示汇入行向收款人支付一定金额的一种交款方式。电汇是传统的 B2B 付款模式，适合大额的交易付款。

5. MoneyGram（速汇金汇款）

速汇金业务，是一种个人间的环球快速汇款业务，可在十余分钟内完成由汇款人到收款人的汇款过程，具有快捷便利的特点。收款人凭汇款人提供的编号即可收款。

6. Moneybookers

Moneybookers 是一家极具竞争力的网络电子银行，它诞生于 2002 年 4 月。2003 年 2 月 5 日，Moneybookers 成为世界上第一家被政府官方所认可的电子银行，同时，也是英国电子货币协会 EMA 的 14 个成员之一。Moneybookers 电子银行里的外汇是可以转到我们国内银行账户里的。

7. WebMoney

WebMoney（简称 WM）是由成立于 1998 年的 WebMoney Transfer Technology 公司开发的一种在线电子商务支付系统，截至 2012 年 9 月份，其注册用户已接近 1 900 万人，其支付系统可以在包括中国在内的全球 70 个国家使用。目前 WebMoney 支持中国银联卡取款，但手续费很高，流程很复杂，所以充值和提现一般通过第三方网站来进行。

8. ClickandBuy

ClickandBuy 是独立的第三方支付公司，收到 ClickandBuy 的汇款确认后，在 3—4 个工作日内会将资金转入客户的账户中。金额每次最低 100 美元，每天最多 10 000 美元。如果客户选择通过 ClickandBuy 汇款，则可以通过 ClickandBuy 提款。

9. Cashpay

Cashpay 特点：安全，快速，费率合理，PCI DSS（第三方支付行业数据安全标准）规范，是一种多渠道集成的支付网关。

10. 香港地区离岸公司银行账户

卖家通过在香港地区开设离岸银行账户，接收海外买家的汇款，再从香港账户汇往内地账户。香港离岸公司银行账户适用范围：传统外贸及跨境电商都适用，适合已有一定交易规模的卖家。

三、跨境电商支付渠道

我国跨境转账汇款渠道主要有第三方支付平台、商业银行和专业汇款公司。数据显示，我国使用第三方支付平台和商业银行的用户比例较高，其中，第三方支付平台使用率更高。相比之下，第三方支付平台能同时满足用户对跨境汇款便捷性和低费率的需求，这也是第三方平台受到越来越多用户青睐的缘由。从目前来看，跨境转账汇款用户使用在线跨境支付方式较多。

四、跨境电商支付机构

我国跨境电子支付机构主要有境内外第三方支付机构、银联和银行。

第三方支付是指具备一定实力和信誉保障的独立机构，通过与银联或网联对接而促成交易双方进行交易的网络支付模式。在第三方支付模式下，买方选购商品后，使用第三方平台提供的账户进行货款支付（支付给第三方），并由第三方通知卖家货款到账、要求发货；

买方收到货物,检验货物,并且进行确认后,再通知第三方付款;第三方再将款项转至卖家账户。第三方支付机构有:PayPal、支付宝、财付通、快钱、汇付天下,等等。

中国银联(China UnionPay)成立于2002年3月,是经国务院同意,中国人民银行批准设立的中国银行卡联合组织,总部设于上海。截至2019年9月,中国银联已成为全球发卡量最大的卡组织,发行近80亿张银行卡。作为中国的银行卡联合组织,中国银联处于我国银行卡产业的核心和枢纽地位,对我国银行卡产业发展发挥着基础性作用,各银行通过银联跨行交易清算系统,实现了系统间的互联互通,进而使银行卡得以跨银行、跨地区和跨境使用。

五、跨境电商支付前景

1. 跨境支付规模高速增长

跨境支付平台的出现,符合电子商务的发展需要,是网上支付业务创新的具体表现形式之一。跨境支付的发展将引导网络消费走向健康发展轨道,将促进中国网上支付的完善和发展,有利于解决网上交易诚信问题,成为电子商务发展的推动力。跨境支付平台在未来可能会成为互联网信用测试的重要组成部分。

根据中国支付清算协会数据,2018年,中国第三方支付机构跨境互联网支付总额约为4 944亿元,较上年同比增长55.03%;2019年,中国第三方支付机构跨境互联网支付总额约为7 415亿元,较上年增加2 471亿元,如图7-2和表7-1所示。

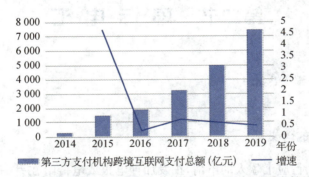

图7-2 2014—2019年中国第三方支付机构跨境互联网支付总额

数据来源:智妍咨询。

表7-1 2014—2019年中国第三方支付机构跨境互联网支付总额

	2014	2015	2016	2017	2018	2019
第三方支付机构跨境互联网支付总额(亿元)	260	1 454	1 866	3 189	4 944	7 415
增速(%)	/	459.23	28.34	70.90	55.03	49.98

随着移动支付技术的成熟、跨境贸易的发展、海外旅游的普遍,跨境移动支付成为国内

移动支付未来发展的重要趋势。为了使中国出境游用户能享受到便捷、普惠的金融服务，海外场景拓展成为当前中国跨境支付平台的首要任务。

2. 第三方支付机构加速布局

截至2019年5月，支付宝已与全球250多个金融机构建立合作，一方面为海外商家和用户提供在线收付款服务，另一方面在全球54个国家和地区为中国消费者提供境外线下支付的服务。财付通的微信支付接入的国家和地区已增至40个，支持13种外币直接结算，有8亿用户绑定自己的银行卡账户，目前在全球范围拥有大约10亿的用户。2019年6月5日，连连支付跨境收款产品全面接入Shopee六大站点，帮助中国跨境电商卖家淘金东南亚和台湾地区市场。

3. 跨境支付市场竞争加剧

跨境支付市场竞争加剧，合规和服务能力或成为市场竞争门槛。随着跨境支付牌照数量的逐渐稳定和监管条款的逐渐清晰，跨境支付牌照的价值不断凸显，无牌照机构只能从跨境聚合支付等领域寻找对应的市场机会。合规性也将成为跨境支付行业重要的竞争门槛之一。随着市场竞争的逐渐激烈，跨境支付的手续费率呈现出走低的趋势，支付也将逐渐成为基础性的底层服务。而如何能够为用户创造更多的价值，提供更加完善的服务开始成为支付企业的关注焦点。

第二节　国　际　电　汇

一、国际电汇的定义

（一）国际电汇的含义

国际电汇是汇出行应汇款人的申请，拍发加押电报或电传给在另一国家的分行或代理行（汇入行），指示其能付一定金额给收款人的一种汇款方式。

电汇以电报、电传作为结算工具，安全迅速、费用也较高，由于电报电传的传递方向与资金的流向是相同的，因此，电汇属于顺汇。电汇是实际外贸中运用最多的支付方式，大额的交易基本上选择电汇方式。但实际上，对于高于1 000美金低于1万美金的交易，电汇方式也是一种不错的选择。

（二）国际电汇的分类

电汇的英文全称为Telegraphic Transfer，一般简写为T/T，业务上分为前T/T（预付货款)和后 T/T(装船后或收货后付款)。

前 T/T 是指在发货人发货前,付清 100% 货款。前 T/T 也可以分为很多种灵活的方式,如先支付 20%—40% 定金,后 80%—60% 在出货前给全。具体支付多少比例,可根据不同情况进行灵活变通,但无论定金比例为多少,后付款项都是在出货前给齐的。随着贸易的进程,电汇产生了另外一种付款方式:后 T/T。

后 T/T 付款方式指发完货后,买家再付清余款。一般情况下,后 T/T 是根据 B/L 提单复印件来付清余款的。

前 T/T 与后 T/T 的区别表现如下。

1. 付款方式不同

在发货人发货前,付清 100% 货款的,都叫前 T/T。发完货后,买家付清余款叫后 T/T。

2. 适用范围不同

前 T/T,可以根据不同情况进行灵活变通。后 T/T 的模式也比较灵活,总体来说,基本普遍流行的是国际后 T/T。常见的国际后 T/T 付款方式是:客人先给 30% 定金,另外 70% 在客人见提单 B/L 复印件后付清。当然,也有一些是 40% 定金,60% 见提单后支付。

3. 安全程度不同

前 T/T 是国际贸易中相对卖方而言最安全的贸易方式,因为卖方不需要承担任何风险,只要收到钱,就发货,没收到钱,就不发货。中国改革开放以来,相当长的一段时间内,我国企业都是使用这种前 T/T 的付款方式作为国际贸易的支付方式。后 T/T 的安全程度则相对差点。

(三) 国际电汇的费用

电汇方式收款较快,但手续费较高,因此只有在金额较大时或比较紧急的情况下,才使用电汇。国际电汇中,银行收取的费用一般分三部分,第一部分是付款人在付款银行产生的手续费,可以由付款人单独支付,也可以在付款金额中扣取;第二部分为中转行的手续费,一般在汇款金额中扣取;第三部分为收款人收款行的手续费,在汇款金额中扣取。

> **Tips:**部分银行电汇手续费
>
> **中国银行**
> 　　手续费:汇款金额的 1‰,最低 50 元,最高 260 元。
> 　　电报费:港澳地区 80 元每笔。
> 　　汇钞差价:以外币现钞办理汇款,需支付相应的汇钞差价费。
>
> **工商银行**
> 　　手续费:汇款金额的 0.8‰,最低 16 元,最高 160 元。

电报费:100元每笔。

汇钞差价:以外币现钞办理汇款,需支付相应的汇钞差价费。

光大银行

手续费:汇款金额的1‰,最低20元,最高250元。

电报费:汇出港币为80元每笔,汇出其他币种为150元每笔。

汇钞差价:以外币现钞办理汇款,需支付相应的汇钞差价费。

中信银行

手续费:汇款金额的1‰,最低20元,最高250元。

电报费:汇出港币为80元每笔,汇出其他币种为100元每笔。

汇钞差价:以外币现钞办理汇款,需支付相应的汇钞差价费。

交通银行

手续费:汇款金额的1‰,最低20元,最高250元。

电报费:港澳台地区为80元每笔,国外为150元每笔。

邮费:港澳台地区为5元每笔,国外为10元每笔。

快邮费:按实收取。

注:以上单位"元",均指人民币。

二、国际电汇当事人

(一) 国际电汇中当事人类型

电汇业务中通常有四个当事人:汇款人(remitter)、收款人或受益人(payee or beneficiary)、汇出行(remittering bank)以及汇入行或解付行(paying bank)。

1. 汇款人

即汇出款项的人,在跨境电商交易中或进出口交易中,汇款人通常是买方或进口人。

2. 收款人(受益人)

即收取货款的人,在跨境电商交易中或进出口交易中,收款人通常是卖方或出口人。

3. 汇出行

即受汇款人的委托汇出款项的银行。通常是买方或进口地的银行。

4. 汇入行

即受汇出行委托解付汇款的银行,因此,又称解付行。在跨境电商交易中或对外贸易中,通常是卖方或出口地的银行。

（二）国际电汇中当事人的相关关系

（1）汇款人与收款人之间的关系。在实务中表现为两个方面：在非贸易汇款中，由于资金单方面转移的特性，汇、收双方表现为资金提供与接受的关系；在贸易汇款中，由于商品买卖的原因，汇、收双方表现为债权债务关系。

（2）汇款人与汇出行之间是委托与被委托的关系。汇款人委托汇出行办理汇款时，要出具汇款申请书。这是当事双方委托与接受委托的契约凭证，它明确了双方在该项业务中的权利与义务。

（3）汇出行与汇入行之间既有代理关系又有委托与被委托的关系。一般代理关系在前，即两行事先签有业务代理合约或有账户往来关系，在代理合约规定的业务范围内，两行各自承担应尽之责。就一笔汇款业务而言，汇出行通过汇款凭证，传递委托之信息，汇入行接受委托承担解付汇款之义务。

（4）收款人与汇入行之间通常表现为账户往来关系，即收款人在汇入行开有存款账户。此外，它们两者也可以没有关系，汇入行有责任向收款人解付该笔款项。

三、国际电汇流程

电汇 T/T 业务流程如图 7-3 所示。

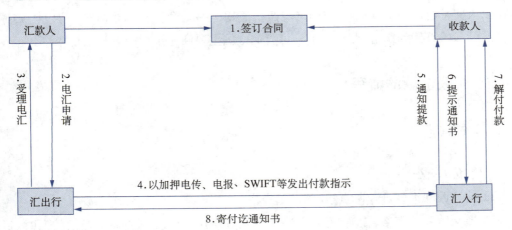

图 7-3　电汇业务流程图

（1）汇款人与收款人签订合同；

（2）填写电汇申请书，并向汇出行付款；

（3）汇款人委托汇出行办理电汇汇款，填写汇款申请书，注明"电汇"，向汇出行缴纳汇款金额和手续费；

（4）汇出行向汇款人出具电汇回执；

（5）汇出行受理汇款业务，收妥汇款金额及费用，将汇款申请书第二联作为回执交汇款人，从而确立双方的委托关系；

（6）汇出行拍发电传、电报或SWIFT给汇入行；

（7）汇出行根据汇款申请书的内容，以加密押的电报、电传或SWIFT系统发送电汇委托书至汇入行；

（8）汇入行核对密押，确认指示的真实性后将电汇通知书送达收款人；

（9）收款人将收款收据盖章，交给汇入行；

（10）汇入行借记汇出行账户，解付汇款给收款人；

（11）汇入行将付讫借记通知书寄给汇出行，告知款项付讫。

第三节　西联汇款

一、西联汇款的定义

西联汇款是西联国际汇款公司的简称，是世界领先的特快汇款公司。迄今已有150年的历史，它拥有全球最大最先进的电子汇兑金融网络，代理网点遍布全球近200个国家和地区，在中国拥有超过28 000个合作网点。西联汇款与中国银联子公司——银联电子支付合作，提供可靠的直接到账汇款服务，汇款可直达中国主要商业银行的有效银行账户。

二、西联汇款的流程

（一）付款流程

1. 网点寄出汇款

（1）前往西联汇款合作网点填写"发汇表格"。

（2）递交填妥的表格、款项、汇款手续费及个人身份证明文件。在选择汇款商时，请仔细比较手续费和汇率，其有可能因为品牌、经营渠道和汇款位置等许多因素而有所不同。因此，所需手续费和汇率如有变动，西联方面将不另行通知。

（3）汇款完成后，收到印有汇款监控号码（MTCN）的收据。

（4）告知收款人您的姓名、汇款金额、MTCN和发出汇款的国家/地区。

数分钟内，收款人即可在收款国家/地区西联网点提取汇款。网点发汇合作银行有中国邮政储蓄银行、中国光大银行、上海浦东发展银行、烟台银行、吉林银行、福建海峡银行、徽商银行、浙江稠州商业银行、龙江银行、广州农商银行、浙江泰隆商业银行等。

2. 网络银行、手机银行寄出汇款

（1）用户可通过以下合作银行的网上银行进行汇款：①中国光大银行；②上海浦东发展银行。

（2）用户可通过以下合作银行的手机银行进行汇款：①中国光大银行；②上海浦东发展银行；③中国邮政储蓄银行。

具体汇款操作流程，可咨询相应银行的网点或客服电话。

（二）收款流程

1. 网点收取汇款

①前往合作网点，告知发汇人的姓名、汇款金额、发出汇款的国家/地区和汇款监控号码（MTCN）；②填写"收款表格"；③收取汇款和收据。

网点收款合作银行有中国邮政储蓄银行、中国光大银行、上海浦东发展银行、中国银行、中国建设银行、烟台银行、吉林银行、福建海峡银行、徽商银行、浙江稠州商业银行、龙江银行、广州农商银行、浙江泰隆商业银行。

2. 网络银行、手机银行收取汇款

（1）用户可通过以下合作银行的网上银行收取汇款：①中国光大银行；②上海浦东发展银行；③中国邮政储蓄银行；④中国银行。

（2）用户可通过以下合作银行的手机银行收取汇款：①中国光大银行；②上海浦东发展银行；③中国邮政储蓄银行；④中国银行。

具体汇款操作流程，可咨询相应银行的网点或客服电话。

第四节 信用卡支付

一、信用卡基本知识

在欧美国家，信用卡的使用频率非常高，发行量很大。常见的信用卡组织有 VISA、MasterCard、American Express、JCB、中国银联等。因此在跨境支付中，信用卡支付成为一种较为常见的支付方式。

信用卡又叫贷记卡，是由商业银行或信用卡公司对信用合格的消费者发行的信用证明。其形式是一张正面印有发卡银行名称、有效期、号码、持卡人姓名等内容，背面有磁条、签名条的卡片。卡号由 16 位数字组成，4 开头的是 VISA 卡，5 开头的是 Master 卡，有效期是指信用卡能有效使用的期限。持有信用卡的消费者可以到特约商业服务部门购物或消费，再由银行同商户和持卡人进行结算，持卡人可以在规定额度内透支。

二、信用卡支付网关

支付网关（payment gateway）是银行金融网络系统和 Internet 网络之间的接口，是由银行操作的将 Internet 上传输的数据转换为金融机构内部数据的一组服务器设备，或由指派的第三方处理商家支付信息和顾客的支付指令。国际信用卡支付网关，就是指专业提供国际信用卡收款的银行支付接口。国际信用卡支付网关一般由第三方支付公司和银行一起合作开发。

1. 3D 通道

3D 通道是指持卡人付款时，需要到发卡行进行认证的信用卡支付通道，是涉及发卡行、收单行、卡组织、持卡人、第三方支付平台以及身份验证的一种安全认证通道。3D 通道主要适用于亚洲地区。其缺点是以人民币为交易货币，持卡人在商家网站上付款时可能会因为不了解汇率而终止支付，支付时还需要去银行页面再填一次信息。如果买家群体小，不适应国外消费习惯，则成功率比较低。

2. 非 3D 通道

无需 3D 认证，持卡人只需要输入简单的信息，即可进行支付，这符合国外买家的消费习惯。其优点在于可以实时到账，商家能在后台实时查询交易情况；支持 VISA、Master 卡等交易卡种；交易直接显示国外货币符号，成功率高。

3. 第三方支付公司

第三方支付公司是指与具有信用卡支付网关的银行合作，为商家提供信用卡支付服务，具备一定实力和信誉保障的第三方独立机构提供的交易支持平台。目前国内有环迅、网银在线，以及能够同时承接公司和个人业务的优仕支付、E 汇通、双乾、首信易等。

4. 实时通道和延时通道

实时通道是商户在后台实时查询支付结果是否成功、是否到账的收款通道。优点在于便于商户备货、发货；便于商户更好地服务买家，减少不必要的重复支付；增强买家的购物体验。缺点在于未授权交易不易察觉，容易被系统屏蔽，影响交易成功率。

延时通道是订单由银行系统与人工审核相结合进行审单，一般 24 小时内反馈在线支付结果的收款通道。支付状态显示为"待处理"。一般白天会在 3 小时左右反馈支付结果，晚上会在 8 小时左右反馈支付结果。优点在于银行系统与人工审单提高了交易成功率；确认交易后，商户可以安心发货，不用担心交易风险；提高商户信誉、增加订单。缺点在于确认时间较长，无法实时查询支付信息；交易是待处理状态，发货速度会受到影响。

第五节　PayPal 支付

一、PayPal 的定义

PayPal 成立于 1998 年，拥有超过 15 年的历史，是一家总部设在美国加州硅谷的互联网金融公司，也是目前全球最大的网上支付公司，它是 eBay 旗下的一家公司，致力于让个人或企业通过电子邮件，安全、简单、便捷地实现在线付款和收款。PayPal 账户是 PayPal 公司推出的最安全的网络电子账户，使用它可有效降低网络欺诈的发生。PayPal 账户所集成的高级管理功能，使用户能轻松掌控每一笔交易详情。

二、PayPal 的类型

PayPal 和 PayPal 贝宝是 PayPal 公司提供的面向不同用户群的两种账户类型。常有用户在注册时将两者混淆。究竟该如何区分两者呢？首先让我们了解一下两类账户的不同定位。

PayPal 账户，就是我们通常说的"PayPal 国际"账户，针对具有国际收付款需求的用户设计的账户类型，面向具有国际收支需要的用户类型。它是全球使用最为广泛的网上交易工具。它能帮助我们进行便捷的外贸收款、提现与交易跟踪，从事安全的国际采购与消费，快捷支付并接收包括美元、加元、欧元、英镑、澳元和日元等 24 种国际主要流通货币。

PayPal 贝宝账户，我们通常说的"贝宝"账户，则是 PayPal 专为中国用户推出的本土化产品。产品面向拥有人民币单币种业务需求的企业与个人，帮助用户在贝宝账户和银行账户之间进行人民币转账。贝宝为用户提供全免费的业务服务。贝宝已经于 2019 年 9 月获得第三方支付牌照。

PayPal 账户分两种类型：购物账户和商家账户（个体/企业）。用户可根据实际情况进行注册，购物账户可以升级为商家账户。

1. 购物账户

（1）适合以网购为主的个人使用。
（2）买家通常无须支付手续费，但在进行跨境交易时，可能需要支付币种兑换费用。
（3）从世界各地的数百万家网店购物。
（4）符合条件的交易享受 PayPal 买家保障。

2. 商家账户(个体/企业)

(1) 适用于以收款为主的个人商户及企业。
(2) 成功收款才需支付交易费。
(3) 支持用户在 200 多个市场接收 100 多种币种付款。
(4) 符合条件的交易可以享受 PayPal 卖家保障。

三、PayPal 的优势

PayPal 的优势体现在以下几个方面。

1. 风控系统

通过对行业技术的改革创新和积极投资,始终致力于先于欺诈活动对用户实施保护,安全保障度较高。

PayPal 有完善的安全保障体系,丰富的防欺诈经验,业界最低风险损失率(仅 0.27%),不到使用传统交易方式的六分之一,确保交易顺利进行。具体有账户安全、系统安全、识别冒名行为、避免上当受骗、确认身份、就所购物品提出异议、解决争议、处理退单等。

在 PayPal 官网页面上(见图 7-4),有预防欺诈的下拉框,标题是"保护您的业务,免受欺诈之扰"。

图 7-4　PayPal 官网

"我们竭诚助您免受欺诈之扰,但是每一笔网上交易仍存在一定程度的风险。为了将此对您业务的风险降至最低,您应采取积极主动的方式,检查所有销售记录,并对异样迹象保持高度警惕。"

预防欺诈具体有以下几个方面。

(1) 检查销售记录,及时发现欺诈迹象。

接到新的订单时,采取积极主动的方式,审视下列几个问题。

① 邮寄地址是否有些可疑?

地址是否为高风险地址，例如无人居住的地址、酒店或冒名网购行为多发国家？卖家是否在短期内接到来自同一地址的多个订单？顾客是否不惜高额运费要求同日、次日或加急快递？顾客是否在付款后要求更改邮寄地址？

② 订单是否看起来好得不太真实？

是否要比一般新顾客的订单价值更高？同一位顾客（名字、电邮、电话或地址）是否在短时间内下了很多单？是否为批量订单（例如 10 部手机或 30 条牛仔裤）？卖家最近是否接到过数额异常大的国际订单？

③ 顾客是否行为诡异？

卖家此前是否接到过来自这位顾客的索赔或退款要求？电邮地址是否可疑，比如类似 knh＄＄yro123456@gmail.com 这样的邮址？卖家发送至顾客的电子邮件是否发送失败？卖家是否在非办公时间（如凌晨 3 点）接到很多订单？

（2）控制卖家的风险。

为了保护卖家的业务安全：

① 要一直使用卖家自己的发货账号，而不是顾客想要卖家使用的账号。

② 建立顾客清单存档，一份白名单（支付历史良好），一份黑名单（记录冒名网购付款）。在这两个名单上记录顾客姓名、电子邮件、电话号码、IP 地址、邮寄地址，并在未来的支付记录中进行交叉参照。

③ 设定卖家每天、每周或每月能从同一顾客或同一地址接受的单数和价值最高限额。

（3）感觉自己接到欺诈订单。

卖家可以做以下几件事。

① 推迟发货。如果付款未经授权，账户持有人通常会接到通知，并迅速举报。

② 联系顾客。给顾客打电话或发邮件询问几个问题，确保一切无误。

③ 退还款项。如果卖家觉得订单有问题，就不要接单。尽可通过 PayPal 退还款项。

（4）PayPal 卖家保障。

卖家在通过 PayPal 收款后，符合条件的销售记录可以免受未授权支付的侵害。卖家仍需查证识别欺诈交易，但万一有漏网之鱼，还有 PayPal 为卖家保驾护航。

（5）网上买家诈骗。

检查可以发现欺诈迹象，卖家也可以保护自己免受常见的网上诈骗侵害。

① 货运服务诈骗。买家要求使用他们自己的货运账户，因为他们有折扣。

为什么？在卖家使用买家账户的时候，他们可以在卖家不知情的情况下，将订单的邮寄地址变到其他地址，然后告诉卖家他们从未收到过货物。而卖家由于没有相关信息，该交易不在卖家保障的保护之下。

② 包裹变更地址诈骗。买家下单后提供错误的或假的邮寄地址。

为什么？当包裹投递失败时，买家联系发货人并更正地址。他们在收到包裹后谎称从未收到过包裹。由于地址的变更,卖家无法出示足够证据来满足卖家保障的要求。

③ 超额支付诈骗。卖家接到一个订单后,顾客"一时疏忽"付给卖家超出订单金额的款项,并请卖家将多余金额汇给他们。或者,他们请卖家将运费汇至指定运输公司,从而享受折扣。

为什么?这其实有点类似未经授权付款。如果卖家给买家或很有可能是捏造的运输公司汇款,资金是无法追回的。

PayPal 是 PCI 合规平台。PCI DSS 是所有处理信用卡、借记卡付款的企业,无论交易数量、交易金额,都必须遵守的一系列具体全面的要求。该标准有助于减少财务数据盗窃、身份盗窃、欺诈付款和未经授权交易的风险。

2. 全球用户

PayPal 在全球 190 个国家和地区拥有超过 2.2 亿用户,已实现在 24 种外币间进行交易。

(1) 品牌效应强。PayPal 在欧美普及率极高,是全球在线支付的代名词,强大的品牌优势,能让用户的网站轻松吸引众多海外客户。

(2) 资金周转快。PayPal 独有的即时支付、即时到账的特点,让用户能够实时收到海外客户发送的款项。同时,最短仅需 3 天,即可将账户内款项转账至国内的银行账户,及时高效地帮助用户开拓海外市场。

3. 使用成本低

无注册费用、无年费,手续费仅为传统收款方式的二分之一。

4. 数据加密技术

当用户注册或登录 PayPal 的站点时,PayPal 会验证用户的网络浏览器是否正在运行安全套接字层 3.0(SSL)或更高版本。传送过程中,信息受到加密密钥长度达 168 位(市场上的最高级别)的 SSL 保护。

用户的用户信息存储在 PayPal 的服务器上,无论是服务器本身还是电子数据都受到严密保护。为了进一步保护用户的信用卡和银行账号,PayPal 不会将受到防火墙保护的服务器直接连接到网络。

5. PayPal 支持的银联卡

PayPal 支持以下银行发行的银联卡。

(1) 中国工商银行;
(2) 中国建设银行;
(3) 中国农业银行;
(4) 中国银行;
(5) 交通银行;

(6) 招商银行；

(7) 上海浦东发展银行；

(8) 华夏银行；

(9) 中信银行；

(10) 兴业银行；

(11) 中国民生银行；

(12) 中国光大银行；

(13) 中国邮政储蓄银行。

6. 循环结账或定期付款

此功能仅适用于企业账户。无论是提供实物、数字商品或是服务，用户都可以通过 PayPal 为自己的产品创建定制的定期付款计划。通过提供定期付款的方式，可以让忠诚客户更轻松地定期购买产品，还有机会拓展客户群。

在 PayPal 企业账户中创建和管理定期付款的方法如下。

(1) 点击"工具"选项卡下的所有工具。

(2) 点击页面左侧的收款。

(3) 在定期付款下，点击打开。

(4) 在列表中点击现有计划，查看或更新详细信息。要创建新的定期付款，请点击"创建计划"，然后按指示操作。

7. 租用按钮

要定期为客户开具账单、支付会员费或提供租用服务和分期付款计划，请在 PayPal 网站上添加"租用"按钮。查看客户可以自定义的按钮功能。

(1) 立即创建按钮。创建该按钮十分轻松。PayPal 提供了 HTML 代码，用户只要将它复制并粘贴到自己的网站，客户便能点击该按钮设置租费付款。

(2) 立即接受支付租费的信用卡、借记卡和 PayPal 付款。没有月费、开户费和注销费。只需支付低廉的交易费。

提示：创建"租用"按钮后，即可将这些按钮添加到网站上以查看其外观。不过，要让按钮起作用，用户需拥有高级账户或企业账户。

四、PayPal 的流程

（一）PayPal 注册流程

(1) 登录 PayPal 官网页面（https://www.paypal.com），如果是已注册用户，直接点击"登录"按钮进行登录；如果是新用户，则须点击"注册"按钮进行注册后才能使用（见图 7-5）。

图 7-5 PayPal 注册官网

（2）点击"注册"按钮并进入相关注册界面后，选择"个人账户"或者"企业账户"（见图 7-6）。选择点击"个人账户"，点击"下一步"（见图 7-7），选择个人身份，有"线上购物者""个体卖家/自由职业者""以上都是""我不确定"共 4 个选项，用户可以选择其一。

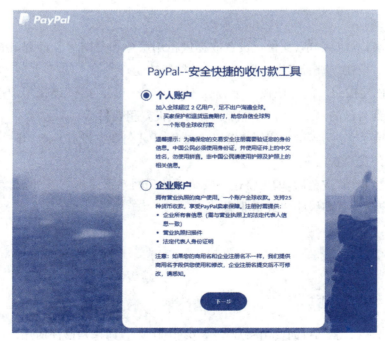

图 7-6 PayPal 注册页面选择个人账户或企业账户页面

图 7-7 PayPal 注册页面选择个人账户后选择个人身份

（3）填写个人信息。包括邮箱地址、姓、名、创建密码、确认密码（见图 7-8）。点击"下一步"。

图 7-8 PayPal 注册页面填写个人信息

（4）完成注册。

（二）PayPal 使用流程

（1）注册账户。新用户按上述步骤完成注册。有账户的用户直接进入下一步（见图7-9）。

图 7-9　PayPal 使用步骤 1

（2）关联银行卡或账户，只需关联一次就可以了（见图7-10）。

图 7-10　PayPal 使用步骤 2：关联银行卡或账户

(3) 使用 PayPal 结账(见图 7-11)。

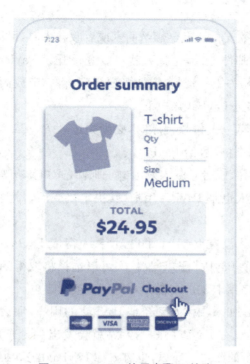

图 7-11 PayPal 使用步骤 3:结账

(4) 收到电邮收据(见图 7-12)。

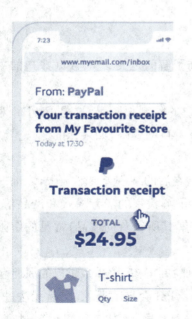

图 7-12 PayPal 使用步骤 4:收到电邮收据

（三）PayPal 付款流程

通过 PayPal，付款人欲支付一笔金额给商家或者收款人时，可以分为以下几个步骤。

（1）只要有一个电子邮件地址，付款人就可以登录开设 PayPal 账户，通过验证成为其用户，并提供信用卡或者相关银行资料，增加账户金额，将一定数额的款项从其开户时登记的账户（例如信用卡）转移至 PayPal 账户下。

（2）当付款人启动向第三人付款程序时，必须先进入 PayPal 账户，指定特定的汇出金额，并提供收款人的电子邮件账号给 PayPal。

（3）接着 PayPal 向商家或者收款人发出电子邮件，通知其有等待领取或转账的款项。

（4）如商家或者收款人也是 PayPal 用户，其决定接受后，付款人所指定的款项即转移至收款人。

（5）若商家或者收款人没有 PayPal 账户，收款人得依 PayPal 电子邮件内容指示连线站进入网页注册，取得一个 PayPal 账户，收款人可以选择将取得的款项转换成支票寄到指定的处所、转入其个人的信用卡账户或者转入另一个银行账户。

从以上流程可以看出，如果收款人已经是 PayPal 的用户，那么该笔款项就汇入他拥有的 PayPal 账户，若收款人没有 PayPal 账户，网站就会发出一封通知电子邮件，引导收款者至 PayPal 网站注册一个新的账户。所以，也有人称 PayPal 的这种销售模式是一种"邮件病毒式"的商业拓展方式，从而使得 PayPal 越滚越大地占有市场。

五、PayPal 的限制

关于 PayPal 账户使用中遇到的问题，尤其需要提前了解的是关于 PayPal 账户的主要限制类型及应对措施。

（1）新账号 21 天低限，从客户反馈情况来看，新账户的限制很频繁，这是 PayPal 对新账户的审核，不需要提交任何资料，PayPal 会在审核结束后自动解限，如果您的账户是新近注册的，遇到这种情况，不要惊慌，只需耐心等待即可。

（2）临时审查限制，这种类型的限制出现在多次收款之后的某一天突然被限，之前一直好好的，没有任何异常。出现这种情况说明 PayPal 需要了解卖家的经营模式和产品信息，卖家需要做出积极的回应，提供相应的资料让 PayPal 了解其所经营的产品，常见的解限资料包括：信用卡证明、地址证明、供应商信息、发票等。

（3）风险审查类的限制。这类型的限制，是从账户风险的审核引发的，账户的风险包括两方面：一是来自买家的风险，如果买家账户风险过高，PayPal 会自动退款，交易无法进行；二是来自卖家的风险，如果是卖家，那就要从以下几个方面找原因，如是否投诉率过高，是否短期内收款金额过高等。

（4）高限。此类型的限制，同样来自高风险。高限的账户不能收款、不能付款。产品违规、投诉率都会导致高限的产生。另外，如果账户出现限制的情况，如没有及时回应，限制会自动升级到高限，直至被封。所以广大卖家须警惕，一旦账户出现限制情况，务必第一时间在账户中做出积极回应，按要求提交资料。

六、PayPal 的冻结

PayPal 账户冻结，是指账户的某笔交易被临时冻结，账户使用者不能对这笔交易进行退款提现等操作。先了解一下为什么账户会被冻结。一个账户从注册到收款然后到提现，PayPal 公司从来没有从用户手里得到过任何的资料，所以每个账户从开通到提现的过程中肯定是要被冻结一次，然后要求账户使用者递交身份证明、地址资料等来证明使用者是真实存在并且遵纪守法的公民。出现以下几种情况也会被冻结。

（1）收款后立刻提现，比如账户收了 1 000 美金，收款后马上提现 900 美金，此时存在这种情况，卖家收了款，货还没发就提现，这难免引起怀疑导致被冻结。

（2）提现金额过高。例如收款 1 000 美金，发货后，卖家需要资金周转，把 1 000 美金全部提现，这种情况比较危险。PayPal 一般提现金额在 80% 是比较安全的，留 20% 首先是为了防止买家退单，其次是为了让 PayPal 放心。

（3）被客户投诉过多、退单过多。一般投诉率超过 3%，退单率超过 1% 就会被 PayPal 公司终止合作了。

（4）所售产品有知识产权问题。也就是仿牌或者假货，这些都会被 PayPal 禁止交易，国外对知识产权的保护非常重视，一旦国际品牌商投诉 PayPal，后果是非常严重的，所以有这种情况的客户，建议不要使用 PayPal 账户了。

七、PayPal 的提现

1. 将资金通过电汇发送到用户在中国的银行账户（电汇银行）

提现周期短，费用固定；一般建议用户在有较多余额时，一次性大额提取，可降低提现成本。

2. 提现至用户的香港地区账户

需要到香港地区办理银行账户，提现周期短，费用低；但对于客户群不是香港地区的卖家而言，会有较高的汇率转换损失。1 000 港币以下的收取 3.5 港币的手续费，1 000 港币及以上的免收手续费，招行一卡通或工银亚洲的卡都是可以的。此外提现到香港账户，提出来的是港币，同时还会有 2.5% 的币种转换费。

3. 提现至用户的美国账户

需要到美国办理银行账户,提现周期短,无费用;不适合中国用户,原因是无法办理美国银行账户。

4. 向 PayPal 申请支票

费用较低,但是提现周期很长,支票可能在邮寄过程中丢失;适合小额提现且资金周转不紧张的人群。可以提取的最低金额为 150 美元,通常需要 4 到 6 周时间来处理支票。每张支票收取 5 美元的提现费用。

八、PayPal 与支付宝的差异

(1) PayPal 是全球性的,通用货币为加元、欧元、英镑、美元、日元、澳元 6 种货币;支付宝是中国的,以人民币结算。

(2) PayPal 是保护买方方针,支付宝是偏向卖家方针。也就是说 PayPal 从买家角度考虑问题,买家有任何不满意都可以提出异议,卖家无法拿到钱。而支付宝超过时效就会钱货两清。

(3) PayPal 是一个将会员分等级的机构,对高级账户会收取手续费,当然利益保障也更牢靠。支付宝则不存在这一分等级的做法。

(4) 由第(3)条可以引出:PayPal 账户存在投诉率过高会导致账户永久性关闭的风险,因此,卖家是很谨慎的。支付宝则不会轻易关闭账户。

(5) PayPal 的资金在美国可以提现至银行,中国可以电汇至银行,都是要手续费的。支付宝直接提现至银行。

关 键 词

跨境电子商务支付　　国际电汇　　西联汇款　　信用卡支付　　PayPal

本章小结

1. 跨境支付指两个或两个以上国家或者地区之间因国际贸易、国际投资及其他方面所发生的国际间债权债务,借助一定的结算工具和支付系统实现资金跨国和跨地区转移的行为。

2. 国际电汇是汇出行应汇款人的申请,拍发加押电报或电传给在另一国家的分行或代理行(汇入行),指示其能付一定金额给收款人的一种汇款方式。

3. 西联汇款是西联国际汇款公司的简称,是世界领先的特快汇款公司。迄今已有 150 年的历史,它拥有全球最大最先进的电子汇兑金融网络,代理网点遍布全球近 200 个国家和地区,在中国拥有超过28 000个合作网点。西联汇款与中国银联子公司——银联电子支付合作,提供可靠的直接到账汇款服务,汇款可直达中国主要商业银行的有效银行账户。

4. 信用卡又叫贷记卡,是由商业银行或信用卡公司对信用合格的消费者发行的信用证明。其形式是一张正面印有发卡银行名称、有效期、号码、持卡人姓名等内容,背面有磁条、签名条的卡片。

5. PayPal,就是我们通常说的"PayPal国际",针对具有国际收付款需求的用户设计的账户类型。它是目前全球使用最为广泛的网上交易工具。

习 题

简答题

1. 请简述跨境电商的支付模式。
2. 请简述国际电汇的分类。
3. 请简述西联汇款的付款流程。
4. PayPal的优势有哪些?

第八章

跨境电商客服

> **学习目标** »
>
> 1. 掌握跨境电商客服的工作范畴
> 2. 理解跨境电商客服工作的思路
> 3. 掌握跨境电商客服工作的技巧
> 4. 掌握客户关系管理的相关理论知识

引言

跨境电商客服人员的任务是帮助与服务买家完成整个购买流程,并在此过程中提供周到的服务,并辅助店铺完成购买追踪与汇总客户信息。目前,跨境电商在市场上呈现出订单小单化、碎片化以及订单数量增长迅速两大特点。但是跨境电商业的客户服务工作面临的环节多、情况复杂,涉及多种跨境运输渠道,以及不同国家在语言、文化、商品标准与规范上的各种差异,非专业化的客服工作方式已经不能适应行业的发展与客户的需求。因此,本章就从梳理跨境电商客服工作的基础——"客服的工作范畴"入手,来明确跨境电商客服人员"应该对店铺外部做什么"及"应该对店铺内部做什么"这两个基本的问题,进而为之后探讨客服工作如何组织、开展、落地等内容进行铺垫。

第一节　跨境电商客服的工作范畴

客户在境外店铺购买商品,会遇到各种问题,如购前对商品的疑惑、对店铺相关活动的疑问;付款后对物流状态的追踪;收货后对商品质量及使用的相关问题等。这一系列问题都需要客户与店铺沟通后进行解决。

一、解答客户咨询

与在实体店铺购物不同,在线购物时,客户会对店铺提出大量关于"商品"和"服务"的咨询。

1. 解答关于商品的咨询

纵观目前中国跨境电商行业,商品具有如下特点。

(1) 商品种类庞杂。

从早期的3C、玩具,到后期卖家集中发力的服装、配饰、家居用品等,跨境电商涉及的行业不断丰富,基本已经覆盖国内外所有常见的日用消费品。

(2) 单个店铺经营的专业品类多。

不同于国内电商单个店铺往往只销售一到两个专业品类的特点,在跨境电商交易中,国外客户对"店铺"的概念非常薄弱。这是因为早期建立的国外电商平台大多没有"店铺"的概念,而只有松散的"商品链接",如美国亚马逊。因此,跨境电商的店铺同时兼营的商品经常涉及多个行业、种类,这就使得客服的工作变得更加复杂。

(3) 商品规格上国内外存在巨大的差异。

例如，令许多卖家头疼的服装尺码问题，欧洲尺码标准、美国尺码标准与国内商品存在差异。又如，电器设备的标规问题，欧洲、日本、美国电器商品的电压都与国内标规不同，即使是诸如电源插头这样一个小细节，各国也都有巨大的差异，中国卖家卖出的电器能适用于澳大利亚的电源插座，但是到了英国就不匹配了。

跨境电商商品的特点增加了客服人员在解答客户商品咨询时的难度，而客服人员第一重要的工作任务就是：当客户提出任何关于商品的问题时，无论多么复杂，都要为客户做出专业的解答，提出可行的解决方案。这对广大中国卖家来讲，是一个不小的挑战。

2. 解答关于服务的咨询

跨境电商的另一个特点在于服务实现的复杂性。当面临运输方式、海关申报清关、运输时间以及商品安全性等问题时，跨境电商往往比国内电商需要处理更多、更复杂的问题。而当商品到达国外客户手中后，解答商品在使用中遇到的问题也需要我们的客服人员具备更高的售后服务技巧，这样客服人员才有可能用较低的售后成本为国外客户妥善地解决问题。

很多商品信息在购买页面都可以被读取，但售后牵涉更多的是服务问题。一旦商品售出，客服人员所面临的都是相关商品的一系列服务问题，而且相对于商品咨询，服务问题更是千差万别。商品是稳定、不变的，而服务的标准与内容，差别很大，客服人员在把握时难度更高。

二、解决售后问题

1. 跨境电商售后问题产生的原因

跨境电商行业有一个非常有趣的特点，即在正常情况下，客户下单之前很少与卖家进行沟通，这就是行业内经常提到的"静默下单"。卖家首先要做的事情是在商品的描述页上使用图片、视频、文字等多种方式充分且明白地说明正在销售的商品特点，以及所能够提供的售前、售后服务。一旦这些内容落实到商品页面上，就成为卖家做出的不可改变、不可撤销的承诺。

在大家所熟悉的国内电商行业中，绝大部分客户在下单前都会与客服人员就"是否有库存""可否提供折扣或赠品"等内容进行多次沟通。而在跨境电商行业中，客户往往在下单前不与店铺的客服人员进行任何形式的联系。客户静默下单，即时付款，对卖家来讲，这不得不说是减少了工作量。

此外，在跨境电商行业中，当客户联系店铺卖家时，往往是客户在商品、物流运输或者其他服务方面遇到了问题，而这些问题是客户依靠自己的力量无法解决的。绝大部分情况下，一旦客户联系店铺客服人员，就会对售后环节提出疑问与不满。

统计数据说明，许多跨境电商卖家每天收到的邮件中有将近七成都是关于商品和服务的投诉。也就是说，店铺客服人员在日常工作中处理的最主要问题就是各种售后问题。

2. 客服人员解决售后问题所需的知识与技能

（1）客户关系管理的能力。

帮助客户客观地认识问题，稳定他们的情绪，进而控制整个业务谈判的方向，是客服人员必须具备的一项素质。

（2）成本核算与规避损失的能力。

无论是何种商业模式，客服人员在面对客户的投诉时可以采取多种方案解决，然而这些方案往往会涉及一些售后成本。跨境电商不同于国内电商，由于距离远、运输时间长、运输成本高，当商品或服务出现问题时，售后处理的方案往往会比国内电商的处理方案成本高。

最常见的例子是牵涉到退换货的问题。例如，当一件售价20美元的服装出现尺码严重不符，以致客人无法穿着的情况时，国内电商处理此类问题的方式往往是安排客户退回商品，卖家再重新发送一件尺码合适的服装，而其中的售后成本仅是退货与再次发货的运费，这一费用很低，往往低于商品本身的价值，卖家和买家还可以协商由谁来承担这个费用。但是在跨境电商交易中，情况就完全不同。同样一件20美元的夏季服装，卖家发货的国际运费大约为4美元，但由于国外的跨国邮政运费远远高于中国的国际邮政包裹运费，如果需要买家退回商品，可能要为退回商品支付超过10美元的运费（以美国客户为例，使用UPS可跟踪服务退货回中国，0.5千克内的包裹大概需要花费15—20美元）。退货运费往往超过了商品本身的价值，在这种情况下，无论是买家还是卖家，都不愿承担这样的高额退货运费。因此，"退货-换货"的模式就不再适用。

上述例子中，根据跨境电商的现实情况，售后的处理方法与国内电商是完全不同的，最常见的处理方式就是免费重发或者退款等。而这些处理方法需要卖家支付的成本也是不同的。优秀的客服人员就需要在多种处理方法中引导客户选择对卖家而言成本最低的处理方案。

（3）全面了解店铺商品与各岗位工作流程。

正如前文中提到的，解决客户的问题时，客服人员首先必须是跨境电商的行业专家，必须对诸如商品、采购、物流、通关等各方面的工作流程都有一个全面而正确的认识。只有如此，客服人员才能够准确地发现问题所在，客户遇到的麻烦才能够得到完美的解决。

除此之外，客服人员还需要熟悉平台规则，了解店铺后台，把握店铺整体评论、评分以及商品星级评分和评论内容，熟悉公司商品，包括商品的功能、特色、成本、物流及供货周期等，了解公司文化和品牌理念以及掌握客服相关问题。

（4）良好的沟通能力。

客服人员每天的业务操作都离不开沟通，所以沟通技巧是跨境电商客服人员需要具备的重要能力之一。客服人员熟练掌握沟通的技巧，就能使面临的许多问题迎刃而解。良好的沟通可以使交流双方的思想、观念、观点达成一致，让店铺赢得更多的订单和买家，也能避免不必要的中、差评出现。同时，客服人员应具备良好的英语听说读写能力，回复邮件速度达到50—100封/天。

三、促进销售

销售与促销往往被认为只是业务销售人员的工作。但实际上，在跨境电商领域中，客服人员如果能够充分发挥主观能动性，也能够为企业和团队创造巨大的销售业绩。

因此，客服人员需要在与客户的首次以及后续交易中发挥主观能动性，尽可能促进后续交易的稳定进行。

1. 客服促进再次交易的途径与方法

（1）客服促进再次交易的两种途径。

① 顺理成章。跨境电商的客服人员除了解答客户的问题外，还有一个非常重要的职责，就是促成潜在大额客户（之前的小额订单客户）的大额批发订单成交，这一工作范畴本身就是促成客户再次交易的一种途径和目标。跨境电商中，许多大额客户的购买模式往往是挑选几家中国卖家的店铺做小额的样品采购，在确认样品的质量、款式以及卖家的服务水平之后，这些客户经常会试探性地增大单笔订单的数量和金额，之后逐渐发展为稳定的"采购-大额供应"关系。根据以往经验，美国客户、澳大利亚客户和俄罗斯客户等是跨境大额购买的主要人群。

② 转危为安。除了促成大额订单外，客服人员通过自己的努力，也完全可以有效地帮助零散客户再次与店铺进行交易。正如之前提到的，在普遍"静默下单"的情况下，店铺的国外客户很少与跨境电商零售团队进行深入交流，也就很难成为具有黏性的老客户。因而，客服人员在遇到客户的投诉问题时，不要感到麻烦与烦躁，应当将这种沟通作为展示自己团队服务水平的机会，促成客户再次交易。

（2）客服实现再次交易的方法。

① 卖家对问题的完美解决会使自身在买家心中大大加分——形成客户黏性。很多在店铺几十次下单的老客户往往是在最初几次交易中遇到过问题的人。而当客服人员帮他们完美地解决问题后，客户对卖家的信任会显著增强。特别是当客服人员专业的服务态度能够感动国外的客户时，两者的信任关系迅速增进，这种人与人之间的相互信任关系可以促使客户稳定下单。

② 从大量售前咨询中发掘潜在大客户——促成大额交易。跨境零售电商行业中（特别是在阿里巴巴速卖通平台上）有大量的国外买家主要的目的是搜寻合适的中国供应商。无论是售前还是售后的咨询，这种客户更关注的是卖家商品种类的丰富程度、商品

线的开发拓展速度、物流与清关的服务水平和大额订单的折扣力度与供货能力等。一旦发现这种客户,客服人员需要积极跟进,不断地解决客户的所有疑问与顾虑,最终促成订单的成交。

③ 巧妙使用邮件群发工具形成客户社群——增加回头客。在跨境电商的营销过程中,通过与营销业务人员的配合,客服人员也可以扮演非常重要的营销角色。相对于国内买家,国外零售电商的买家更容易接受"客户俱乐部制"等客户社群方式。因此,有效且精准的营销邮件群发,一方面可以增强客户的黏性,另一方面也可以发放优惠券,促使客户参与店铺的各种促销活动,促使他们回店再次下单。

2. 客服促进销售所需的知识与品质

(1) 发现潜在大客户的敏锐性。

大额客户往往是通过零售客户转化而来的,但并不是说所有的零售客户都是店铺的潜在大额客户群。这就需要客服人员具有发现潜在大客户的敏锐性。这个技能是无法在短期内形成的,但有些常用的技巧可供参考。例如,潜在的大额客户会比普通的客户更重视卖家的商品丰富度、商品线的备货供应情况,以及当购买数量提升时,是否能够得到相应的折扣等。

大额客户所重视的是与中国的卖家合作之后,是否能够得到更大的利润空间以及稳定的商品供应和丰富的某个类目下的商品种类。越是供货稳定,批发折扣力度大,运输方案灵活的具有丰富经验的卖家,越容易博得大额客户的青睐。依据这样的思路,客服人员通过与客户的积极沟通交流,对客户进行观察与总结,可逐渐培养发现潜在大客户的敏锐性。

(2) 对成本、物流、市场情况的全面了解。

类似于传统外贸中的"询盘-报价"模式,店铺的客服人员在工作中也经常会涉及物流费用、商品成本以及销售利润预算的问题。这就需要客服人员充分掌握本团队所经营商品的成本情况、运输方式的选择以及各项费用的预算。

(3) 持续跟进的耐力。

新手卖家之所以很少有人能够谈成大额订单,就是他们在客服工作方面欠缺对重点客户的持续跟进。大额客户在跨境电商平台上的询盘往往是同时向多个中国卖家批量发出的,在收到多个卖家的第一轮报价后,客户往往会对所有的报价以及相应的运输服务进行横向比较,这也是为什么更多情况下我们发出的大额报价总是石沉大海。实际上,在第一轮报价之后,客服人员应该定期与买家进行联系,明确他们现在的情况与问题,及时调整价格、运输方式、交货时间或者清关方式,这些都是大额客户在收到多个报价后会主要考虑的因素。

采用推己及人的思路来考虑这种情况。当买家进行跨国批量采购时,涉及的金额比较大,运输、付款等各项风险也相对较高。因此,国外的大额客户在进行采购时并不只是考虑报价的高低,更多地要考虑合作的稳定性与卖家的服务、处理能力。

因此,持续、定期地与买家沟通,解决买家的顾虑或疑惑,与买家一起研究,提供最安全、稳妥的物流和供应方案,是最终将大额订单敲定的关键。另外,当与买家第一次达成大额订单后,卖家后续的客户服务要更加主动。因为根据以往经验,跨境电商平台上产生的大额订单再次回购的稳定性非常好。跨境电商平台上的大额客户主要是在欧美国家于线下开展零售业务的小店铺业主。由于他们的资金有限,很难像传统进口商一般,开展以集装箱为单位的大额进口贸易。但是小店铺业主的经营是非常灵活的,所以他们的订单往往兼具了金额小、下单频率高且稳定的特点。

对跨境电商的卖家而言,与一位客户达成第一笔大额订单只是后续多次合作的开始,其店铺的客服人员要定期联系过往的客户,为他们提供更加周到的售后服务,同时向他们推荐店铺最新的相关商品。这种回访的模式往往会带来更高的下单率和更加稳定的长期客户。

四、管理监控职能

跨境电商由于其跨国交易、订单零碎的属性,往往容易出现日常团队管理混乱的情况。无论是在商品开发、采购、包装、仓储、物流还是海关清关等环节,其出现问题的概率都比境内电商大。

在某个环节出现问题并不可怕,可怕的是出现问题之后由于涉及环节非常多,责任无法确认到位,问题进一步扩张与恶化。如果整个团队工作流程中的缺陷在导致几次问题之后仍然不能被有效地发现和解决,那么对这个团队来说无异于有了一个长期的定时炸弹。环节上的缺陷随时有可能爆发,并引起更加严重的损失。因此,对任何一个团队来说,团队的管理者都必须建立一套完整的问题发现与问责机制,在问题出现后,及时弥补导致问题的流程性缺陷。而在跨境电商行业中有一个岗位先天就适合充当这一角色,这就是店铺的客服岗位。

需要明确的是,客服人员并不一定直接参与到团队的管理中,但是作为整个团队中每天直接面对所有客户的一个岗位,客服人员需要聆听并解决所有客户提出的问题。"春江水暖鸭先知",客服人员作为广大客户的直接接触者,是团队中最先意识到问题的人。因此,客服人员必须充分发挥管理监控职能,定期将遇到的所有客户问题进行分类归纳,并及时反馈到销售主管、采购主管、仓储主管、物流主管以及总经理等各部门决策者。为这些部门的决策者对岗位的调整和工作流程的优化提供第一手重要的参考信息。

在跨境电商中要让客服人员做好管理监控,管理者需要做到以下几点。

1. 建立及时发现与统计问题的工作制度

客服人员发现问题和反馈问题不能简单地被理解为"一事一报",而是要建立完整的

"统计-反馈"制度。客服人员通过客户的投诉,从而完成发现—归纳—汇总问题的步骤,此后,需要将问题所涉及的部门进行分类,同时统计所涉及的损失。具体的操作方法,管理者可以通过建立固定的"统计-分责"机制,通过 Excel 表格形式,将客服人员所遇到的所有问题分门别类地进行统计。

统计的数据包括具体订单号码、清晰的问题描述、客服人员的处理方法、涉及的费用,以及相关的责任部门。当统计数据反馈到管理者手中时,管理者可以对表格进行筛选与统计,轻松准确地发现出现问题的关键所在,及时与相关的人员进行联系,有的放矢地解决流程中的漏洞。

2. 做到发现问题后及时与相关部门沟通

问题的统计往往是定期的,如以一周或半个月为单位向管理者汇报,而管理者会对出现问题的环节进行修正。但是这种定期汇报的模式也有问题反馈不够及时的缺点,因此,客服人员在发现重大问题、紧急问题或者自己无法解决的问题时,往往还需要及时与相关部门的同事进行"一事一议"的实时沟通。

例如,如果团队用来分配客户订单的软件系统出现问题,再次将客户的订单错发时,客服人员应当及时与 IT 部门进行沟通,要求 IT 部门的同事及时更正错误,防止类似错误的再次发生。再如,当某个商品与另外一个类似的商品经常性地被仓储部门负责包装的同事混淆时,客服人员应及时地与仓储部门进行沟通,防止类似错发的情况再次发生。

3. 掌握与其他部门沟通的技巧

无论是及时地与出现问题的部门同事进行沟通,还是将问题分类统计,并发送给团队管理者,客服人员都扮演着重要的"管理信息提供者"的角色。但是客服人员本身往往并不是管理团队的一员,因此,管理者需要对客服人员进行相关培训,帮助他们处理好部门与部门之间的沟通。管理者一方面要及时解决问题,另一方面,又要让所有团队成员意识到客服所提供的问题反馈对整个团队健康发展的重要性。

第二节　跨境客服工作的思路与技巧

面对客户的不同问题,客服在沟通与解决的时候,如果没有正确而统一的思路与技巧,不但无法解决客户的问题,还可能使问题放大。所以,跨境电商客服在解决客户提出的问题时,需要正确的思路与技巧,熟练掌握这些技巧,同时做到随机应变,对客户进行分类。具体的技巧包括:向客户提供专业服务、做谈判的主导、控制客户对事件的认知与情绪,解决方案由卖家积极提供,让买家选择,坚持主动承担责任、第三方承担错误。

(一) 对客户进行分类

对客户进行分类是一种科学的分析方法,它把客户分成一些客户群,在每个客户群中,客户的需求或其他一些和需求相关的因素非常相似,而且每个客户群中的客户对于一些市场营销的手段的反应也非常相似,这样卖家就可以对每个客户分类群采取相应的市场营销手段,提供符合这个客户分类群的商品或服务。这样更可以使卖家对不同客户分类群提供差异化的商品和服务,大大提高营销效率。更重要的是,这种对客户的细分能力可以成为卖家的核心竞争力,使店铺在激烈的市场竞争中立于不败之地。

客服人员与客户接触最紧密,可以收集最为与客户相关的一手资料,因此在进行客服工作时首要的工作就是对客户进行分类,从而针对不同类型的客户提供有针对性的服务。根据电商平台客户的特点,客服人员可以对客户做出以下分类。

1. 客户属性分类方法

与传统贸易相比,每个客户拍下订单都会有信息记录,包括拍下的时间、联系方式、当时购买的商品和价格、发货方式等。通常,客服人员可按客户的社会属性、行为属性和价值属性对客户进行分类,把有相似属性的客户归入一类,对自身商品和店铺定位根据客户的情况作相应调整。

(1) 社会属性。

社会属性的不同来源主要是因为地理位置的差异。地理位置是跨境电商与国内电商非常明显的区别,不同的国家拥有不同的文化背景和消费需求。订单批量导出后,客服人员以客户地址为基准,按照国家分类,可以直观地得出自身店铺的主要客户群体的地区分布情况。例如,一种销量较好的运动鞋,可能来自美国的买家对商品评价非常高,而来自巴西的买家对商品评价并不理想。那么我们可以分析原因并针对该商品进行调整,或是针对巴西买家在葡语页面进行详细介绍。

(2) 行为属性。

客户的消费行为不尽相同,体现出的消费方式也不同。大部分客户喜欢购买打折商品和免运费,但也有些客户偏向选择高价的同类商品,或者能选择快递方式的商品,很多客户在没有特殊情况时,都会给予商品好评,但也存在容易给中、差评或申请纠纷仲裁的客户。店铺在维护客户的过程中需要以不同的方式对待他们。选择高价的同类商品和选择快递方式的客户往往注重的是商品质量和服务的体验,这也是广大卖家期望的。那些容易给中、差评或申请纠纷仲裁的客户,建议卖家不要轻易采用"列入黑名单"的方式来解决,而是诚恳地与客户沟通,了解客户真正的需求点在哪里,以便之后为其他客户提供更愉快的购物体验。当然,对于动机不纯的专业讹诈店铺的客户,以及恶意的同行竞争者,应另当别论。

（3）价值属性。

每个客户在跨境电商平台交易过程中，平台有严谨的卖家等级制度，同时也规范了买家等级。买家等级制度是依据买家的购买行为、成交金额，以及评价情况等综合性地给每位客户做个标识，如积分、VIP 等级等。店铺对买家的积分等级有了充分认识后，就能很快给客户打上标签。

2. RFM 模型分类方法

客户分类是为了方便卖家对买家的管理，差异化地对待客户，更有针对性地向客户营销。在众多客户细分的模型中，RFM 模型是在客户关系管理中被广泛运用的，也是非常直观简捷的工具，其主要思想是通过某个客户近期的购买行为、购买频率和消费金额三个指标来描述客户的价值状态。

R（recency）指最近的一次消费，也就是客户上一次在店铺成交的时间和成交的商品。理论上，客户购买的时间越近，对店铺的记忆程度越高，在这期间，如果卖家能为这些客户提供相应的引导和服务，这些客户也很有可能回应，比起那些成交了 1 年的客户相对容易很多。

F（frequency）指消费频率，即在单位时间内的消费次数。消费次数越多，说明客户的满意度越高，如果卖家始终保持优质的服务和商品，客户就非常容易产生黏性，对店铺的忠诚度也会越来越高。

M（monetary）指消费金额比值，即单位期间内的消费总额与平均消费额的比值。当店铺成长到一定阶段后，有限的资源使得其无法及时对所有的客户进行维护，店铺 80% 的利润往往来自 20% 的客户，店铺应当花 80% 的精力去维护那 20% 的客户，从而获得高效益。

（二）对问题进行分类

客服人员在回复客户所提出的问题时，有一些固定的回复模板，以下将从售前、售中及售后三方面介绍邮件回复模板。但是，客服人员不可以完全照搬这些模板，他们需要在了解客户的真实需求后，对模板进行调整，并做出具有针对性的个性化回复。

1. 售前

（1）当买家光顾店铺，并询问商品信息时。

> Hello, my dear friend. Thank you for your visiting to my store, you can find the products you need from my store. If there is not what you need, you can tell us and we can help you to find the source, please feel free to buy anything! Thanks again.

(2) 库存不多,催促下单时。

Dear X,

　　Thank you for your inquiry.

　　Yes, we have this item in stock. How many do you want? Right now, we only have X of the X color left. Since they are very popular, the product has a high risk of selling out soon. Please place your order as soon as possible. Thank you!

　　Best regards,

　　(name)

(3) 回应买家砍价。

Dear X,

　　Thank you for your interests in my item. I am sorry but we can't offer you that low price you asked for. We feel that the price listed is reasonable and has been carefully calculated and leaves me limited profit already.

　　However, we'd like to offer you some discounts on bulk purchases. If your order more than X pieces, we will give you a discount of xx% off.

　　Please let me know for any further questions. Thanks.

　　Sincerely,

　　(name)

(4) 断货(out of stock)。

Dear X,

　　We are sorry to inform you that this item is out of stock at the moment. We will contact the factory to see when they will be available again. Also, we would like to recommend to you some other items which are the same style. We hope you like them as well. You can click on the following link to check them out.

　　http://www.×××××.com

　　Please let me know for any further questions. Thanks.

　　Sincerely,

　　(name)

（5）推广新品。

客户咨询期间客服人员可根据自己的经验，向买家推荐自己热销的商品。

> Hi friend,
>
>   Right now Christmas is coming and Christmas gift has a large potential market. Many buyers bought them for resale in their own store. It's high profit margin product. Here is our Christmas gift link. Please click to check them. If you want to buy more than 10 pieces, we also can help you get a wholesale price. Thanks.
>
>   Regards,
>
>   （name）

2. 售中

（1）关于支付。

选择第三方支付方式（escrow），提醒折扣快结束了。

> Hello X,
>
>   Thank you for the message. Please note that there are only 3 days left to get 10% off by making payments with Escrow(credit card, Visa, Mastercard, money bookers or Western Union). Please make the payment as soon as possible. I will also send you an additional gift to show our appreciation.
>
>   Please let me know for any further questions. Thanks.
>
>   Best regards,
>
>   （name）

（2）合并支付及修改价格的操作。

> Dear X,
>
>   If you would like to place one order for many items, please first click "add to cart", then "buy now", check your address and order details carefully before clicking "submit". After that, please inform me, and I will cut down the price to US $ XX. You can refresh the page to continue your payment. Thank you.
>
>   If you have any further questions, please feel free to contact me.
>
>   Best regards,
>
>   （name）

(3) 提醒买家尽快付款。

Dear X,

  We appreciated your purchase from us. However, we noticed you that you haven't made the payment yet. This is a friendly reminder to you to complete the payment transaction as soon as possible. Instant payments are very important; the earlier you pay, the sooner you will get the item.

  If you have any problems making the payment, or if you don't want to go through with the order, please let us know. We can help you to resolve the payment problems or cancel the order.

  Thanks again! Looking forward to hearing from you soon.

  Best regards,

  (name)

(4) 海关税(customs tax)。

Dear X,

  Thank you for your inquiry and I am happy to contact you.

  I understand that you are worried about any possible extra cost for this item. Based on past experience, import taxes falls into two situations.

  First, in most countries, it did not involve any extra expense on the buyer side for similar small or low-cost items.

  Second, in some individual cases, buyers might need to pay some import taxes or customs charges even when their purchase is small. As to specific rates, please contact your local customs office.

  I appreciate for your understanding!

  Best regards,

  (name)

(5) 客户买错商品。

沟通技巧:建议保留原商品,给客户折扣使其重买正确的商品。

Dear X,

  Thanks for your message. I am sorry to hear that you bought the wrong item.

Usually we don't accept item returns without any defects. However as you need one item♯xxx(item number), I advice you to send us×××(how much money), hope you can understand we did offer you a great discount. In this way, there is no need for you to return the previous wrong item and we will resend you a correct item.

As you know, if you return it back, you need to take it to the post office and pay for the postage and restocking fee. Once we received the return, we will arrange the reshipment. That will take about 2 weeks for you to get a new item or refund.

What do you think? If you agree, here is our account:(correct PayPal account). Once you send the money please tell me here, and I will arrange the reshipment in time. If you don't agree, please let me know, I will offer you other solution.

Best regards,

(Name)

（6）付款后发货前客户要求换货。

沟通技巧：商品货值可能不一样，所以要客户补差价。

Dear X,

Thanks for your mail and please find the following item ID:××××××××.

If this is the item you want, please pay … as price difference. If you can accept that, I will send a money request to your email, please check it.

Once you have paid for it, please let me know, I will keep an eye on it.

Any problem please contact me freely, I will try my best to help you.

Best regards.

(Name)

3. 售后

（1）物流遇到问题。

Dear X,

Thank you for your inquiry. I am happy to contact you.

We would like to confirm that we sent the package on 16 Jan, 2012. However we were informed package did not arrive due to shipping problems with the delivery company. We have resent your order by EMS; the new tracking number is:×××. It usually takes 7 days to arrive to your destination. We are very sorry for the inconvenience.

Thank you for your patience.

If you have any further questions, please feel free to contact me.

Best regards,

(name)

(2) 退换货问题。

Dear friend,

I'm sorry for the inconvenience. If you are not satisfied with the products, you can return the goods back to us.

When we receive the goods, we will give you a replacement or give you a full refund. We hope to do business with you for a long time.

We will give you a big discount in your next order.

Best regards,

(name)

(3) 求好评。

Dear friend,

If you are satisfied, we sincerely hope that you can take some of your precious minutes to leave us a positive comment and 5-star Detailed Seller Ratings, which are vital importance to the growth of our small company.

Besides, PLEASE DO NOT leaves us 1, 2, 3 or 4-star Detailed Seller Ratings because they are equal to negative feedback. As what we said before, if you are not satisfied in any regard, please tell us.

Best regards,

(name)

(4) 海关速度慢。

Dear friend,

Yes, actually we can send these items to Italy. However, there's only one problem. Due to the Spain and Italy Customs are much stricter than any other Europe countries, the parcels to these two countries often meet "Customs Inspection".

> That make the shipping time hard to control. According to our former experience, normally it will take 25 to 45 days to arrive at your country. On the other hand, due to near Xmas days, most of our customers are buying for Xmas gifts. But we can't ensure the parcels can arrive Italy in time.
>
> Is that OK for you? Waiting for your reply.
>
> Sincerely,
>
> (name)

(三) 对症解决问题

1. 向客户提供专业服务

(1) 从专业的角度解决问题。

客服人员需要从更专业的角度来帮助客户解决问题。一方面,在解释问题发生的原因时,客服人员需要清楚明了地向客户解释问题产生的真实原因;另一方面,无论是针对物流还是商品中涉及的一些专业术语或行业专用的概念,客服人员需要适当地简化,用通俗易懂的语言向客户进行说明;再者,客服人员在提出解决方案时,需要基于对问题产生的真实原因,提出负责而有效的解决方案,而不是拿搪塞的言辞来拖延问题的处理时间。

长远来看,客户就所遇到的问题提出投诉,对卖家是好事。而且问题能够顺利且彻底地解决,可以有效地增加客户对卖家的信任感,进而形成客户黏性。也就是说,在心态上,卖家应当把每一次客户反映的问题都作为展示自己专业能力的一个机会,用专业的方法与态度来解决问题,将偶然下单的客户转化为自己的长期客户。

(2) 提供可信赖的数据与证据。

站在客户的角度思考,由于距离远、流程多,加之语言的不同与文化差异的障碍,客户在跨境购物过程中,必然容易对卖家产生诸多不信任与怀疑。所以,无论是回答客户的咨询提问,还是在售后应对客户提出的投诉与问题,客服人员应当尽量提供可以让客户"看得见、摸得着"的数据与证据。

对商品来讲,可信赖的证据指的是商品的细节图片、详尽的使用说明或者是卖家为了说明商品的技术细节而为客户特别拍摄的短片视频等;对物流方面的问题而言,可信赖的数据与证据指的是可以追踪的包裹单号、追踪网址、最新的物流信息等。

向客户提供"数据与证据"时,客服人员需要注意以下事项。

第一,物流信息务必完整。针对物流这一问题,当回答买家所购商品的包裹邮寄咨询时,客服人员必须同时提供以下三个信息要点:可跟踪的包裹单号;可以追踪到包裹信息的网站;最新的追踪信息。

只有当这三点信息同时存在时,买家才可以找到对应的网站,并查询到真实、可靠的信息。这对增加买家的信任,让买家对日后的国际包裹运输时间持有信心是非常重要的。

第二,国外买家更信任来自本土网站提供的信息。在针对国际物流的相关信息中,"追踪网站"是非常重要的。特别是对国外买家而言,如果客服人员能够提供买家所在国的本土追踪网站,并且能够找到客户母语所展示的追踪信息,这对增加买家对卖家的信任有极大的帮助。

第三,需要提供对专业数据平实易懂的解释。无论是关于商品的技术细节,还是关于跨境电商物流中的各个环节,凡是涉及专业的数据或概念时,卖家的客服人员都应该在提供客观数据后,进一步对技术细节和专业数据进行通俗化的解释。这样做可以方便零售端的客户更清晰地理解卖家所提供的信息,增加对卖家的信任。

(3) 采取多样化的回复方式。

在跨境电商销售平台上,有许多优质的商品,无论是在组装、使用还是在后期的维护中,步骤都比较复杂。此时卖家一般会撰写大量的说明性文本供客服人员参考。当买家就相关的技术性问题进行咨询时,客服人员可以就各种技术参数、使用方法等进行大段描述与解释。但是经过观察,对复杂的问题而言,客服人员说得多并不一定能彻底解决问题。所以,针对这些问题,用图片或视频进行沟通往往会取得更好的效果。例如,制作"安装流程图"或是拍摄简单的"使用演示录像",并将这些资料放在网络空间中传递给买家。

2. 认知与情绪

作为商务谈判的一种,跨境电商客服工作在开展伊始就需要将"疏导客户的情绪"作为一个重要的原则与技巧,设法引导客户的情绪,为后面的双向沟通与问题解决打好基础。

(1) 淡化事件的严重性,保障问题顺利解决,先给买家吃定心丸。

试想:当一个跨境零售电商的买家从一个并不怎么熟悉的国家购买了一件商品,经过少则一周、多则数周的等待,物流却不能及时妥投,或者收到的商品中出现了无法解决的问题,买家肯定会充满沮丧与不满。

在跨境电商中,买家作为不专业的一方,不熟悉复杂的国际物流,可能也很难清晰地理解卖家所提供的英文说明。因此,当出现问题时,买家普遍会感到问题很棘手,并容易出现焦躁心态。这是正常的。

针对这种情况,客服人员首先需要做到的就是在沟通的每一个环节,特别是在与买家的第一次接触中,就要想办法淡化事件的严重性,在第一时间向买家保证能够帮助他顺利解决问题。这就是所谓的"先给买家吃定心丸"的技巧。

(2) 向买家展示永远感恩的态度。

在欧美文化背景下,"感恩"一直是欧美社会普遍认可的一种美德。美国、加拿大、希腊、埃及等国的"感恩节",就是这种社会认知的集中体现。卖家的销量、利润甚至事业,都来自买家,理应对买家心怀感恩。

在实际的客服工作中,客服人员在字里行间向买家呈现这样一种感恩的态度,对顺利解决投诉或其他问题,说服买家接受卖家提出的解决方案,甚至降低卖家解决问题的成本,都是非常有效的。

（3）最后一次的邮件回复一定要来自卖方。

在与客户的沟通过程中,绝大部分情况下,卖家都使用电子邮件、站内信或者订单留言的方式。从商务礼仪的角度讲,作为卖家,双方文字沟通过程中的最后一封邮件理应由卖家发出,这对增加买家对卖家的好感有一定的积极作用。

另外,从技术的角度讲,许多跨境电商平台在后台系统中都会有一个自动设置,来扫描卖家所有站内信或订单留言的平均回复时间。平均回复时间越短,时效越高,这一个细微的侧面也能反映出卖家的服务水平。

但是在实际操作中,卖家往往会遇到这种情况:经过沟通后,卖家顺利帮助买家解决了问题,而买家往往会回复一封简单的"thanks"或"OK"的信息,这种邮件卖家可能就不做任何回复了。但正如刚才所讲,由于各个跨境电商平台的后台系统无法真正识别买家发出的信息内容是否需要回复,这些简短的买家信息如果没有得到及时回复,仍可能影响系统对"卖家回复信息时效"的判断。

因此,卖家应要求客服人员做到,无论在何种情况下,与客户进行的互动中,最后一封邮件一定出自卖家。这既是出于礼貌,也是出于技巧的考虑。

案例分析

2017年7月5日,一种名为Petya的新型病毒袭击了俄罗斯、乌克兰等多个国家,全球物流商TNT的IT系统也遭受了攻击,导致TNT的国内、区域和洲际物流业务遭遇延迟,出口卖家的跨境电商包裹遭受影响。

一周之后,外媒报道TNT母公司FedEx已宣布了目前针对TNT的IT系统被攻击后的全球包裹的处理情况。FedEx方面表示,TNT正在继续实施应急计划,来减轻该病毒袭击事件的影响。其在声明中指出,TNT团队正在修复系统方面取得积极进展,并有条不紊地将业务中的关键系统和服务重新上线。TNT欧洲内部的通路和航空线路也正常运营,可以继续提货和运输。

"联邦快递和TNT的网络正在努力将对客户的影响最小化,包括提供全套联邦快递服务作为替代方案,但客户在短期内可能还会遇到一些服务延误和限制。"TNT在声明中说道。此外,该声明还指出,虽然TNT操作和通信系统已经中断,但并没有发现数据泄露。

所有其他联邦快递公司的业务都不受影响。

而实际上,有外媒指出,目前TNT并未提供预计的恢复时间,也没有详细说明其IT环境受到影响的严重程度。对于本次病毒事件产生的TNT包裹延误,不同用户也发表了自己的看法。

"7月3日了,我还在等待一个包裹。虽然我知道网络攻击的严重程度,但这延误确实影响了我的业务。"一位客户在Facebook上写道。

"我担心我的包裹漂浮到世界某个地方却完全没有追踪情况。"另一个因没有包裹追踪信息而担忧的快递用户说道。

"跟踪服务没有变化,巨大的运输延迟,也没有任何沟通和信息。"一位用户也说道。

据TNT Express方面统计,每天TNT在全球各地提供100万个包裹的运输服务。当中必然包括了很多中国出口卖家的跨境包裹。目前,延误和无法追踪的情况仍在延续,针对包裹延误的状况,卖家们也只能寄希望于该服务系统能尽快修复了。

问题:面对上述突发情况,客服人员应该如何向买家解释?

3. 有选择的解决方案

(1) 方案应由卖家主动提供,而不是买家提出。

经过与大量的国内外客服工作人员的接触可发现,在遇到问题时,新手客服人员的工作态度往往非常被动。最常见的情况就是,出了问题后,卖家不是主动为买家寻找解决方案,而是往往顺口就问一句"那您想怎么解决呢"? 这是一种非常不专业的做法。一方面,这样的做法会给买家留下满不在乎、缺乏专业素养的不良印象,为后面问题的解决增加了困难。另一方面,由于跨境电商中的买家对这个行业并不了解,缺乏必要的专业知识,因此,由买家提出的解决方案,往往对卖家而言都是执行困难且成本较高的。

因此,在出现问题的第一时间,卖家积极地提出解决方案,既能给买家留下专业、负责任的印象,又能够最大限度地降低处理问题的成本和难度。

(2) 尽量提供多个方案(至少2个)供买家备选。

在为买家提供解决方案时,建议一次性尽量提供两个或两个以上的解决方案。这样做的好处在于:一方面,多个方案给买家备选,让买家能够充分体会到卖家对他的尊重,使买家更有安全感;另一方面,提供两个主推解决方案,加上一个到两个备选方案,也可以防止在客户不接受卖家的主推方案时,单方面向平台提起纠纷或是给店铺留下差评。

4. 主动承担责任,第三方承担错误

(1) 寻找合适的解释理由。

面对买家的不满情绪或是投诉时,卖家需要为买家找到一个合理的能够接受的理由,并且这个理由最好是由第三方(卖家和买家之外)或者是不可抗力引起的。从照顾买家心理的角度出发,一个合理的理由可以让客户更容易接受卖家提出的解决方案,从而快速地

解决纠纷和争议。

(2) 真诚地承担责任。

需要注意的是,为买家寻找一个合理的理由(无论这个理由是否真实),并不是说卖家不去承担责任,只是为了让买家能够更容易接受卖家提出的方案,其出发点一定是为了服务买家。也就是说,把错误合理地推诿到第三方身上,并表明"即使错误不在我们,我们仍然愿意为顾客解决问题"的态度,这样往往更能平息买家的怒气,使其更顺利地接受卖家提出的方案。

从长远来讲,只有卖家把买家认作自己的朋友,以诚意相待,以最快捷、最彻底的方式帮助买家解决问题,才有可能在一次次的实践中积累买家对卖家的信任。俗话说"不打不相识",有了矛盾不要紧,只要卖家能够让买家感受到诚意,完美地为他们解决一个又一个的问题,这些买家就更容易成为店铺的长期客户,这种买卖双方的经历和感情更弥足珍贵。

案例分析

由于北海道受台风和洪灾影响,导致该地土豆减产,同时也致使日本零食制造商卡乐比(Calbee)和湖池屋(Koike-Ya)的薯片原料短缺,这两个品牌也就不得不终止部分薯片品牌的供应。起初,为填补缺口,卡乐比曾加大从美国进口马铃薯的量,不过还是未能满足其需求,所以最后卡乐比决定集中资源生产人气较高的主打商品。

据悉,在日本遭受34年来最严重的"土豆荒"后,卡乐比和湖池屋将有49个相关商品停止生产。卡乐比将停售包括"法式沙拉薯片"在内的18款商品;另外,自4月22日起,该公司还将暂时停售"比萨薯片"等15种商品。而湖池屋将停售7个品牌的商品,另外还将暂时停售其他9个品牌。有数据显示,湖池屋70%—80%的土豆都来自北海道,所以,北海道"土豆荒"对于该品牌的冲击可不小。

另外,在一些拍卖网站上,停售商品的价格被抬高了三四倍。其中,暂停销售的"比萨薯片"价格通常为130—140日元(约8.2—8.8元人民币),但在某跳蚤市场上,其价格超过了500日元(约31.6元人民币)。据了解,卡乐比拥有日本近半数的零食市场份额,4月其股价跌幅超过1%,低至两月内最低点;而湖池屋是日本第二大零售制造商,4月其股价下跌3.5%。"土豆荒"对于卡乐比和湖池屋双方都造成了直接影响,不过对于后续的收益影响问题,双方都拒绝对此评论。

日本官方数据显示,自2006年10月起,土豆的零售价格每月都上涨近20%。例如,东京现在每千克土豆的价格是402日元(约25.4元人民币),而去年同期的价格则只有336日元(约21.2元人民币)。2017年5月,在日本九州的土豆丰收后,这两个品牌便可暂缓土豆供应链缺口,不过这些停售品牌的再次起售时间还是未知数。

问题:面对这样的商品缺货情况,店铺客服人员应该如何处理?

5. 回复邮件的技巧

(1) 基本功扎实,避免拼写与语法错误。

虽然说跨境电商行业中,并不是每一个岗位都需要具备高超的外语技能,但是对客服岗位而言,熟练掌握最主要客户的语言却是必需的。即使在进入工作岗位后,客服人员也需不断加强对语言的学习,特别需要准确并熟练地掌握所售商品的专业词汇。

客服人员务求要扎实肯干、注重细节,尽量避免低级的拼写与语法错误,正确使用客户的母语,这一方面展示了卖家对客户的尊重,另一方面也可以有效地提高客户对卖家的信任感。

(2) 邮件中不要有成段的大写。

某些卖家为了在较多的邮件文字中突出展示重点信息(如促销优惠信息等)而采用成段的大写字母,这样做虽然可以有效地突出重点,让客户一眼就看到卖家所要表达的核心内容,但也会产生一些副作用。

在英语世界,文本中成段的大写表达的往往是愤怒、暴躁等激动的情绪,是一种缺乏礼貌的书写方式。因此,客服人员需要在日常工作中注意这一细节。

(3) 尽量使用结构简单、用词平实的短句。

在与客户的沟通过程中,考虑到方便绝大部分客户的阅读习惯,客服人员应当尽量使用结构简单、用词平实的短句。这样可以在最短的时间内让客户充分理解卖方所要表达的意思。当前在阿里巴巴速卖通平台上使用最多的语种是英语,但客户来自全球 220 多个国家和地区,其中绝大部分国家的客户并没有使用英语作为自己的常用语言。很常见的情况是,许多客户仍需通过"谷歌翻译"等在线翻译工具来阅读店铺的商品页面与邮件。针对这种情况,卖家更需要为他们简化店铺的书面语言,提高沟通效率。

(4) 巧用分段与空行,让客户尽快找到想看到的重点。

根据常人的阅读习惯,大部分人在阅读卖家邮件、促销信息等文字资料时,都会采取"跳读"(略读)。所谓跳读(略读),指快速阅读文章以了解其内容大意的阅读方法。换句话说,略读是读者有选择地进行阅读,可跳过某些细节,以求抓住文章的大概,从而加快阅读速度。

针对这种情况,客服人员撰写邮件时,需要特别注意按照文章的逻辑将整篇邮件进行自然分段,并在段与段之间添加空行,这样做有利于买家快速地浏览非重要的段落,快速跳至重点信息。这一技巧一方面可以有效地节省买家的阅读时间,增加买家与卖家的沟通信心;另一方面,清晰地按逻辑进行分段,可以给买家以专业、有条理的印象,增加买家对卖家的信任感。

第三节　跨境电商客户关系管理

客服人员的工作不仅是机械地与客户进行联系，还要具备一定的客户关系管理理念，以理念指导实践。而且客户关系管理理念是从领导层到基层工作人员都应放在首位的店铺工作指导思想。

一、客户关系管理基础知识

客户关系是现代企业商务活动的巨大信息资源，企业所有商务活动所需要的信息几乎都来自客户关系管理。21世纪是服务制胜的时代，谁真正了解客户、拥有客户并有效地服务于客户，谁就能赢得一切。而客户关系管理正是快捷、精准地实现这一目标的最有效手段。

1. 管理的含义

客户关系管理（customer relationship management，CRM）的定义是：企业为提高核心竞争力，利用相应的信息技术以及互联网技术来协调企业与顾客间在销售、营销和服务上的交互，从而提升其管理方式，向客户提供创新式的个性化的客户交互和服务的过程。其最终目标是吸引新客户、保留老客户以及将已有客户转化为忠实客户，增加市场份额。

2. 阶段划分与特点

客户生命期是客户关系生命周期的简称，是指客户关系水平随时间变化的发展轨迹。从客户成为企业的潜在客户开始，客户的生命周期就开始了，该周期可划分为四个阶段，由前到后依次为潜在客户阶段、新客户阶段、老客户阶段、新业务的新客户阶段，客户服务的目的就是要使这个生命周期不断地延续下去，让这个客户成为忠诚的客户。

客户生命周期是从动态角度研究客户关系的重要工具，它将客户关系的发展过程划分为几个典型阶段，并对每一个阶段的客户特征进行描述，具体如下。

（1）潜在客户阶段的特点。

当个人或组织在询问企业的业务时，其实就开始表现出对该业务的兴趣，成为该企业的潜在客户。在该阶段，客户会由于多种不同的需求（例如，主要功能、辅助功能以及兼容功能等功能需求，质量、品牌、外在包装等形式需求，性能价格比等价格需求，以及心理需求、服务需求、文化需求等外延需求），产生一定的购买意识。

当客户对某种商品或服务产生购买意识后，就会对有关这种商品或服务的信息感兴趣，会通过媒体广告、商品展示、他人推介、本人经历等多种途径去收集信息，为自己的购买决策提供依据。然后客户将收集到的各种信息进行处理，包括对不同企业生产或提供的同类商品或服务进行相互对比、分析和评估。有时这种对比、分析、评估会反复进行。

在该阶段客户最需要的是建立对企业商品的信心，潜在客户对商品的信任程度或认可度，决定了其上升为新客户的可能性，但也可能就此丧失信心，从而让企业失去这个客户。外界评价、客户的层次以及客户的所属行业等因素会对客户进入下一阶段产生影响。

（2）新客户阶段的特点。

当客户经过需求意识、信息收集、评估选择后，对企业业务已有所了解，或者在别人的推荐和介绍之下会将某种商品和服务的期望同属于自己的价值观念密切地联系在一起，客户决定使用或者购买某一企业的某个商品或服务时，其就由潜在客户上升到了新客户。

在这个阶段，客户还需要逐步培养对该企业业务和商品的信心和信任感，同时也为其继续使用该企业业务进而使用更多业务奠定基础。对新客户的呵护和培养，是让新用户继续消费商品的生命周期的前提。此时，客户的购买经历、使用体验以及客户对这次购买的价值评判产生了客户对质量的实际感受和认知（即客户对质量的感知）。客户对所支付的费用和所达到的实际收益的体验（即客户对价值的感知）将影响客户进入下一个阶段。

在该阶段，对客户进入下一阶段产生影响的主要因素包括客户对商品和服务质量的感知、客户对商品价值的感知、企业竞争者的资费信息以及客户需求的变化情况等。

（3）老客户阶段的特点。

在该阶段，客户使用该企业的业务已持续一段时间，对企业产生了基本的信任，从而成为该企业的老客户。这时候，客户的满意度、忠诚度和信用度是企业关心的焦点，企业要想办法将此老客户发展成忠诚客户，争取更多的客户资金份额。同时，要让其在还没有使用本企业新业务的前提下，对新的业务产生兴趣，通过交叉销售提高该客户为企业带来的收益。企业服务情况、客户新需求以及竞争者情况等因素会对客户进入下一阶段产生影响。

（4）新业务的新客户阶段的特点。

这里的新业务的新客户，是指由原来的老客户发展而来的，即原有的老客户由于建立起对该企业业务的信任感，进而使用了该企业的新业务，这时的使用是建立在一种相互的信任上的，不同于一个纯粹新客户对新业务的接受。

影响新业务的新客户的因素主要包括老业务的运行情况、新业务的发展情况、客户的满意程度以及企业的发展状况。当客户进入该阶段时，客户生命周期就进入循环阶段，客户潜力也发挥到了极致，延长了客户的生命周期，从而为企业保持了客户，节约了成本。

二、客户生命周期及其价值管理

不管在哪个行业,客户对卖家来说都是至关重要的,特别是一些老客户,他们会不断地给卖家带来新的客户,所以做好老客户的客户关系管理,防范老客户流失,让老客户带来或者成为新客户,显得尤为重要。在跨境电商领域,卖家要做好老客户关系管理,应重点关注下面几点。

1. 全面质量营销

买家追求的是较高质量的商品和服务,如果卖家不能给买家提供优质的商品和服务,那么买家就不会对卖家满意,建立买家忠诚度就更无从谈起了,因此卖家应实施全面质量营销,在产品质量、服务质量等方面让客户满意。

另外,卖家在竞争中为防止竞争对手挖走自己的客户,战胜对手,吸引更多的客户,就必须向买家提供比竞争对手具有更多"顾客让渡价值"的商品,这样,才能提高客户满意度并加大双方深入合作的可能性。为此,卖家可以从两个方面改进:一是通过改进商品、服务、人员和形象,提高商品的总价值;二是通过改善服务和促销手段,减少客户购买商品的时间、体力和精力的消耗,从而降低货币和非货币成本。

2. 临场反应速度

(1) 善于倾听客户的意见和建议。

买家与卖家间是一种平等的交易关系,在双方获利的同时,卖家还应尊重买家,认真对待买家提出的各种意见及抱怨,并真正重视起来,才能使自身业务水平得到有效改进。在买家抱怨时,卖家应认真倾听,扮演好听众的角色,要让买家觉得自己和自己所提的意见受到了重视。与此同时,仅听取意见还不够,卖家还应及时调查买家的反映是否属实,迅速将解决方法及结果反馈给买家,并提请其监督。

买家意见是卖家创新的源泉。通过倾听,卖家可以得到有效的信息,并可据此进行创新,促进卖家更好地发展,为买家创造更多的经营价值。当然,卖家也要能正确识别买家的要求,并进行正确的评估,以最快的速度生产或采购到最符合买家要求的商品,以满足买家的需求。

(2) 减少老客户的流失。

部分卖家会放任客户流失。因为这些卖家没有意识到,流失一个客户,自己的损失是巨大的。一个卖家如果每年降低5%的客户流失率,利润每年可增加25%—85%,因此对客户进行成本分析是必要的。

举个真实的例子。去年某卖家共有35个老客户(在他那购买过两次或两次以上),今年由于服务质量的问题,该公司丧失了5%的客户,也就是损失了7个客户。平均每个客户每月可产生近10笔订单(订单每笔金额平均在150美元左右),计算可得,其损失约10 500美元,按20%的利润来算,等于损失利润近2 100美元,仅按照6.3的汇率来算,就是13 000多元人民币。即这个卖家一年损失了近15万元人民币的利润。

所以分析客户流失的原因,对于店铺是非常必要的,"商品+服务"这两方面卖家都要做到尽善尽美,管理好老客户,避免老客户的流失,就是一场巨大胜利。

(3) 用平和心态来对待客户的投诉。

当遇到买家投诉的时候,且先不计较结果如何,卖家首先应该让客户感觉到,卖家是抱着积极的态度在解决问题,而不是来让问题更加严重的,所以当客户提出一些要求或者建议的时候,只要合理且在卖家接受的范围内,卖家就应该接受;但是,对于客户提出的不合理要求,卖家同样要据理力争,并适时抵制。

3. 建立关联

卖家可通过为客户建立客户关系档案,及时了解客户的动态,建立客户关系资源库,维护和客户的客情关系。

(1) 向买家灌输长远合作的意义。

买家与卖家合作的过程经常会发生很多的短期行为,这就需要卖家对其客户灌输长期合作的好处,并对短期行为进行成本分析,指出短期行为不仅给自己带来很多的不利,而且还给客户本身带来资源和成本的浪费。卖家应该向老客户充分阐述自己的美好远景,使老客户认识到只有和卖家长期合作才能够获得长期的利益,这样才能使客户与自己同甘苦、共患难,不会被短期的高额利润所迷惑,而投奔竞争对手。

(2) 优化客户关系。

感情是维系客户关系的重要方式,日常的拜访、节日的真诚问候、婚庆喜事、过生日时的一句真诚祝福、一束鲜花,都会使客户深为感动。交易的结束并不意味着客户关系的结束,卖家在售后还须与客户保持联系,以确保他们的满意持续下去。

防范客户流失工作既是一门艺术,又是一门科学,它需要卖家不断地去创造、传递和沟通优质的买家价值,这样才能最终获得、保持和增加买家,锻造自己的核心竞争力,使自己拥有立足市场的资本。

三、客户关系管理的过程

通信技术的发展使客户能够在短时间内就得到充分的资讯,便捷的互动方式使买卖双方沟通更为流畅,联系更为紧密。

忠诚的客户会对某个外贸电子商务平台的产品和服务非常满意,感到平台正在研究并试图满足他的需要,于是就会自愿为平台免费做宣传,将之推荐给朋友和家庭,由此可见建立客户忠诚度的必要性和紧迫性。这也是有效沉淀客户,建立外贸电子商务客户关系管理系统最重要的一步。以满足客户不断变化的需求的方式来回应客户,倾听他们的需要并做出反应,发展正在进行的互动关系,运用客户评估分析技术、客户调研及回访等方法,并通过以客户为中心的策略来改变整个营销战略,将客户资料库作为最有价值的资产。

1. 客户对话

进行客户关系管理时要保持与客户的对话(其中既包括中间商也包括最终客户)。在客户完成第一次购买行为后,适当地询问客户的再购买的意向,是否会在有购买需求时,再次到这个B2B电子商务网站平台来进行了解,是否会将这个平台推荐给朋友,是否相信这个平台一直能保持其水准,以及他们是否感到平台及时回复了他们并关注他们的需要。只有从客户那里得到答复并充分捕捉到其内涵后,平台才能更好地根据客户的想法做营销上的调整,可以是细微的优化,也可以是全盘的重构。得益于互联网技术快速、有效的沟通方式,客户获得境外商品信息的渠道变得极为丰富,要确定相对于竞争对手的客户忠诚度水平,可以根据客户的需求为其定制个性化的产品,在与客户沟通时就明确表现出这个想法,并积极配合做产品重构。当客户感到平台的服务已超出预想,不购买产品会感到歉意时,平台的客户管理可以说就达到一定的成功了。简而言之,要做到以客户为导向来处理客户关系。

2. 属性评估

客户关系管理要有效地进行属性评估。让客户告诉你什么样的产品和服务对他们最重要,并指出每项产品和服务的重要程度(做客户咨询或投诉问题统计,作为定性的评估。同时,给客户做智能化性评估)。

满意度评估应该包括所有这些属性的等级(同竞争对手相比);让中间商告诉你他们需要什么样的资源,你怎样才能帮助他们销售并对其客户进行营销。同时,要善于发现抱怨并有效地进行化解。多数抱怨并没有得到有效记录,处理方式也相当随意,卖方不了解产生抱怨的原因,没有合理进行记录,更没有引以为鉴,这些对外贸商务平台都是非常不利的,因为不断积累的客户抱怨会快速消磨平台的信誉。因此,应该建立有效机制,积累处理客户抱怨的经验。对任何外贸电子商务平台而言,在引起客户不满、造成客户流失之前就发现并及时处理这些抱怨,才能够保证平台健康稳定地发展。

3. 致谢电话和回访

通过电话对最有价值的客户表示感谢,并征求他们的意见,询问还可以为他们做什么。由于电子商务平台在时间上、空间上存在一定距离,对于长期合作的老客户表示感谢同样也是一种巩固客户关系的有效的方法。选择适当的日子,比如客户的生日、结婚纪念日等,事先准备好小礼品于当天送达到客户,同时用电话这一最为直接的方式告知对方送礼物所表达的心意,这对于客户而言无疑是一个意外的惊喜,相信任何人都不会拒绝。尤其是对于存在着时差的外贸电子商务领域而言,若平台自身能够克服时差的困难,在客户一天中最恰当的时间送去感谢及祝福,就能充分使客户了解到其诚意所在,并且能够更深入地了解外贸电子商务平台的专业性质,平添好感,加强继续合作的可能。

4. 丢失客户访谈

有一种不太理想却也十分重要的客户关系管理,即丢失客户访谈。客户的流失很直接地告诉你,你的平台在商品质量上、在营销方式上、在客户服务上存在着很多弊病。确定客户为什么会流失,是否有办法可以挽回是丢失客户访谈中的首要目的,同时也可以发现客户转向了哪家竞争对手,他们的服务与您的电子平台相比更具哪方面的优势。

很多情况下客户不想再到你的外贸电子商务平台进行购买行为的表现是该用户访问量的直接下降,若此时安排客服人员致电询问很有可能引起客户更大的不快。应采取不易影响其正常工作休息的方式进行,比如用电子邮件或手机短信提醒客户很久没有来光顾了,并提供一些促销信息,若此客户还是没有对提供的信息进行点击关注,就已经是客户流失的一种表现,过一段时间同样以邮件方式,以客户反馈的形式尝试对客户一探究竟,并从相应回答中找出原由,针对问题进行平台调整后,还是以邮件的方式提醒客户平台已经完善,随时等待客户的光顾。

 项目实训

2016年的圣诞节消费旺季,盯着消费者钱包的不仅是正在大肆搞促销的商家,还有一批网络诈骗分子。大量亚马逊用户在Facebook、Twitter等社交平台上发帖称,自己曾遭遇虚假亚马逊邮件诈骗,并且已有不少网友因此泄露了个人重要信息。

收到诈骗邮件的多为英国、美国、澳大利亚等地区的亚马逊用户,有些人被告知"订单无法发货",且无法访问亚马逊账户和其他订单,需要通过单击邮件中的一个链接确认信息方能恢复使用。据了解,收件人被要求输入的个人信息包括姓名、手机号、地址和银行卡信息等。

值得一提的是,受骗人在输入个人信息并单击保存后,将会自动地跳转到亚马逊官方网站,这也使得越来越多的消费者很难意识到自己被骗。

另一种常见诈骗手法与之类似。诈骗人会向用户发送一封"订单确认"邮件,声称该用户的订单已确认,并附上订单详情以及预计的交货日期等。而用户如果未购买此商品,可通过图8-1中的链接取消订单。

除了以上两种常见的诈骗方式外,还有一种"领取礼品卡"的诈骗行为。

亚马逊法国用户Guillaume Gaulup在推特上发帖并@亚马逊官方账号称,其于今天收到了一封邮件,被告知获得了价值110欧元的礼品卡,并可通过点击邮件中提供的链接来激活。随后,亚马逊官方回复称这并非官方发送的邮件,并询问对方有无向客服人员反馈。

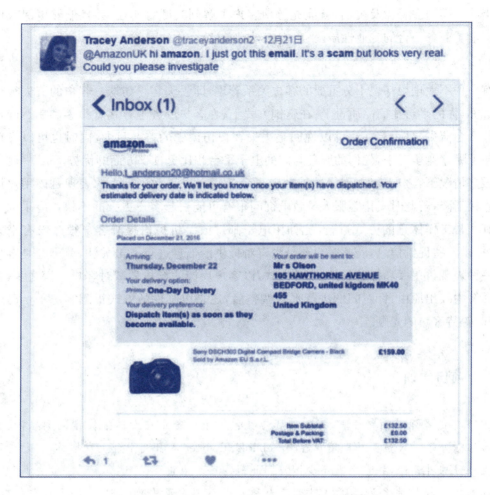

图 8-1 某 Twitter 网友反映的"订单确认"诈骗邮件

事实上,类似的诈骗行为早已有之,亚马逊也在官方网站上给出了解释。亚马逊方面称,亚马逊不会要求用户通过单击邮件中的链接来核实或确认账户信息,不会以订单确认或其他可疑请求为名,要求用户打开邮件中的附件,也不允许亚马逊商家向买家提出这种要求。对于消费者来说,其在节假日购物期间仍应加强防范,不能轻易泄露个人信息。

思考:

请问卖家遇到类似问题应安排客服人员做哪些处理工作?

关键词

跨境电商客服的工作范围　跨境客服的思路和技巧　跨境电商客户关系管理

本章小结

1. 本章主要介绍了跨境电商客服的相关知识,包括客服的工作范畴、客服工作的思路与技巧以及客户关系管理相关内容。

2. 在管理监控职能方面,要注意建立统计工作制度,及时与其他部门沟通以及掌握与其他部门沟通的技巧。

3. 电商客服在为消费者解决问题时要"对症下药",向消费者提供专业的服务、认知消费者的情绪,并能够及时采取解决措施。

4. 在维持与客户的关系中,要合理地进行维护管理,要注意与客户保持电话回访、客户访谈等。

习　题

一、判断题

1. 跨境电商客服的工作范畴仅包含与客户进行沟通。　　　　　　　　　（　　）
2. 跨境电商客户分类的维度要根据店铺特点而定。　　　　　　　　　　（　　）
3. 跨境电商客服人员需要主动承担错误。　　　　　　　　　　　　　　（　　）
4. 跨境电商客服人员需要尽力提供可信赖的数据。　　　　　　　　　　（　　）
5. 跨境电商客服人员只需专心服务新客户,老客户会自动购物。　　　　（　　）

二、简答题

1. 简述跨境电商客服人员的工作范畴。
2. 简述跨境电商客服人员的工作技巧。
3. 简述跨境电商客户关系管理的过程。

第九章

短视频营销和直播推广

学习目标 >>

1. 了解信息传递方式的衍变及跨境短视频的趋势
2. 了解短视频的定义、分类和直播的异同
3. 掌握优质短视频的 5 个元素
4. 熟悉短视频的未来

在过去的几年里,以抖音、快手为代表的短视频平台的兴起,引发了一场覆盖内容、社交、营销等多个领域的革命。当用户的时间被短视频强势收割,当品牌广告也能频频成为内容爆款,大家逐渐意识到,移动营销的下半场,属于短视频。

2020年短视频广告市场规模突破270亿,短视频营销价值成熟KOL资源下沉,中腰部资源加速变现,短视频账号成为短视频营销官方指挥中心,明星、KOL共带节奏引领短视频营销新风尚,美妆类、旅行类、特效/创意类、动画类KOL广告变现前景良好,专家型、地方型KOL崛起,受到用户和广告主喜爱,大数据成突围短视频KOL营销精准投放和效果监测困境的唯一钥匙,大数据驱动短视频内容产业上下游各环节提能增效,人性不会因为技术而发生改变,短视频成为人们新的表达载体,短视频平台逐渐演变成新的资讯及社媒平台,越来越多人投身到短视频行业创业浪潮之中,如何让内容更具有吸引力、感召更多粉丝、如何处理与平台关系,都需要紧跟新趋势。

第一节　短视频及直播元素

一、短视频浪潮:从文字到图像

从人类开始使用符号、语言、文字,到图像、音频、视频,再到今天的短视频,这是一个漫长的过程,每个时代的媒介有着不同的特点。

二、信息和媒介的改变

1. 语言与文字

随着渔猎农耕、畜牧饲养、手工编织和陶器烧制等原始农业与手工业的产生和发展,社会迫切需要记录事物和交流思想的工具,于是最早的文字萌生了,从象形文字、楔形文字到古埃及圣书字,一步步发展为腓尼基字母,进而演变成希腊字母,这是欧洲各种语言的共同来源。从语言交流到文字交流,这是信息本身的变化,与此同时,承载和传播这些信息的载体——媒介也在发生变化。

2. 媒介与信息

加拿大传播学大师马歇尔·麦克卢汉在其著作《理解媒介:论人的延伸》中通过我们熟悉的电光源实例来阐述媒介与信息。电光源本身是单纯的不带信息(message)的媒介,除非我们用它来打出文字广告或姓名。这是一切媒介的特征。同样,直到电光源被用来打出商标广告,人们才注意到它是一种媒介。从这个角度看,媒介即信息的载体。媒介最早用于记录文字,例如,中国将文字记在竹简上,西方将文字记在羊皮卷上,这里的竹简和羊皮卷就是文字媒介。

3. 文字到图像

与文字媒介密不可分的就是图像媒介。最早的象形文字就如同一个个图像。针孔摄影技术是一种在19世纪末期出现的成像术,成为画家们的秘密工具,著名画家、绘画理论研究专家大卫·霍克尼的《隐秘的知识》一书中探究了这个过程。

4. 图像到视频

第一部电影——1888上映的《朗德花园场景》是一部黑白无声纪录片。第一台电视于1924年面世,从此之后,电视走进全世界的家庭中,改变了人类的生活、信息传播和思维方式。

5. 视频到微电影

到了互联网时代,微电影开始普及,很多人开始拿起数码摄像机拍摄,20分钟的时长也成为微电影与长视频的分水岭。2013年,小影Android客户端上线,为用户提供了滤镜、配乐、海报等多种视频剪辑工具,10个月内收获用户100万,被用户称为"手机视频里的美图秀秀"。同年,腾讯微视诞生,时长仅为8秒的视频让人印象深刻。

6. 微电影到直播、短视频

2014年8月,慈善活动"冰桶挑战"进入我国,众多知名人士开始在微博上接力。2015年5月,小咖秀视频拍摄应用上线,提供剧本和场景,让用户参与和表演,8月,小咖秀日活跃用户已达到500万。随后两年,直播开始火爆,虎牙、斗鱼、YY、一直播、花椒直播等直播平台在不同领域表现突出,持续发展,外界持续探讨直播和短视频哪一种形式更胜一筹。

2017年,短视频形式彻底爆发,快手用户突破3亿;抖音短视频平台引入很多知名艺人和意见领袖资源,快速抓住一二线城市用户的眼球。

2020年,快手内容生态报告显示,目前快手国内月活用户数突破4亿。而抖音平台在公开分享中也透露,国内月活用户数已经超过5亿,全球月活更是超过8亿。

7. 跨境短视频及直播

抖音在美国的发展速度创下了中国互联网企业之最。除了与今日头条类似的网站和App-Top Buzz直逼欧美最大自媒体平台Buzz feed之外,抖音的海外版App-TikTok也发展迅猛。NBA新闻显示,TikTok让NBA增加了380万粉丝,4 400万观看量,单纯1个视频的短时间点赞数超过了82 000次,给NBA带来的潜在票房、纪念品、音乐销量高达1.9

亿美元！

目前，Facebook 月活跃用户人数已达 20 亿，与去年同期相比增长 17%，这个数字占世界人口的四分之一；而在 YouTube 和 Facebook 上，每天有 70 多亿个视频被观看。由此看来，在短视频营销时代，跨境电商要充分利用好这些平台的媒介功能，实现更好的宣传效果。图 9-1 所示为国内外短视频平台页面。

图 9-1　国内外短视频平台页面

在《中国移动互联网 2018 半年大报告》中显示，中国移动互联网整体发展增速放缓，在整体用户增长变慢的情况下，短视频行业在 2018 年上半年净增仍达 9 000 万用户，当前短视频月活跃用户已经突破 5 亿。根据 Trustdata 数据统计，在目前使用短视频人群中，有 88% 的互联网用户使用短视频进行社交；79% 的互联网用户通过短视频获取新闻资讯；70% 的互联网用户通过短视频观看音乐 MV 专辑；40% 的互联网用户在电商平台购物时会观看短视频展示。

在如今的文化背景下，人们习惯于看到即时性的、短小精悍的信息，这正好和短视频的特点相契合。同时，短视频也是微电影结合社交属性进一步发展的产物。如今，4G 网络已经非常普遍，5G 时代也已经到来，短视频将成为下一个巨大的流量入口。

三、什么是短视频

随着移动终端的普及和网络的提速，"短、平、快"的大流量传播内容逐渐得到各大平台、粉丝和资本的青睐。

第九章 短视频营销和直播推广

百度百科对短视频的定义为：短视频是指在各种新媒体平台上播放的、适合在移动状态和短时间休闲状态下观看的、高频推送的视频，其时长从几秒钟到几分钟不等。短视频的内容融合了技能分享、幽默搞笑、时尚潮流、社会热点、街头采访、公益教育和广告创意等主题。

相比于文字、图像和传统视频，短视频的生产成本低，传播和生产碎片化；传播速度快，社交属性强；生产者和消费者之间界限模糊。随着用户利用碎片化时间的需求越来越强，短视频时长短、内容相对完整、信息密度大的特点，其集图、音、文等于一身的创作形式，正好解决了很多场景下大众社交、记录、娱乐等复杂的诉求。

快手短视频平台对于短视频的定义是："57秒，竖屏，这是短视频行业的工业标准。"

紧接着，今日头条给出了另一个定义："4分钟是短视频最主流的时长，也是最合适的播放时长。"

本章将时长在5分钟以内，供人们在碎片时间用移动终端观看的短片视频定义为短视频。

目前短视频有四大主流平台：抖音、快手、西瓜视频和淘宝卖家秀，它们也是本章将要介绍的四大平台。

不同于短视频，长视频一般指超过半小时的视频，以影视剧为主。区别于短视频，长视频主要由专业公司完成制作。长视频的代表是网络影视剧，目前的发展越来越专业化，其特点是大投入、大成本和长时间拍摄。长、短视频的对比如表9-1所示。

表9-1 长视频和短视频的对比

分类	长视频	短视频
用户时间	整块时间	碎片化时间
涉及领域	网络影视剧	涉及领域广泛
传播特点	传播速度相对较慢	传播速度快
社交属性	较弱	较强

四、短视频和直播

文字到图片，再到视频，是人类获取信息的演进方式，是一种一直向前发展的趋势。直播是在现场随着事件的发生、发展进程同步制作和发布信息，具有双向流通过程的网络信息发布方式。

关于短视频和直播哪一个更好，早在2016年就有很多商业人士做出自己的判断，一个是奇虎360公司的董事长周鸿祎，他觉得短视频就是一个过渡，直播才是未来发展的方向。他给出的理由是：一来普通话很难拍出好看的短视频；二来短视频长短很难控制，短了表达

不出内容，长了大家又会跳着看。

而直播，既有社交属性，又有媒体属性，还和娱乐有关，所以会成为互联网上一种重要的表达方式。

然而，今日头条的张一鸣则持完全相反的观点，他认为：现在视频的生产、分发和互动形式跟以前不一样了。有了智能手机，谁都能生产出足够吸引人的内容，而且在社交网络上分发也很方便，互动更是没有障碍。一个人除了吃饭、睡觉的时间外，都可以跟其他爱看视频的人一起互动。除此之外，他还拿出今日头条的数据来支持自己的观点：在2016年今日头条每天有10亿次的视频播放量，其中93%的视频时长都在10分钟之内。从某种层面来说，短视频和直播的表现形式不同，满足的市场需求也有差异，但生产和发展领域基本一致。

事实上，短视频和直播之间还存在不小的差异，具体介绍如下。

（1）短视频短小，很易于传播，加上平台不断优化的技术，在社交网络中的地位越来越重要，吸引更多人参与短视频的生产和传播。短视频传播和观看的成本也很低，只要内容足够好，作品足够优秀，就会有无数的使用者自发地转变为销售人员的角色，最终发展成为头部市场。

（2）短视频不需要"实时"，制作者可以花很多时间制作和打磨，而直播强调"实时交互"，作品立刻就会被观众看到。

（3）直播更像是一次服务，只是每次服务的对象很多，而短视频做好了就可以随时随地去传播。

（4）直播和传统长视频一样，更多用来满足用户的内容消费需求，具有很强的社交属性，而短视频并不强调与用户的互动性。短视频和直播的对比如表9-2所示。

表9-2 短视频和直播对比

分类	短视频	直播
表现形式	制作后呈现	实时呈现
满足市场	休闲娱乐	社交互动
实时性	较弱	较强
社交属性	不强调互动性	强调社交互动

五、进入机器算法时代

机器算法是指机器在推荐之前会对用户画像及用户行为进行分析，准确判断用户的喜好，然后选出用户最感兴趣的视频，并推荐给用户。无论是看直播还是看短视频，用户都是在不同的平台上看，在机器算法时代到来之前，是"优酷模式"，人们会根据自己的喜好去找到相关的内容,比如对一个主题的内容感兴趣,用户会在不同的视频平台搜索,找到想要看的内容。进入机器算法时代后,平台方的作用越来越大,平台不是被动地等待用户去搜索,而是根据用户的喜好和大数据来主动推荐内容给用户。

基于大数据的算法进行内容推荐的短视频平台越来越多,也将会成为必然趋势。也就是说,目标用户明确、标签明显的视频内容更可能获得流量倾斜。有一些看似冷门、小众的内容,却能获得极高的推荐和流量,原因就是视频内容非常细化垂直,目标用户明确,就会被机器算法推荐给大量相关用户。机器算法和"优酷模式"的区别如表9-3所示。

表9-3 机器算法和"优酷模式"的区别

分类	机器算法	优酷模式
信息传递	信息推送给用户	用户主动搜索信息
推荐方式	算法推荐	人工推荐
流量倾斜	垂直领域	大类领域划分
算法特点	去中心化	中心化

机器算法的机制有三个方面:视频与用户画像的匹配程度;热度(赞、评论、转发等);发布时间。

例如,抖音的机器算法,流量分配是去中心化的,即使你没有粉丝,发布作品之后也会有一定的播放量,这就是流量池。抖音会根据机器算法给每一个作品分配一个流量池,然后根据该作品在流量池中的表现决定是否把该作品推荐给更多人。

对比抖音和快手的机器算法,我们可以看到两家企业的创始人对算法的不同认识:抖音创始人张一鸣刚开始认为"算法没有价值观",后来说"算法要有价值观",他强调"我们不是一家信息公司,我们只是一家技术公司";快手创始人宿华认为"算法有没有价值观,这个问题我想了30年",而后他又认为"机器不会无中生有地产生一个算法,算法背后是团队的价值观"。

在机器算法模式下,多发原创视频、保持稳定的更新频率才能被算法所认识,才有更多机会被算法推荐。算法继续发展,短视频创作者为了迎合算法而拍视频,视频观看者根据算法被推荐要看的视频,这对我们的未来会有什么影响,是福音还是灾难,我们目前也不知道。

第二节 优质短视频的五个元素

一个优质的短视频应该包括五个元素,分别是价值趣味、清晰画质、优质标题、音乐节奏、多维胜出，下面分别进行介绍。

1. 价值趣味

短视频的第一要素——价值趣味，是一个短视频的基础。

所谓"价值趣味"，是给观众提供某种价值和趣味。一部短视频可能让人看完觉得很无聊，不知所云，也可能让人深受启发，为其提供价值和趣味的共鸣。

西瓜视频2019年度金秒奖春夏赛季奖项正式揭晓，共计29支原创短视频作品在本赛季获选，如图9-2"金秒奖"各项颁奖典礼。其中，《原来街边1元的烤肠就是这样烤的，我以后都不会在街边吃烧烤了》的创作者"翔翔大作战"以及《板娘小薇VLOG12：看魔都孤独的泡面展，才发现这些年泡面白吃了》的创作者"板娘小薇"分获最佳男女主角。"板娘小薇"的作品以最日常的泡面为主题，用短视频展现了艺术展中新颖的泡面池、泡面床等创意项目，并介绍了来自重庆、韩国、日本等不同风味的泡面。视频中，她真实俏皮，极具感染力。

图9-2 "金秒奖"各项颁奖典礼

看到这些名字，我们可以判断它们都是很有价值趣味的知视频，也会发现最受欢迎的视额有一半都具备一个共同特征——真实（真实的人物、真实的故事、真实的情感）；或是很有趣味的主题，这是优质知视频的第一要素。

2. 清晰画质

短视频的第二要素——清晰画质，它决定了一个短视频带给用户的体验。

很多短视额传播不开，和本身的画质有很大的关系。如果视频拍摄得不清晰，画质不够优秀，即使内容很好，也容易被用户关掉。现在很多短视频的画质都在向"大片"靠拢，画面清晰度也符合"消费升级"的要求。

播放介质不同,对视频画质和视频尺寸的要求也不同,如长视频在计算机上播放,需要适合计算机显示器屏幕的大小;短视频在手机上播放,需要适应手机屏幕的大小。

清晰画质是短视频基本态度的体现,也是一个很关键的要素。

3. 优质标题

短视频的第三要素——优质标题,它决定了短视频的打开率。

在广告界,美国权威机构经过科学测试,认为广告效果的50%—75%来自广告文案。世界著名广告文案大师大卫·奥格威曾经指出:"广告是文字性的行业。在奥美公司,员工通常写作越好,提升越快。"

在出版界,一本书的封面文案也会在很大程度上影响一本书的销量。想要增加短视频的打开率,短视频的标题是决定性因素。平台对短视频内容主要通过机器算法推荐分发,机器会从标题中提取分类关键词进行推荐,随后短视频的播放量、评论数、用户停留时间将决定这条短视频是否能够继续得到推荐。

在取标题的时候,创作者需要想清楚这条短视频的内容到底要解决谁的什么问题,也就是"痛点"。例如,有一个短视频账号是做宝宝辅食的,第一次取的标题是"非常简单,十分钟做养脾胃辅食"。

这样的标题就没有说清楚要为谁解决什么问题。如果要解决的是宝宝脾胃不良的问题,就要找到对应的症状,然后取下面的标题:"宝宝消化不良,睡眠不好,十分钟学会调理脾胃蔬菜饼"。

首先,短视频要解决的是宝宝脾胃不好的痛点;其次,消化不良和睡眠不好是脾胃不好带来的症状。宝妈们看到这个标题,就会点击进去观者。有了这样的标题,短视频的打开率就会提升。

4. 音乐节奏

短视频的第四要素——音乐节奏,它决定了短视频的情绪和基调。

短视频本身就是一种视听的表达方式,配乐作为声音元素的重要组成部分,能够更好地传递镜头前的内容。音乐节奏的搭配有三个要点。

(1)尽量把动作放在音乐节奏的重音上,使音乐和画面看起来很协调,也很重点。

(2)挑选和短视频内容相符的音乐类型,如新年风、欧美风、日韩风、民族风和搞笑风等。

(3)学会模仿优秀作品。优秀作品的音乐节奏一般都把握得很好,值得创作者好好分析和模仿,以积累更多经验。

对于短视频创作者来说,音乐负责升华情绪和主题,帮助观众快速进入情境。

5. 多维胜出

短视频的第五要素——多维胜出,它决定了短视频的综合价值。

如今，好的短视频会在编剧、表演、拍摄、剪辑和后期加工等多方面被精细打磨，这种能多维度胜出的视频最终会成为优质的短视频。例如，短视频平台"二更"通过讲述一位73岁的杨长生大爷收养200多匹狼的故事（见图9-3），获得2018年"金秒奖"的"最佳人物记录短视频"，让用户看到了一位老人建立野生动物保护站，保护受伤的狼，最后落脚在"时间最大的善意，是倾尽所能"。该视频在各个方面都很突出和优秀。

图 9-3　《保护狼群》纪录片

一个短视频若是具备价值趣味、清晰画质、优质标题、音乐节奏、多维胜出这五个元素，必将成为非常优质的短视频。

第三节　短视频的未来

人工智能、大数据、增强现实、5G、6G、电影、未来新闻、内容生态、社交和商业模式创新，这些概念都和短视频的未来相关，短视频本身也被媒体、投资机构和学术机构所重视，本节将从"短视频＋"的角度探讨短视频的未来。

1. 短视频＋人工智能

在视频场景识别方面，百度信息流已实现100%机器自动分类，准确率达到98%，未来人工智能（artificial intelligence，AI）技术在短视频中的应用将更深入和复杂，包括对视频的理解及视频生成等各个环节。

最先在短视频领域引入AI的并不是在AI技术上领先的百度，而是阿里巴巴。在2018年"双十一"前夕，阿里巴巴和相关单位共同研发的AI应用"Alibaba WOOD"上线（见图9-4），通过 AI 技术,该平台 1 分钟内能制作 200 个商品展示短视频。

图 9-4　阿里巴巴的 Alibaba WOOD 首页界面

除了具备自动将图片转化为视频的能力外,Alibaba WOOD 还首次使用了音乐情感分析技术。例如,通过大数据分析,对于"甜美"风格的服装,商家大多选择民谣音乐,Alibaba WOOD 就会将"甜美风格"与"民谣"对应起来。未来的短视频将结合人工智能,更加理解用户,让每一个行为更加精准和智能。

就目前情况来看,短视频和人工智能的结合更多地体现在内容审核上,未来会逐步应用在短视频制作和分析等其他领域。

2. 短视频＋大数据

国内著名大数据专家车品觉在《决战大数据》中,对大数据在未来的应用趋势讲到六个方面,分别是应用无线化、信息数据化、交易无纸化、人类智能化、决策实时化和线下线上化。

从大数据分析的角度来看,抖音和快手这两大短视频平台虽然日活跃用户量纷纷破亿,但经过卡思数据的大数据分析可以看出,他们的用户结构、平台营销价值却大不相同,甚至在用户观看时间上都很不一样,抖音用户观看短视频的峰值出现在 21:00—24:00,而快手用户观看短视频的峰值则出现在 18:00—21:00;同时,抖音和快手的互动行为偏好也有较大差别,抖音用户更习惯围观,或为喜欢的视频送出爱心,快手用户则更愿意直抒胸臆,不仅喜欢点赞,还热衷于评论。

根据这些差异,火星文化创始人李浩提出:抖音的核心营销价值体现在"有毒魔性""年轻潮酷""消费力强"等关键词中,因此,在抖音上更适合做品牌,强调品牌理念和品牌态度的输出,发挥关键意见领袖的力量;快手的核心营销价值则体现在"忠诚度""信任度""深度社交关系链"等关键词中,因此快手更适合做转化,强调产品卖点,激活快手独具魅力的"老铁经济",拉动区域销量的直线增长。

有了大数据的统计分析,我们才看得出这些差别,并根据差别做出不同的内容和营销。随着可穿戴设备的出现,人和数据开始真正融为一体,像谷歌眼镜这样的设备,将我们看到的东西实时数据化;像智能手环这样的设备,将我们身体的活动立刻转化成数据。未来这一个个数据会告诉我们什么时候吃饭,什么时候睡觉,什么时候去看短视频,什么时候记忆力最好,甚至当数据足够大、足够智能之后,会直接告诉我们一些问题的解决方案。

更精准的推荐,更清晰的记录,将成为短视频和大数据结合的关键点。

3. 短视频+增强现实

增强现实(augmented reality,AR)将虚拟的信息应用到真实世界,被人类感官所感知,达到超越现实的感官体验。2016年里约奥运会闭幕式上演的"东京8分钟"采用了最新的AR技术,惊艳了全世界亿万观众。

很多短视频平台都会利用人脸识别和AR技术,实现换发色、脸部变形、脸部贴纸等特效,吸引短视频创作者使用。美图秀秀、FaceU、B612等美颜相机最先将AR与视频拍摄相结合。结合人脸识别技术,AR特效相机可以在人的额头添加各种各样的AR造型,增加趣味性。

动漫的受众群体更偏年轻化,结合动漫IP创作的短视频广告,通过差异化找到自己的消费者群体,AR技术已经应用在一些短视频广告中。

4. 短视频+5G

4G时代的短视频还处于萌芽时期,初步建立了连接通道,以记录和分享为主。在经过一代又一代通信技术的更新换代后,5G的网络承载力能够达到4G技术的1 000倍,流量密度可达10 Mbps,这意味着5G网络能够同时满足数量庞大的人群在同一地点对高速网络的使用需求。

5G时代的到来,用谷歌董事长埃里克·施密特的话说,"是一个高度个性化、互动化的有趣世界"。物联网将连接一切,更深度的内容和服务将会出现,网络将更加人性化和智能化。

有预测称:短视频是5G时代移动互联网和新媒体的制高点。5G时代,不只有人的记录,还有设备的记录。更多设备接入,更多数据涌入,并且保持随时在线。人和设备的共同赋能,将产生更丰富的输出和应用,包括看得见和看不见的信息。在未来,5G可能会通过视频实现远程医疗、智能农业等技术。

5. 短视频+未来新闻

初期的短视频作品,复旦大学李良荣教授概括为以下三个特点:重娱乐,轻资讯;重流量,轻质量;UGC(非专业用户生产)多,PGC(专业用户生产)少。

渐渐地,短视频的特点和人们获取新闻资讯的特点变得非常契合。一方面,短视频短则只有几十秒,长也不会超过3—5分钟,不需要人们保持长时间的、持续的注意力,这非常符合当前碎片化的阅读场景,人们在通勤的路上、工作学习的间隙或者休息的时候都可以看,也乐于去看。另一方面,短视频由于时间比较短,因此往往主题鲜明,在视频开头便直接切入主题,开门见山,叙事结构紧凑,传递的信息量较大,在短短的几十秒或者数分钟内就能够把一件事情的前因后果交代清楚,这十分符合当前受众在信息获取方面的高效要求。

这些特点都很符合人们看新闻的需求——短时间内获得更多的信息,并且在开始就可以知道一个新闻的核心,决定是否继续看完一则新闻。未来,更多专业的短视频创作者将会给用户传递足够多的新闻资讯。

6. 短视频＋社交

就目前的抖音来看,抖音有了短视频互动社区的雏形。2018年有一条抖音内容是短视频拍摄者到电视台楼下喊出"××(某节目主持人),你在吗?我来找你了"。很快就有很多用户帮忙转载,最后该节目主持人看到后,在该视频下面回复自己出差没在,外面挺冷,让同学快回去吧。这样的视频和互动已经构建了一个小的社区。根据领英的签约作者苏青阳的观点,从根本结构上来看,抖音依然是一个内容分发平台(点对面分发),它试图去孵化社区平台,却一直徘徊在社区与分发之间。

视频博客(video blog,Vlog)源于海外视频网站 Youtube,从 2012 年开始走红,到 2018 年年初每小时诞生 2 000 条 Vlog 作品,可以说就是短视频时代的博客。一般创作者(vlogger)通过自己的视角记录日常生活片段,将其拼接成视频日志,作为展示生活和表达意见的一种方式。一个 Vlog 的长度为 1—10 分钟,内容多为碎片化的日常记载,没有刻意的故事规划。

Vlog 的主题也各式各样,除了记录日常生活之外,旅行日志、开箱测评都是常见主题。近两年,随着短视频风,国内 Vlog 也逐渐起步,凭借着海外留学生拍摄的日常生活率先打开市场,迅速在"95 后""00 后"年轻人群中蔓延,席卷各大主要社交平台。

这样的短视频形式结合社交能否成为未来的主流趋势还需要时间的检验,然而抖音、快手培育了全民通过视频表达自我的良好基础,再随着 4G 的普及和 5G 的来临,视频互动社区总会有一匹黑马"杀"出来。"短视频＋社交"的未来一定是大有可为的。

7. 短视频＋商业模式创新

目前,通过短视频实现品牌的智能传播已经是很多品牌都在做的营销方式。相比图文等传播形态,短视频的内容让用户的表达更加立体、真实和丰富,短视频引领着人们交流方式的升级和进化。

在这样的背景下,短视频为营销带来了新的想象力:一方面,品牌要在短视频生态中变身为内容创作者,成为关系链的组成部分,融入生态,才能为更多的用户所关注;另一方面,品牌可以通过智能化的手段精准地匹配到用户,通过短视频更加深度地与用户互动,从而实现营销的目的。

因此,"智能＋传播＋短视频"将成为品牌的全新营销方式。用智能化的手段让用户体验和传播美好生活,品牌主动创造美好生活的内容,双方共同打造美好生活的内容能量场,将成为品牌互动营销的重要策略。

以上是短视频在营销领域的商业模式创新,在其他领域(如零售领域、电商领域、金融领域等)也有新的商业模式创新。

移动端网民数及移动互联网流量快速增长,为短视频的发展提供了庞大的用户基础数据。预计到2022年,视频将占据移动端流量的70%,内容轻、时间短的短视频符合用户碎片化的阅读习惯,并满足用户的社交和娱乐需求,这期间还会出现更多的短视频商业模式创新。

关键词

短视频　直播　跨境　趋势　未来

本章小结

1. 梳理了信息传播方式的发展历程,探讨了优质短视频的五种元素以及短视频的未来发展趋势。
2. 重点介绍国内平台,短视频都有哪些平台、涉及哪些领域的内容。
3. 给出短视频的定义,短视频的特点,以及长短视频有哪些异同。
4. 掌握短视频的特点以及和长视频的异同,了解短视频和直播未来发展趋势。

习题

一、单选题

1. 以下关于短视频用户运营的三个阶段说法不正确的是(　　)。
   A. 失去用户　　　　　　　　　　B. 获取种子用户
   C. 流量原理　　　　　　　　　　D. 激活用户
2. 以下关于不同平台运营技巧说法不正确的是(　　)。
   A. 秒拍:用在其他平台上获取的收入,不能快速提升秒拍的流量规模
   B. 今日头条:今日头条的补贴是一种优势,可以利用这个补贴,扶持其他平台的流量
   C. 抖音:无论做受众广的泛娱乐类型还是深耕某个垂直领域,都需要通过专业的内容运营和用户运营,关注音乐的选择,保证内容产出的创意和质量
   D. 美拍:提升节目中网红的知名度,培养网红的粉丝

第九章
短视频营销和直播推广

3. 以下关于短视频分发平台不正确的是(　　)。
   A. 工具型　　　B. 内容型　　　C. 垂直型　　　D. 社群型
4. 以下关于短视频脚本要注意的几个点,不正确的是(　　)。
   A. 受众　　　　B. 风景　　　　C. 情绪　　　　D. 细化
5. 以下关于短视频推广的说法不正确的是(　　)。
   A. 保持短视频的更新频率可以提高平台推荐
   B. 借助节日热点、热门时间可以提高平台推荐
   C. 借助平台热门推荐活动可以提高平台推荐
   D. 录制热点内容可以提高平台推荐,因为热点内容和节日热点等是一回事

二、多选题

1. 以下关于短视频和直播的说法正确的是(　　)。
   A. 短视频制作后呈现,直播实时呈现
   B. 短视频社交互动较强,直播休闲娱乐较强
   C. 短视频实时性较弱,直播实时性较强
   D. 短视频强调互动,直播不强调互动
2. 以下关于大数据时代用户画像的步骤正确的是(　　)。
   A. 基础数据收集　　　　　　B. 构建画像
   C. 人工采集画像　　　　　　D. 行为建模
3. 以下关于长视频和短视频的对比说法不正确的是(　　)。
   A. 长视频占用整块时间,短视频占用碎片时间
   B. 长视频传播速度相对较慢,短视频传播速度相对较快
   C. 长视频涉及领域较广,短视频主要涉及搞笑内容
   D. 长视频社交属性较强,短视频社交属性较弱
4. 以下关于短视频内容策划说法正确的是(　　)。
   A. 在运营一个短视频账号或计划做个人短视频品牌时,应根据需要提前规划好视频分类。常见的视频分类包括美食、旅行、宠物、摄影、日常等
   B. 视频定位问题解决后,在实际的拍摄策划中,用户还需要解决视频脚本、拍摄技巧、配乐、成员、资金等问题。因此,所有的短视频拍摄都是一个系统工程
   C. 视频脚本的作用在于提升拍摄效率,防止毫无目的的拍摄,导致浪费时间,为剪辑增加难度
   D. 视频的封面及视频开始的引导设计非常重要。要想让观众看第一眼就愿意停留,就要对视频内容有清晰的说明
5. 以下关于优质短视频都有的元素说法正确的是(　　)。
   A. 价值趣味　　　　　　　　B. 清晰画质

  C. 时长超过 30 秒   D. 音乐节奏

三、简答题

1. 短视频运营中，分析数据的目的是什么？常用的数据分析软件有哪些？
2. 请简要说明如何建立短视频用户画像。

四、综合题

1. 请以"最让我刻骨铭心的一件事"为主题，策划一次不少于 40 秒的短视频作品。请给出具体的执行方案。
2. 请以"我的大学"为主题，策划一款不少于 1 分钟的短视频作品。内容至少包括自己的基本信息、在校经历和获奖情况。请给出具体的执行方案。

第十章
进口跨境电商

学习目标 》

1. 了解进口跨境电商最新的相关政策
2. 掌握进口跨境电商生态圈和价值链
3. 熟悉进口跨境电商的分类和流程以及进口跨境电商的新零售方案

进口跨境电商生态圈和价值链是什么,怎样解读最新的跨境电商相关政策,进口跨境电商的分类以及做进口跨境电商需要什么资质,其流程是什么,以及进口跨境电商的新零售方案各是什么,接下来我们进行一一阐述。

第一节 进口跨境电商生态圈和价值链

一、进口跨境电商的生态圈

(一) 生态圈的构成

我们一般认为 2014 年是跨境电商的元年,海关总署"56 号"和"57 号"文件出台,从国家政策层面上承认了跨境电子商务。而此前,跨境电商业态或者说海淘业态,呈现的是代购或转运为主要特点的业务形态,基本是由海外代购、转运服务商等小微个体、中小企业主导;随着政策的明朗,跨境电商行业吸引着各电商平台、线下零售商、资本方、创业者、地方政府等各种力量开始角逐跨境电商市场,全行业呈井喷之势,跨境电商也被称之为"中国电商的最后一块蛋糕"。综上所述,我们一般认为,进口跨境电商的生态圈是由海外品牌商、中间交易商、物流服务商和零售商组成,如图 10-1 所示。

图 10-1 进口跨境电商生态圈

(二) 海外品牌商

海外品牌商的职责是定位客户、做好产品、提升品牌价值,然后根据商品特点和品牌价值选择适合的分销模式和渠道。而刚刚兴起的跨境电商,对于绝大部分的海外品牌商而言并未真正参与进来。对于在中国已经有成熟的分销体系的海外品牌而言,通常他们都是一线品牌,经过多年的品牌和渠道经营,中国消费者对其品牌已经耳熟能详,其国内销售渠道也早已多元化和成熟化,而跨境电商的内在特点是破坏甚至颠覆其现有分销渠道体系的。对于这类品牌商,他们并不能像拥抱国内电商那样去拥抱跨境电商。

那么对于在中国没有分销体系的海外品牌商呢,他们没有历史的包袱是否可以甩开膀子开干了?答案是"No"。因为这一类品牌在国内是没有品牌运营的。可以说,这类品牌商品卖得好不好,不是由品牌商推动,而是由渠道商推动,在跨境电商行业则更多由庄家和代购推动。而渠道商的推动多是短期行为,并不能持久。所以,我们经常发现今天Swisse、Devondale、催眠水卖得火,明天又换成了Blackmores、A2和卡乐比。

另外,海外品牌商为保护品牌形象,一个合理的定价体系是非常重要的。正常卖什么价格,促销卖什么价格,全渠道必须统一起来才能维持住价格体系。而跨境电商刚刚兴起,都还处在"烧钱低价抢地盘"的阶段,而这又和海外品牌商的核心诉求相背离。国人与国际友人存在文化上的差异,并且有很多做跨境电商的卖家与平台其实没有真正做过国际贸易,凡此种种,让大多数海外品牌商在当下仅仅成为供应商角色,他们离贸易商很近,却离零售商甚远。

海外品牌商事实上在这里只是供货商,但货物一方面能卖个好价钱,另一方面能先收钱后给货,所以海淘族确实让某些海外品牌商赚得盆满钵满!

(三)中间交易商

一级代理商、贸易商、分销商、供应链金融服务商这个群体才是真正"卖货"的。他们中的绝大多数上不接品牌商,下不对消费者,绝对的"夹心饼干"。一般用中间交易商(以下简称中间商)这个词代表这个群体。在品牌商缺位的情况下,他们是激活市场的重要力量,跨境电商的三条价值链都有他们的存在,他们通过给电商供货、给代购供货、给微商供货等方式形成当下的进口跨境电商供应链体系。

因为互联网和电商天然就是"去中间化",在国内电商圈,品牌商和电商直接对接,国内中间商日子比较难过。我们是不能用看待国内电商的眼光看待这些跨境中间商的,事实上,因为前面阐述的原因(海外品牌商部分),中间商反而成为海外品牌商和零售商的贸易润滑剂。比如,海外品牌商不给买家账期或很短的账期,而跨境电商账期动辄三到六个月,双方诉求难以一致。这时候,贸易商可向海外品牌商进行现金采购,又可给跨境电商一定的账期。这个场景下,贸易商承担了供应链中金融的角色并促成了交易。又比如,对于不了解中国市场的海外品牌商,他们需要通过中间商去推动品牌影响力和推动销售业绩,运气好的时候,某个庄家就能让一款产品成为爆款。

对于跨境电商行业,资金需求是刚需,所以供应链金融服务应运而生。但零售供应链因为作为质押品的商品的多样性、中间商层级较多,使供应链金融风控成为难点;加上跨国物流较长,也使得资金成本提高。跨境供应链金融由链主方发起可能更适合当下的业态,链主可以是大型零售商或是大型分销商,这样就可以解决供应链金融核心的信任问题,资金成本和价格波动也相对比较好解决。又是刚需,又有巨大的市场,相信供应链金融这个细分领域会取得迅猛的发展。

(四)物流服务商

物流服务商群体大致包括海外仓或保税仓、空运或海运、国内快递或邮政、清关行、转运商、物流解决方案服务商,他们基本搭建了跨境电商的物流服务体系。在这个体系内,清关是最重要的环节,而清关的焦点又在于关税。

跨境电商阳光清关模式基本上包括 B2B、B2C、个人物品和邮政包裹。跨境综合税起征点 11.9%,个人行邮税起征点 15%(税额 50 元以内免征)。无论是 11.9%还是 15%,如果能从中偷漏逃,都是巨大的利润空间,所以不乏很多行业从业者试图"富贵险中求"。

事实上,从海淘/代购开始,转运公司的客户(海淘族、代购从业者)衡量一家转运公司是否靠谱、是否优秀的标准是"被税率",而不是时效等物流指标,这造成了转运海淘业态的"灰色"清关。延续当下到跨境电商,同样存在各种"刷单"、还有所谓的"清关尺度"等现象。现状是如何形成的这里不做赘述,但现实的情况造成了某种意义上的"劣币驱逐良币"。

海关总署致力于推动通关的便利性和标准化,如 2016 年 6 月的个人物品新系统和跨境电商全国统一版系统的上线都是这个思路的体现。但中国太大,各地的执行总会有这样或那样的差别,所以无论采用何种清关模式,因为具体落地时管理办法上的出入,客观上会导致某些品类商品在某口岸清关时更为便利或综合成本更低些,造成所谓的"清关尺度"。但无论是规则的"尺度"还是其他"尺度",游走于此边界还是有相当的法律风险。而事实上,跨境电商行业很多企业都有违法的风险,不管是电商公司、转运公司,还是物流公司很多都曾接受过或即将接受相关部门的调查。

(五)零售商

我们把线上电商、O2O 零售商、代购或微商统称为零售商,因为他们是真正接触消费者、促进消费者下单的群体。

从零售商的规模或实力划分,大致可以分为三个世界。

1. 第一世界——平台的世界

目前国内电商平台旗下的跨境业务板块,杰出代表是天猫国际、京东、唯品会、考拉。他们含着金钥匙出生,字典里面没有"生存"二字,只有市场份额和不差钱。前三者本身就是国内电商巨头,做跨境是顺理成章、顺势而为,唯有考拉是借跨境电商为网易系拿到电商游戏的门票。第一世界本质上仍然代表现有电商格局,他们的目标是凭借现有的用户规模、流量和资金优势继续维持乃至扩大其在电商世界的份额和地位。

2. 第二世界——创业者的世界

基本都是跨境电商政策放开前后拿到风投的创业公司,杰出代表有小红书、达令、蜜芽、洋码头。经济下行、资本寒冬、流量陷阱、沉重的跨国供应链、政策的不确定性,平台领头羊可以凭借其母公司源源不断的现金流而不用担心生存,但创业者们的首要任务却是为生存而战!创业者们需活下来!

中国在线零售几乎格局已定,市场份额、用户规模、公司实力产生的规模效益,对零售这一最强调规模效应的商业模式而言,对新进入者门槛极高。加上线上流量被垄断,导致流量成本极高,对线上零售这种低毛利的特质又是致命的打击。据估计,创业型线上跨境电商们流量成本普遍占到 GMV 的 20% 甚至更高。而 Costco 宣称他们的毛利率不超过 15%,京东号称全品类综合毛利率为 12%。

所以,第二世界一定要代表创新的力量,要通过创新产生差异化,无差异化不存活,机会或许就出现在创新的差异化内。

3. 第三世界——微商的世界

遍布全球的海外华人和移动互联网下的流量碎片化构成了以代购和微商为主要群体的第三世界。代购从业者群体数量估计有 30 万—50 万,相信几乎每个读者身边都会有亲戚、同学或朋友在从事代购。对于他们的绝大多数,代购就是一份工作,赚点零花钱贴补些家用而已。同时,代购模式客户黏性和店头扫货的供应链形态决定其生命力的旺盛和持久性。贸易商、水客、微商构建了一条游移在"灰色"地带的现货供应链。水客因为难以监管,使他们成为"清关众包"的完美群体,搭建了一条让阳光清关难以抗衡的供应链。

总体上,这个群体中每个个体都比较弱小,但因为群体数量的庞大,他们合起来的总量巨大。从 GMV 看,其占据跨境电商 GMV 总额的大部分份额。

二、进口跨境电商的价值链

(一) 电商链

电商链商业模式上多是线上电商、O2O 电商;供应链形态不外乎 B2B 备货、海外仓备货和海外寄售模式;清关采用 B2B/B2C、个人物品、邮政包裹等阳光清关方式。第一世界、第二世界基本都在这个链条上,相比第二条链,这条链是国家政策鼓励的,但现状又是最残忍的。原因主要在于这条链过于拥挤。

给电商供货的贸易商和分销商们则处于两难处境,给第一世界领头羊供货,账期太长;给第二世界创业者供货,又担心说不定哪天创业者的企业就倒闭,收不回货款了。好在中间商和物流服务商可以为不同链的客户提供服务,风险相对分散,更容易活下去。

(二) 代购链

顾名思义,代购链就是当下的代购/转运模式,供应链形态多采用店头扫货;清关多采用个人物品和邮政包裹等阳光清关方式。代购和转运业务根据不同国家不同的零售业特点、供应链特点还是有很大差异的。

美国是现代品牌理论的发源地,有着全球最多的世界知名品牌,同时美国具备线上和线下都发达的零售体系,这使得美国成为国内海淘、代购的发源地;同时也使得美国代购具有线上和线下双繁荣的特色。既有遍地开花的收货点,也有数量众多的转运物流商。

在国内跨境电商新业态的大潮下,代购业态正在发生巨大的变化。这个变化最主要体现在供应链的变化上。标类商品正在由代购店头扫货向供应商一键代发给代购转变。非标类商品由个体的店头扫货向买手或物流商批量扫货发展,批量扫货后再一键代发给代购。这些都代表着供应链采购集中的趋势,这个趋势逐步推进的过程中,代购者在价值链中承担角色的演变值得观察。

三、最新的相关政策

(一)商务部等六部委的《关于完善跨境电子商务零售进口监管有关工作的通知》

(1)文件涉及商务部、财政部、海关总署、市场监管总局、税务总局、发改委等六部委,由商务部统筹,重点是海关总署和市场监管总局来监管。

(2)明确了按照个人物品进行监管,但对"明令暂停进口的疫区商品"和"出现重大质量安全风险的商品"除外。也即,此前核辐射区的日本产品,如果没有解除禁令,依旧无法进入。

(3)跨境电商企业(即卖家,货权所有人)承担质量安全主体责任,不过平台需要履行"先行赔付"责任。也就是说,如果消费者在平台购买了某商品,出现质量问题,平台先赔付,之后平台再向卖家追索。这就是为何跨境电商需要在各大平台缴纳高额的保证金了。在天猫国际,保健品类的保证金高达30万元人民币。

(4)跨境电商企业(即卖家,货权所有人)需要出具告知书,内容包括:第一,相关商品符合原产地有关质量、安全、卫生、环保、标志等标准或技术规范要求,但可能与我国标准存在差异。消费者自行承担相关风险。第二,相关商品直接购自境外,可能无中文标签,消费者可通过网站查看商品中文电子标签。第三,消费者购买的商品仅限个人自用,不得再次销售。

(5)跨境电商平台的运营主体必须在境内,至于网址是否要做ICP备案,则没有具体要求。这块此前在研讨会中有争议,因此无法最终确认。显然,对于像亚马逊等全球买卖的平台,很难做到ICP备案。

(6)《通知》"原则上不允许网购保税进口商品在海关特殊监管区域外开展'网购保税+线下自提'模式"的规定基本给线下自提业务判了死刑。此前在深圳、郑州、杭州等地轰轰烈烈的线下自提业务都已经叫停,未来也不会开放。为何这么做?很简单,这个模式对线下的冲击太大了。跨境电商已经在商品准入方面获得了极大便利,如果再在销售范围内放开,那基本就是完全放开了。这个对国内实体经济的影响过大。

(7) 海关主要对虚假三单、身份证信息盗用、走私、商品质量安全等行为进行监管,市场监督管理总局主要对流入线下市场的二次销售行为进行监管。

(8) 各个试点城市人民政府(合计有 37 个城市)是进口跨境电商政策的责任主体。也即,城市人民政府向部委们要求试点资格,那就得同样承担相应的责任。

(9) 政策从 2019 年 1 月 1 日实施,但给予了企业 3 个月过渡期,即 2019 年 3 月 31 日之后就不允许有任何与政策不符的情况。

(二) 财政部等三部委《关于完善跨境电子商务零售进口税收政策的通知》

(1) 文件涉及财政部、海关总署、税务总局等三部委,将跨境电子商务零售进口商品的单次交易限值由人民币 2 000 元提高至 5 000 元,年度交易限值由人民币 2 万元提高至 2.6 万元。

(2) 完税价格超过 5 000 元单次交易限值但低于 26 000 元年度交易限值,且订单下仅一件商品时,可以自跨境电商零售渠道进口,按照货物税率全额征收关税和进口环节增值税、消费税,交易额计入年度交易总额,但年度交易总额超过年度交易限值的,应按一般贸易管理。

(3) 已经购买的电商进口商品属于消费者个人使用的最终商品,不得进入国内市场再次销售;原则上不允许网购保税进口商品在海关特殊监管区域外开展"网购保税+线下自提"模式。

(4) 其他事项继续按照《财政部　海关总署　税务总局关于跨境电子商务零售进口税收政策的通知》(财关税〔2016〕18 号)有关规定执行。

(5) 为适应跨境电商发展,财政部会同有关部门对《跨境电子商务零售进口商品清单》进行了调整,将另行公布。

(6) 本通知自 2019 年 1 月 1 日起执行。

第二节　跨境电子商务进口的分类

一、根据运营模式的不同分类

根据不同的分类方式,可以将跨境电子商务进口分为很多种,这里我们先根据运营模式的不同将跨境电商进口分为海外代购模式、直发平台模式、自营 B2C 模式、导购返利模式、内容分享/社区资讯等五种模式。

1. 海外代购模式

一种是平台招商。这种模式下商家需要获得海外零售的资格和授权，商品从海外直邮，并且可以提供本地退换货服务。还有一种是海外买手制。这种模式下构建了供应链和选品的宽度，但同时也存在传统的依靠广告和返点盈利的模式，导致服务体验相对来说比较差。

2. 直发平台模式

如海外电商直邮，代表企业为亚马逊。模式特点是拥有全球优质的供应链物流体系和丰富的产品品类。这个模式的痛点在于跨境电商最终还是要比拼境内转化销售能力，要提高对本土用户的把握，而至少目前为止，亚马逊在本土下沉这一点做得还不够好。

3. 自营 B2C 模式

即保税自营＋直采，这种模式下平台一般会直接参与到货源组织和物流仓储买卖流程中，提高销售流。跨境供应链服务商通过这种模式与跨境电商平台合作，为其供货，平台提供用户订单后由这些服务商直接发货给客户。这些服务商同时还会提供一些供应链融资的服务。优势在于便捷并且没有库存压力，但实际上就是一般的进口贸易。

4. 导购返利模式

这个模式下有两种类型：一种为技术型，有么么噢、Hai360、海猫季。技术性导向平台通过自行研发的系统自动抓取海外主要大型电商网站的库存，全自动翻译，解析语义，提供海量中文库存帮助用户下单，这也是最早做跨境电商平台的方式；另外一种为中文官网代运营，直接与海外电商签约合作，代运营其中文官网，容易入手、成本低、产品品类丰富。这两种类型都有着早期优势，容易切入跨境电商这个点，解决了信息流的处理问题，库存丰富，方便搜索。但是痛点在于中长期缺乏核心竞争力，库存价格实时更新等技术的要求也比较高，蜜淘等一些早期以此为起点的公司已经纷纷转型。

5. 内容分享/社区资讯

这个模式下典型代表就是小红书。内容引导消费，形成自然转化。优势在于天然的海外品牌培育基地，流量带到福利社转化为交易，但长远还是需要有强大的供应链能力。

二、根据履行模式的不同分类

根据履行模式的不同，一般将进口跨境电子商务分为直邮进口模式和保税进口模式，为了方便对比，我们将这两种模式与一般贸易进口模式从征税对象、报关等各个方面做了一些比较，如表 10-1 所示。

表 10-1 直邮进口、保税进口与一般进口的区别

模式 特点	直邮进口	保税进口	一般贸易进口
征税对象	入境人员携带的行李物品 邮寄物品	进口跨境零售企业的货物	企业间线下贸易的货物
报关概率	有的报关、有的不报关，抽查	全部报关	全部报关
发货地点	海外	保税仓	海外
到货时间	15—20 个工作日	3—5 个工作日	15—20 个工作日
应缴税费	不缴税，或仅缴纳行邮税		需要缴纳增值税和关税，奢侈品和化妆品还需缴纳消费税
计算公式	应缴税额＝完税价格×商品税率，但税额≤50 元时免缴		进口关税＝到岸价×关税税率 消费税＝(到岸价＋关税额)/(1－消费税率)×消费税率 增值税＝(到岸价＋进口关税额＋消费税额)×增值税率
税率	享受行邮税税率，按品类分为 10％、20％、30％和 50％四档		不同品类不同税率，增值税 16％，消费税 30％

三、根据平台运营模式的不同分类

国际 B2B 跨境电商平台有阿里巴巴、环球资源、敦煌网；国际 B2C 跨境电商平台有速卖通、亚马逊、eBay、兰亭集势、Wish；进口跨境电商 B2C 平台有洋码头、天猫国际、网易考拉海购、顺丰海淘，还有洋码头、小红书、蜜芽宝贝等。进口跨境电商平台按照平台运营模式的不同可分为平台模式与自营模式。

1. 平台模式

这种模式由众多卖家分别选品，能够较为灵活地根据用户需求调整商品，产品品类较多，能够解决用户的多元化、长尾的非标需求。平台上的大的商家的产品质量相对来说也有保障，价格也比较有优势，但是小的商家的产品质量很难保证，货源偏末端，价格优势较小。在仓储物流方面较随意，一般来说，平台不指定专门的物流商，根据商家所选用的物流商的不同，客户的体验有很大不同。

2. 自营模式

这种模式取决于平台自身的选品能力，部分平台选品能力强，能自己制造爆品，而部分平台特色不足。产品品类数量上有限制，拓展产品品类的难度很大，但是在标品方面很有

优势。货源大多来自品牌商及较大型的代理商,由平台把控,能够获得部分消费者的信赖,价格方面相对来说有一定的优势,一方面平台大批量采购成本较低,另一方面部分平台对价格进行补贴,但垂直类平台产品品类比较单一,价格受政策影响较大。售后服务由平台提供,有保障,客户体验较好,但是为了客户体验,会加强对仓储物流各方面各环节的把控能力,导致其成本较高。

第三节 跨境电商进口的流程

一、跨境电商进口的资质

(1) 做进口跨境电商需要在国内注册公司,用于在国内开展销售业务,并且用于在海关备案,每个跨境试点城市都有自己的跨境电商公共服务平台,以供商家注册、备案。

(2) 需要有跨境商城,用于线上销售跨境商品、海关备案,比如微信商城、第三方平台商超、来店易商城、店中店触屏商城等。

(3) 经营的国外商品、品牌需要在当地检验检疫机构备案,具体备案方法,可以在当地国检官网注册账号、填写资料等。

(4) 如果涉及保税备货业务,需要涉及三单对碰,即支付单、订单、运单。所以需要提前找好服务商家,一般是支付企业推支付单、物流仓储推运单、第三方服务平台推订单。

(5) 要有国外采购能力:可以自建海外采购公司,或者给供应链企业做代发。跨境供应链整合能力,决定销售源头的成本控制、品类丰富度。

(6) 全渠道销售能力:跨境电商在国内开展业务,一般都需要走全渠道零售O2O,包括入驻第三方平台、自建平台、开设线下旗舰店、招募合作加盟店等,构造各种场景,以便消费者购物。

二、跨境电商进口的流程

(1) 消费者在电商平台下单;

(2) 海外仓发货;

(3) 报关企业向海关提交申报清单;

(4) 支付机构提供支付单,电商平台提供订单号,物流企业提供物流单,三单推送海关进行比对,风险布控等操作;

(5) 清关,放行;

（6）配送，由物流企业配送给消费者；

（7）售后。

跨境电商进口的流程如图10-2所示，通过这个流程图可以很简单地了解整个跨境电商的进口过程，对于跨境电商进口流程可以有一个清晰的认识。但是对于中小平台和卖家比较头疼的一点是，跨境电商B2C直邮必须与海关系统进行对接，进行三单申报与比对，这里面的技术及申报数据规范都是B2C直邮进口需要解决的。那么如何进行快速清关呢？下面介绍跨境电商进口流程中的三种行邮方式，可以根据情况选择合适的方式。

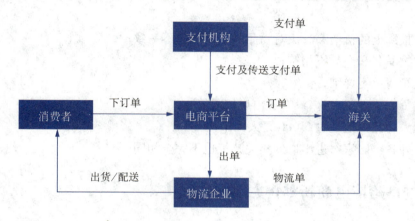

图10-2　跨境电商进口流程

三、跨境电商进口流程中的行邮方式

1. 保税仓备货

先将大批量海外商品从国外商家下到海关监管之下的保税仓库，有顾客下单后，再由各电商根据顾客订单为相应的商品办理海关通关的手续，在保税仓库打包后贴上相关面单，经由海关查验放行后，最后才能委托国内快递派送至购买者手中。这种模式可能更适合大电商，毕竟在降低国际运费的前提下大批量囤货，需要很大一笔资金，然而优势也比较明显，就是国内现货秒发，速度极快。

2. 通过B2C直邮

在顾客下单后，商家根据顾客订单把相应的商品打包好，通过国际物流运至国内的保税仓库，各电商再为相关商品办理海关通关手续，经海关查验放行后，最后才委托国内快递派送至消费者手中。手续更加简便快捷，商品质量能够得到保证，跨境物流速度及物流信息透明化，真正实现了B2C，极大程度上减少了中间流通环节，节省流通成本。这种模式适合小企业，操作比较简单，有客户需要的时候商家再买，不用占用大量货款。

3. 个人物品快件

商家在海外将消费者所购买的商品进行打包后贴好面单,集货发空运到指定清关口岸,货物落地后剩下的由清关公司负责清关,之后委托国内快递派送至消费者手中。这种模式基本上也是为海淘转运服务的,却也是猫腻较多的一种模式。根据媒体的一些负面新闻报道,在选用这一模式时需要格外谨慎。

四、跨境电商进口过程中的扣货的主要原因

(1) 申报单上的价值和海关对物品的估算价值不一致;
(2) 货物品名和产品不相符;
(3) 装箱清单不详细;
(4) 收货人条件不允许(没有进出口权限等);
(5) 私人物品价值超过 5 000 元人民币;
(6) 另外各个国家对进出口的相关政策也不完全相同。

五、进口跨境电商新零售方案

随着跨境电商的深入发展,为了提升消费者的购物体验,跨境电商一方面可以通过开设跨境体验店,通过门店小程序扫码、线上 App 商城等全渠道全场景营销,优化顾客体验;另一方面,借助新零售 ERP 系统对接物流与海关,加快三单对碰的通关速度,提高经营效率。同时,通过多元零售场景与分销渠道,销售全球商品,全渠道营销顾客。

(1) 全渠道全场景运营:开设体验店,通过多元零售场景和分销渠道,将顾客全面数字化。
(2) 对接仓储物流:对接多渠道供应链,丰富跨境商品品类与服务。通过后台 ERP 系统对接海外进口跨境商品,同时引入国产优质商品,丰富跨境商品品类与服务。
(3) 对接报关程序:对接支付机构、物流公司、通关平台,三单合一集中申报。

🛒 关键词

跨境电商进口生态圈　跨境电商进口生态链　中间交易商　跨境电商进口流程　跨境电商进口分类　海淘　代购

🛍 本章小结

1. 一般认为,进口跨境电商的生态圈是由海外品牌商、中间交易商、物流服务商和零售商组成。其中,从零售商的规模或实力划分,大致可以分为三个世界:第一世界——平台的世界、第二世界——创业者的世界和第三世界——微商的世界。进口跨境

电商的价值链包括电商链、代购链。并且相关部门也出台了相关的利好政策,如商务部等六部委的《关于完善跨境电子商务零售进口监管有关工作的通知》以及财政部等三部委《关于完善跨境电子商务零售进口税收政策的通知》,这两个文件的相关内容要熟记。

2. 根据不同的分类方式,可以将跨境电子商务进口分为很多种,这里我们先根据运营模式的不同将跨境电商进口分为海外代购模式、直发平台模式、自营B2C模式、导购返利模式、内容分享/社区资讯等五种模式。接下来,根据履行模式的不同我们一般将进口跨境电子商务分为直邮进口模式和保税进口模式。国际B2B跨境电商平台有阿里巴巴、环球资源、敦煌网;国际B2C跨境电商平台有速卖通、亚马逊、eBay、兰亭集势、Wish;进口跨境电商B2C平台有洋码头、天猫国际、网易考拉海购、顺丰海淘,还有洋码头、小红书、蜜芽宝贝等。进口跨境电商平台按照平台运营模式的不同可分为平台模式与自营模式。

3. 跨境电商进口的流程包括消费者在电商平台下单、海外仓发货、报关企业向海关提交申报清单、支付机构提供支付单,电商平台提供订单号,物流企业提供物流单,三单推送海关进行比对,风险布控等操作以及清关、放行、配送、售后。跨境电商进口流程中的行邮方式包含保税仓备货、B2C直邮和个人物品快件。最后要了解跨境电商进口过程中的扣货的主要原因,提前准备好相关材料。

习 题

一、选择题(不定项选择)

1. 下面哪个不是跨境电商进口的生态圈(　　)?
   A. 海外品牌商　　B. 代理商　　C. 零售商　　D. 政府

2. 跨境电商进口的生态圈中的零售商可分为三个世界,其中创业者属于第(　　)世界?
   A. 一　　B. 二　　C. 三　　D. 四

3. 跨境电商进口的价值链是指(　　)。
   A. 电商链　　B. 代购链　　C. 现货链　　D. 供应链

4. 跨境电子商务进口的分类中做社区资讯的代表是(　　)。
   A. 拼多多　　B. 亚马逊　　C. 小红书　　D. 淘宝

5. 跨境电子商务进口的分类中做导购返利的代表是(　　)。
   A. 拼多多　　B. 速卖通　　C. 小红书　　D. 淘猫季

6. 根据平台运营模式的不同分类可将跨境电商进口分为(　　)。
   A. 自营模式　　B. 加盟模式　　C. 平台模式　　D. 招商模式

7. 跨境电商进口的流程中需要提供(　　)三个单子。
   A. 支付单　　B. 提货单　　C. 物流单　　D. 订单

8. 下面（　　）是跨境电商进口过程中的扣货的主要原因。
   A. 申报单上的价值和海关对物品的估算价值不一致
   B. 货物品名和产品不相符
   C. 装箱清单不详细
   D. 私人物品价值超过5 000元人民币

二、判断题
1. 跨境电商进口的生态圈中的中间交易商是直接面对消费者的。（　　）
2. 跨境电商进口流程中的行邮方式中的保税仓配货是指在保税仓库打包后贴上相关面单，经由海关查验放行后，最后才能委托国内快递派送至购买者手中。（　　）
3. 跨境电商进口流程中的个人物品快件是商家在海外将消费者所购买的商品进行打包后贴好面单，集货发空运到指定清关口岸，货物落地后剩下的由清关公司负责清关，清出来后委托国内快递派送至消费者手中。（　　）

三、简答题
1. 跨境电商进口的生态圈是什么？
2. 跨境电商进口的价值链是什么？
3. 跨境电商进口的生态圈中的零售商可分为哪三个世界？每个世界代表什么？

第十一章
跨境电子商务法律法规

> **学习目标》**
>
> 1. 了解国际组织和主要国家对于电子商务的立法概况;了解跨境电子商务用户注册和产品发布的相关规则;了解跨境电子支付和跨境电子支付系统;了解跨境电子商务领域中的知识产权侵权行为
> 2. 掌握产品交易和平台放款的规则与流程;掌握电子商务支付中常出现的主要问题、重要风险以及风险防范;掌握跨境电子商务知识产权保护的立法建议和措施
> 3. 熟悉我国有关电子商务的立法概况;熟悉如何引导买家给予好评和售后相关纠纷的处理;熟悉跨境电子商务知识产权保护面临的问题

随着跨境电子商务的发展，联合国等国际组织和主要国家均对电子商务进行了相关立法。我国也相继出台了相关的法律法规，以期更好地引导与规范电子商务活动。当今时代信息技术的飞速进步与发展，使得传统的支付服务体系已经不能满足目前的贸易活动，于是，自然而然地催生了高效、便捷的跨境电子平台与支付。跨境电子平台与支付，涉及各个国家商品的流通和不同货币之间的汇率变动等相关业务问题。电子商务行业虽然具有巨大的商机和潜力，但是，在交易的过程中，也存在复杂的交易风险。为防范电子支付存在的风险和解决由电子支付产生的问题，各国对电子商务平台规则、信息安全、知识产权等方面做了相关立法。但在电子商务支付和知识产权保护方面仍然存在不足之处，仍然有进一步完善的空间。

第一节 跨境电子商务的立法概况

一、国际组织电子商务的立法现状

(一) 联合国国际贸易法委员会有关电子商务的立法

1.《电子商务示范法》的产生与主要内容

联合国国际贸易法委员会从1980年就开始探索电子商务的法律问题，早在1982年的第15届会议上，就提出了计算机自动数据处理在国际贸易流通中所引发的法律问题。此后，在1996年6月又提出了《电子商务示范法》蓝本，并于1996年12月在联合国大会上通过。《电子商务示范法》主要分为两部分：一是电子商务法律的总原则部分，共三章十五条，包括第一章一般条款、第二章数据电文适用的法律要求、第三章数据电文的传递等；二是电子商务的特定领域部分，共一章两个条款，在此章中仅对涉及货物运输中使用的电子商务活动作出了规定。

2. 其他有关电子商务的立法

自1982年起，联合国国际贸易法委员会开始编写《电子资金划拨法律指南》，规定了以"电子手段划拨资金"而引发的法律问题及其解决方法，1986年获得批准，1997年正式公布。1985年，该委员会在其第十八届会议上通过了《计算机记录的法律价值报告》，建议各国政府能够确定以计算机记录作为诉讼证据的法律规则，并为法院提供评价这些记录可靠性的方法。1999年6月，联合国国际贸易法委员会电子交换工作组第三十五届会议提出了《电子签章统一规则》草案,并于 2000 年 9 月通过。2001 年 3 月,联合国际贸易法委员会电子交换工作组第三十八届会议通过的《电子签章示范法》,重新对"电子签章"进行了定义:"电子签章是指在数据电文中,以电子形式所含、所附或在逻辑上与数据电文有联系的数据,它可用于鉴别与数据电文有关的签字人或表明此人认可数据电文所含信息。"

(二) 国际经济合作与发展组织有关电子商务的立法

国际经济合作与发展组织在 1980 年提出了《保护个人隐私和跨国界个人数据流指导原则》,在 1985 年发表了《跨国界数据流宣言》,在 1992 年制定了《信息系统安全指导方针》,在 1997 年发表了《电子商务:税务政策框架条件》《电子商务:政府的机遇与挑战》等报告。1998 年 10 月,国际经济合作与发展组织在加拿大渥太华召开了题为"一个无国界的世界:发挥全球电子商务的潜力"的电子商务部长级会议,公布了《OECD 电子商务行动计划》《有关国际组织和地区组织的报告:电子商务的活动和计划》《工商界全球行动计划》,并通过了《在全球网络上保护个人隐私宣言》《关于在电子商务条件下保护消费者的宣言》《关于电子商务身份认证的宣言》《电子商务:税收政策框架条件》等报告。

1999 年 12 月,国际经济合作与发展组织制定了《电子商务消费者保护准则》,提出了保护消费者的三项原则和七大目标。其中,三项原则是指:(1)确保消费者网上购物所受到的保护不低于日常其他购物方式;(2)排除消费者网上购物的不确定性;(3)在维护电子商务发展的前提下,建立和完善网上消费者保护机制。七大目标是指:(1)广告宣传、市场经营和交易信守公平、诚实信用原则;(2)保障消费者在网络交易时的知情权;(3)网上交易需要取得必要认证;(4)网上经营者应使消费者知晓付款相关安全保障;(5)在纠纷中应有行之有效的解决和救济的途径与方法;(6)切实保护消费者的隐私;(7)向消费者普及并宣传相关法律知识。

2000 年 12 月,国际经济合作与发展组织公布了一项关于电子商务经营场所所在地的适用解释,规定将来通过网上进行的电子商务,由该公司经营实际所在地的政府进行征税。2003 年 6 月,通过了《经合组织保护消费者防止跨境欺诈和欺骗性商业活动指南》,指出:为了防止那些从事诈骗活动和商业欺诈活动的人侵害广大消费者,OECD 成员国应该联合起来共同提出快速而有效的办法来收集与共享信息。这些成员国应该在现有方案的基础上,通过网络工具和数据库来收集与共享信息,其中包括消费者投诉和一些悬而未决的调查和案件中的通知信息等。

(三) 世界贸易组织有关电子商务的立法

1995 年开始生效的世界贸易组织《服务贸易总协定》,为所有的金融服务贸易提供了一套可执行的标准。1996 年 12 月,世界贸易组织在新加坡举行的第一次部长会议签署了《关于信息技术产品贸易的部长宣言》,1997年3月开始生效,电子商务第一次被纳入了多边贸易体制。1998年5月,132个世界贸易组织成员的部长们达成一致,签署了《全球关于电子商务宣言》。1998年9月,世界贸易组织理事会通过了《电子商务工作计划》,其中涵盖了服务贸易、货物贸易、知识产权保护、强化发展中国家的参与问题。

(四) 欧盟有关电子商务的立法

欧盟始终将规范电子商务活动作为发展电子商务的一项重要工作,为此欧盟制定了一系列有关电子商务发展的法律制度。1997年4月,欧盟委员会提出了著名的《欧洲电子商务行动方案》,为欧洲的电子商务立法确定了立法宗旨和立法原则,明确指出欧洲究竟能在多大程度上受益于电子商务的关键在于是否具备满足企业和消费者需要的法律环境。《欧洲电子商务行动方案》明确了欧洲电子商务立法的两个目标:第一,充分建立起消费者和企业对电子商务的信任和信心,即通过立法逐步建立起合法、安全和规范的电子商务环境;第二,保证电子商务能够充分进入单一市场,即在欧盟成员国范围内建立一个以欧洲统一市场为基础的电子商务管理体系,并保证该范围内电子商务法律制度的完整一致性。

1. 互联网的法律制度

在《关于内部市场中与电子商务有关的若干法律总指令建议案》中,欧盟委员会对欧盟范围内网络服务的法律制度做了以下几个方面的规定。(1)目的与适用范围。本指令的目的是保证内部市场的良好运行,重点在于保障信息服务得以在成员国之间自由流通。本指令努力在一些领域使各成员国关于信息服务的国内立法趋于统一。(2)无须预先批准原则。各成员国须在国内立法中规定,从事提供信息营业活动不需要预先批准,也不受其他任何来自有关管理部门的决定、办法或认可的限制。但是服务供应商有义务向消费者和有关管理部门提供证明其身份的信息资料。(3)商业信息传播。各成员国必须在其国内立法中规定商业信息传播应符合以下条件:商业信息传播应易于识别;从事商业信息传播的自然人或法人应易于识别;各种促销优惠措施,包括各折扣奖励及赠予都应易于识别,且参与活动的条件和规则应易于达到且须详细无误地予以说明。(4)电子合同。各成员国须调整国内立法,以使电子合同合法化,各成员国应特别保证关于合同缔结的法律制度,不得妨碍电子合同的实际应用,也不得因合同是通过电子方式订立的事实而剥夺其生效权利和法律效力。

2. 电子签名的法律制度

欧盟议会和理事会共同制定和领布了《关于欧盟范围内建立有关电子签名共同法律框架的指令》,为在欧盟范围内电子签名的法律制度协调一致和运转与发展提供了保障。指令的立法目的有两个:一是在欧盟范围内建立有利于电子签名广泛使用的法律环境;二是建立完善关于电子签名的法律认证体系,以便于使电子签名的法律效力得到法律上的认证。该指令的立法重点是规范电子签名的认证服务,制定关于认证和认证服务的共同标准,以保证电子签名及其认证可以在欧盟范围内被认可。

3. 消费者权益保护制度

欧盟在通过的《关于远程合同订立过程中对消费者保护的指令》中,为消费者网上交易的合法权益保护规定了多项措施,明确规定在远程合同订立之前,货物或服务供应商有义务向消费者提供供应商身份、货物或服务性能特点、价格、送货费用、付款及送货方式、消费者撤销订购的权利、报价的有效期、合同的期限等情况,并通过书面或其他持久的载体向消费者确认,消费者至少可以在 7 个工作日内有权退货或撤销合同。

4. 著作权保护的法律问题

欧盟委员会在《关于信息社会著作权及邻接权的指令草案》中,对欧盟成员国范围内统一协调著作权及邻接权保护的法律规范做出了相应的规定,以适应电子商务条件下与知识产权有关的产品及服务的发展需要。

二、世界上几个典型国家电子商务的立法概览

(一) 美国的电子商务立法

美国的许多州为促进电子商务发展,相继制定了电子商务法律,1997 年 9 月 15 日颁布的《全球电子商务纲要》,更可以称得上是美国电子商务发展的一个里程碑。《全球电子商务纲要》,其内容分为"一般原则"和"问题处理建议"两大部分。

1. 一般原则

美国对电子商务提出了五项基本原则。

(1) 私营企业要起到主导作用。互联网的快速发展,将依靠私营企业自身带动,政府可鼓励私营企业自行建立交易规则,采取少干预、少限制的原则。

(2) 政府应当避免不恰当的限制。政府应当避免不恰当的限制阻碍电子商务的发展,在电子商务交易中,当双方自愿、合法地买卖产品和服务时,政府管理机构应当尽量减少干涉,尽量避免对网上发生的商业活动给予不必要的限制,以影响双方的交易活动,阻碍电子商务的发展。

(3) 政府参与建立良好的商业法制环境。政府有必要参与时,其目的应是支持与加强一个可预测、简明和一致的电子商务实行环境。政府机构只在必要时介入电子商务的市场管理,但这种管理应当主要着眼于支持一个和谐的商业法制环境,保护消费者、保护知识产权、确保竞争,以及制定解决纠纷的方法。

(4) 政府必须认清互联网的特征。互联网是在无人主管、自由蔓延跨国界的条件中繁

荣发展,其规则与标准是自下而上发展的。许多传统法律法规无法适用,需要加以调整,以促进互联网顺利运行机制的建立。

(5) 制定法律法规应有利于促进电子商务的发展。

2. 问题处理建议

(1) 海关和税务。由于互联网的国际性特点,互联网应宣告为免税区,凡是网上进行的商品交易如软件、咨询服务等,以电子方式提交的,如果课以关税是毫无意义的,也是难以做到的,应当对此一律免税。此外美国还向世贸组织和其他国际贸易组织建议,对电子商务适用现有的税制,而不开征新的税种。电子商务的税务应当遵循国际税务的基本原则,避免不一致的国家税务司法权和双重征税。

(2) 电子支付系统。信息技术的飞速发展使网上的电子支付变成现实,许多交易已经开始通过网上进行支付,电子银行、电子钱包、智能卡等都已经步入社会生活。但目前电子支付软件的开发处于初级阶段,尚未定型,此时尚不宜制定法规约束,以免妨碍其进步与发展。

(3) 电子商务法规。联合国国际贸易法委员会为支持在电子商务中国际合同的商业作用,制定了一部示范法,确认了通过电子形式的合同规则和模式,规定了电子合同履行的标准,对电子文件、电子签名有效性作出定义。美国政府支持所有国家采用示范法作为制定电子商务使用的国际统一商务法规,支持联合国国际贸易法委员会以及其他国际团体进一步努力制定出示范性的法律条款。

(4) 保护知识产权。网上的电子商务经常涉及知识产权的授权产品,为促进电子商务的发展和促成一个有效的商务环境,销售者必须承诺他们的产品不涉及对知识产权的侵权,购买者必须了解他们购买的商品是经过认证的产品,而不是仿冒产品。为达到这一目的,国际间应建立有效的保护知识产权的国际协定,对于防止仿冒和欺诈行为是非常必要的,各国应尽快立法遏制产品的仿冒和对知识产权的侵犯。

(5) 保护个人隐私权。信息在网上的发布与交流,有利于电子商务的发展,但是在信息的交流与发布中,个人隐私权必须得到尊重和保障。"个人隐私"原则上分为两个方面:①数据收集者应当通知消费者,他们在收集什么数据以及打算如何使用这些数据;②数据收集者应当向消费者提供限制使用和再利用个人信息的有效手段。数据收集者披露信息的目的,是鼓励人们用市场方式来消除对个人隐私的担心。

(6) 信息安全。人们对于目前网络安全的脆弱性十分担心,只有互联网能成为安全可靠的商业媒体,只有确保互联网可靠性的安全措施到位,商家和消费者才能感到放心。其中,电子签名与认证制度是目前确保网上安全的重要手段,密码学是计算机安全的重要工具,美国政府通过制定相关政策促进开发和利用有效的加密产品,既可对存储数据加密,又可对电子通信加密。美国政府以及各相关机构在未来数年内,将同欧盟以及国际合作组织一起,制定安全和加密的共同政策,为电子商务活动提供一个可预测的、安全的环境。

(二) 澳大利亚的电子商务立法

1998年,澳大利亚颁布了《私权保护法》,确立了信息私权保护原则。1998年3月,澳大利亚电子商务专家小组公布了《电子商务:法律框架的构造》的报告。1999年,澳大利亚通过了电子签章法。1999年12月,澳大利亚颁布了《电子交易法》,提出了在电子媒体的中立性原则和技术的中立性原则。

(三) 韩国的电子商务立法

韩国的《电子商务基本法》于1999年7月正式生效,共分为总则、电子通信信息、电子商务安全、电子商务的促进、消费者保护以及附则六章,内容较为全面。《电子商务基本法》总的特点是与该法的第一条所规定的目的是一致的,旨在促进电子商务的发展。该法不仅对电子商务、电子通信信息、发送人、接收人、数字签名、电子商店认证机构等基本概念作出了定义,对通信信息的有效性和电子商务的安全问题作出了规定,而且,还对消费者的保护以专门章节作了规定。该法兼容了欧洲国家与美国在电子商务立法方面的优点,既有美国电子商务法着重于技术问题的解决,又有欧洲国家电子商务法着重于消费者的保护。在当前电子技术日趋完善的情况下,"技术问题的解决"与"消费者的保护"两者功效相辅相成。

三、我国有关电子商务的立法概况

(一)《电子签名法》

我国的《电子签名法》于2004年8月28日通过,并于2015年4月24日和2019年4月23日分别进行了两次修正。《电子签名法》共分为五章,分别为第一章总则、第二章数据电文、第三章电子签名与认证、第四章法律责任、第五章附则。《电子签名法》明确了电子签名和数据电文的定义,即"电子签名"是指数据电文中以电子形式所含、所附用于识别签名人身份并表明签名人认可其中内容的数据;"数据电文"是指以电子、光学、磁或者类似手段生成、发送、接收或者储存的信息。

对于民事活动中的合同或者其他文件、单证等文书,当事人可以约定使用或者不使用电子签名、数据电文。当事人约定使用电子签名、数据电文的文书,不得仅因为其采用电子签名、数据电文的形式而否定其法律效力。可靠的电子签名与手写签名或者盖章具有同等的法律效力,"电子签名"同时符合以下条件时,视为可靠的电子签名:(1)电子签名制作数据用于电子签名时,属于电子签名人专有;(2)签署时电子签名制作数据仅由电子签名人控制;(3)签署后对电子签名的任何改动能够被发现;(4)签署后对数据电文内容和形式的任何改动能够被发现。当事人也可以选择使用符合其约定的可靠条件的电子签名。

本法同时对电子认证服务机构作出了规定。电子签名需要第三方认证的,由依法设立的电子认证服务提供者提供认证服务。提供电子认证服务的机构需要具备下列条件:(1)取得企业法人资格;(2)具有与提供电子认证服务相适应的专业技术人员和管理人员;(3)具有与提供电子认证服务相适应的资金和经营场所;(4)具有符合国家安全标准的技术和设备;(5)具有国家密码管理机构同意使用密码的证明文件;(6)法律、行政法规规定的其他条件。只有向国务院信息产业主管部门提出申请并提交上述规定条件的相关材料审核通过,取得了电子认证许可证书后才能从事电子认证服务。

(二)《电子商务法》

我国的《电子商务法》于2018年8月31日第十三届全国人民代表大会常务委员会第五次会议通过,自2019年1月1日起施行。《电子商务法》共分为七章,分别是第一章总则、第二章电子商务经营者、第三章电子商务合同的订立与履行、第四章电子商务争议解决、第五章电子商务促进、第六章法律责任、第七章附则,主要从电子商务法调整对象、电子商务经营主体、电子商务交易与服务、电子商务交易保障、跨境电子商务、监督管理与社会共治等方面作出规定。《电子商务法》规定,国家鼓励发展电子商务新业态,创新商业模式,促进电子商务技术研发和推广应用,推进电子商务诚信体系建设,营造有利于电子商务创新发展的市场环境,充分发挥电子商务在推动高质量发展、满足人民日益增长的美好生活需要、构建开放型经济方面的重要作用。

近年来,我国跨境电子商务快速发展,已经形成了一定的产业集群和交易规模。发展跨境电子商务,有利于完善我国对外开放战略布局和对外贸易优化升级,有利于推进"一带一路"建设和实施自由贸易区战略,形成对外开放新体制。为支持、促进和保障跨境电子商务发展,《电子商务法》对跨境电子商务专门进行了规定,主要包括以下几个方面:一是国家鼓励促进跨境电子商务的发展。国家促进跨境电子商务发展,建立健全适应跨境电子商务特点的海关、税收、进出境检验检疫、支付结算等管理制度,提高跨境电子商务各环节便利化水平,支持跨境电子商务平台经营者等为跨境电子商务提供仓储物流、报关、报检等服务。国家支持小型微型企业从事跨境电子商务。二是国家推动建立适应跨境电子商务活动需要的监督管理体系,提高通关效率,保障贸易安全,促进贸易便利化。国家进出口管理部门应当推进跨境电子商务海关申报、纳税、检验检疫等环节的综合服务和监管体系建设,优化监管流程,推动实现信息共享、监管互认、执法互助,提高跨境电子商务服务和监管效率。三是国家推进跨境电子商务活动通关、税收、检验检疫等环节的电子化。跨境电子商务经营者可以凭电子单证向国家进出口管理部门办理有关手续。四是推动建立国家之间跨境电子商务交流合作等。国家推动建立与不同国家、地区之间跨境电子商务的交流合作,参与电子商务国际规则的制定,促进电子签名、电子身份等国际互认;国家推动建立与不同国家、地区之间的跨境电子商务争议解决机制。

第二节　跨境电子商务平台规则

一、跨境电子商务平台注册和产品发布规则

（一）平台注册规则

从事电子商务活动的卖家，首先要进行平台注册。平台注册规则，以速卖通平台为例，进行基本的介绍。在速卖通上，注册开店的过程非常简单，只需要拥有一个你本人使用的电子邮箱以及一个实名认证的中国支付账号，就可以开启一个新的速卖通账户。为了确保交易安全，普通会员需要进行身份认证。只有通过了该项认证，你发布的产品才能在前台展示。如果是通过支付宝账号进行快速注册的，则无须再进行身份认证。如果是通过邮箱进行的普通注册，则需通过支付宝账号或银行卡账号认证。

（二）产品发布规则

1. 禁售、限售规则

平台禁止发布任何含有禁限售商品的信息，任何违反本规则的行为，平台将依据本规则给予处罚。"限售商品"，指在发布商品之前，需取得商品销售的前置审批、凭证经营或授权经营等许可证明，否则，不允许发布。若已取得相关合法许可证明，请预先在发布之前提供给全球速卖通平台。"限售商品"，详见《全球速卖通禁限售商品目录》。另外，平台禁止发布不适宜速递的商品，相关商品信息，详见《全球速卖通禁限售商品目录》。

2. 知识产权发布规则

全球速卖通平台严禁用户未经授权发布、销售涉嫌侵犯第三方知识产权的商品。若发布、销售涉嫌侵犯第三方知识产权的商品，则有可能被知识产权所有人或者买家投诉，平台也会随机对商品（包含下架商品）信息进行抽查，若涉嫌侵权，则信息会被退回或删除。投诉成立或者信息被退回/删除，卖家会被扣以一定的分数，一旦分数累计到达相应节点，平台会执行处罚。如果发布的产品含有某公司品牌或商标，则产品必须由该公司或由该公司授权的生产商制造，否则，产品即存在侵权的可能性。全球速卖通尊重和保护知识产权，平台上发布的任何品牌产品信息，都要进行商标资质申请及审核后，方可发布。不论产品因为涉嫌侵权被退回或删除，还是产品被知识产权所有人或者买家投诉，全球速卖通都会发送通知邮件到您的邮箱，若您对退回结果或者投诉有异议，均可以按照通知邮件的操作指引进行申诉。一旦申诉成功，对应的扣分分值将会取消，但如果申诉不成功，则应该极力避

免相同的情况再次发生。

(三) 搜索排序规则

1. 搜索排序的原则

速卖通搜索的整体目标,是帮助买家快速找到想要的商品,并且,能够有比较好的采购交易体验。搜索排名的目标,就是要将最好的商品、服务能力最好的卖家优先推荐给买家。谁能够给买家带去最优质的购买体验,谁的商品就会排序靠前。在排序过程中,速卖通平台始终坚持公平的原则。对于所有的卖家采取一致标准,给予表现好的卖家更多的曝光机会,降低表现差的卖家曝光机会,甚至没有曝光机会。速卖通平台提倡卖家间公平竞争,优胜劣汰,能够提供最好的采购体验给买家,让更多的买家愿意来平台采购,最终促进市场的良性发展。

2. 搜索排序机制介绍

影响卖家搜索排名的因素很多,简单来说概括为以下五大类:商品的信息描述质量、商品与买家搜索需求的相关性、商品的交易转化能力、卖家的服务能力、搜索作弊的情况。下面概括地介绍下卖家的商品如何才能排名靠前:首先,商品要如实描述,且信息完整、准确;其次,商品要与买家搜索或类目浏览的需求非常相关。在这个基础上,速卖通平台会综合考虑商品的转化能力和卖家过往的服务表现。商品转化好、卖家服务好的商品,会排序靠前。但是,如果卖家有相关的搜索作弊行为,这将会大大影响商品的排序,甚至没有排序的机会。

影响搜索排名的因素,主要包括以下几个方面。

(1) 商品的信息描述质量。对商品信息的如实描述,这是最基本的要求。您销售的是什么样的商品,在商品描述的时候,一定要真实、准确。这样,可以帮助买家快速地做出购买决策。由虚假描述引起的纠纷,会严重影响您的排名情况,甚至导致平台网规的处罚。商品描述信息尽量准确完整,商品的标题、发布类目、属性、图片、详细描述,这些信息对于买家快速做出购买决策来说,都非常重要,一定要非常准确、详细地填写。

(2) 商品与买家搜索需求的相关性。相关性是搜索引擎技术里面一套非常复杂的算法,简单地说,就是判断商品在买家输入的关键词搜索与类目浏览时,与买家实际需求的相关程度,越相关的商品,排名越靠前。速卖通平台在判断相关性的时候,关键是商品的标题,然后会考虑发布类目的选择、商品属性的填写以及商品的详细描述的内容。标题的描写是重中之重,真实准确地概括描述商品,符合海外买家的语法习惯,没有错别字及语法错误,请不要千篇一律地描述,买家会有审美疲劳。标题中切记避免关键词堆砌,过度相似的标题关键词堆砌,不能帮您提升排名,反而会被搜索降权处罚。标题中,切记避免虚假描述,这会影响商品的转化情况,得不偿失。商品发布类目的选择,一定要准确,正确的类目选择有助于买家通过类目浏览或者类目筛选快速定位到您的商品。错误的放置类目,会影响曝光机会,并且可能受到平台的处罚。商品属性的填写,要完整准确,真实准确的详细描述,将有助于买家通过关键词搜索、属性的筛选快速地定位到您的商品。

(3) 商品的交易转化能力。平台看重商品的交易转化能力,一个符合海外买家需求、价格、运费设置合理,且售后服务有保障的商品,是买家想要的。速卖通平台会综合观察一个商品曝光的次数以及最终促成了多少成交来衡量一个商品的交易转化能力,转化率高代表买家需求高,有市场竞争优势,从而会排序靠前。转化率低的商品会排序靠后,甚至没有曝光的机会,逐步被市场淘汰。一个商品累积的成交和好评,有助于帮助买家快速地做出购买决策,会排序靠前。如果一个商品买家的评价不好,会严重地影响商品的排名。

(4) 卖家的服务能力。除商品本身的质量外,卖家的服务能力,是最直接影响买家采购体验的因素,速卖通平台期望与卖家一起努力,能够将最优质的服务提供给买家。在搜索排名上面,速卖通平台会非常看重卖家的服务能力,能提供优质服务的卖家排名将靠前,服务能力差、买家投诉严重的卖家会受到排名严重靠后甚至不参与排名的处罚,同时,也可能会受到平台网规的相关处罚。

(5) 搜索作弊的情况。对于搜索作弊、骗取曝光机会、排名靠前的情况,平台在后续将逐步完善,并加大清理、打击力度。在这一点上,平台方向明确,信心坚定,处理绝不手软,卖家和平台应当一起来维护一个公平、有序的市场环境。对于搜索作弊的行为,速卖通会进行日常的监控和处理,及时清理作弊的商品,处理手段包含商品的排名靠后、商品不参与排名或者隐藏该商品,对于作弊行为严重或者屡犯的卖家,会进行店铺一段时间内整体排名靠后或者不参与排名的处罚,特别严重者,甚至会关闭账号,进行清退。

常见的搜索作弊行为主要包括:①黑五类商品的乱放;②重复铺货骗曝光;③重复开小账号抢曝光;④商品标题、关键词滥用;⑤商品发布类目乱发;⑥商品超低价、超高价骗曝光;⑦商品价格与运费倒挂;⑧发布广告商品;⑨商品销量炒作;⑩卖家信用炒作。

二、跨境电子商务平台交易和放款规则

(一) 交易规则

平台为了维护健康有序的市场秩序,制止虚假发货的行为,提升会员的用户体验,特制定了平台交易规则。"虚假发货",是指在规定的发货期内,卖家填写的货运单号无效或虽然有效但与订单交易明显无关,误导买家或全球速卖通平台的行为。例如:为了规避成交不卖的处罚填写无效货运单号或明显与订单交易无关的货运单号等。其中,"货运单号无效"指货运单号本身不存在,也包括使用小包未挂号导致无法追踪物流信息的情况;"虽然有效但与订单交易明显无关"指货运单号虽然存在,但与订单下单时间不符,如物流的收件时间明显早于订单下单时间,或寄递的地址明显与买家提供的地址不同,如寄递地址与收

件人地址不在一个国家。

虚假发货行为根据严重程度，分为虚假发货一般违规和虚假发货严重违规。虚假发货一般违规包括：在规定的发货期内，卖家填写的运单号无效或虽然有效但与订单交易明显无关，误导买家或全球速卖通平台的行为；卖家申明发货但5个工作日内运单无物流上网信息。虚假发货严重违规行为，包括以下情形：①虚假发货订单金额较大。②买卖双方恶意串通，在没有真实订单交易的情况下，通过虚假发货的违规行为误导速卖通平台放款。③多次发生虚假发货一般违规行为。

（二）放款规则

1. 一般放款规则

速卖通中的订单采取的是有担保交易的形式，必须满足买家确认收货和物流妥投两个必备条件。如果速卖通依据合理判断订单或卖家存在纠纷、欺诈等风险，则速卖通有权延长放款周期。针对交易完成的订单，速卖通会进行系统和人工的物流核实，只有确认为"物流妥投"，订单的款项才会打入卖家的账户中。

2. 特殊放款规则

在特殊放款规则出台之前，在一般放款条件下，如果订单的物流信息没有妥投记录，订单款项将被系统暂时冻结180天，从买家支付货款成功那天开始计算。所以提前放款是速卖通成长的最大利器。只要在速卖通的各类经营指标达到系统计算的风控综合指标要求，都可以免费加入提前放款计划。

三、跨境电子商务平台评价和纠纷处理规则

（一）评价规则

全球速卖通交易评价等级体系对评价规则作出了完善的规定，平台将采用比较直观的勋钻冠（勋章、钻石、皇冠）来表示买卖双方的评价等级。这样买卖双方可以在好评率之外，又有了一个可长期累积的信用体系。相同买家在同一个月内对同一个卖家只做出一个评价，相同买家在同一个自然旬内对同一个卖家做出的多个评价算一个。平均评价星级的计算公式为：平均评价星级=该买家评价星级总和/评价个数（四舍五入）。卖家所得到的积分，决定了卖家店铺的等级。交易等级体系将会在产品页和商铺中展示。

（二）纠纷处理规则

卖家发货并填写发货通知后，买家如果没有收到货物或者对收到的货物不满意，可以在卖家全部发货5天后申请退款（若卖家设置的限时达时间小于5天，则买家可以在卖家全

部发货后,立即申请退款),买家提交退款申请时,纠纷即生成。当买家提交或修改纠纷后,卖家必须在5天内"接受"或"拒绝"买家的退款申请,否则,订单将根据买家提出的退款金额执行。如果买卖双方协商达成一致,则按照双方达成的退款协议进行操作;如果无法达成一致,则提交至速卖通进行裁决。纠纷提交速卖通进行纠纷裁决后的2个工作日内,速卖通会介入处理。主要包括以下情形:①买家可以在卖家拒绝退款申请后,提交至速卖通进行裁决。②若买家第一次提起退款申请后15天内未能与卖家协商一致达成退款协议,买家也未取消纠纷,第16天系统会自动提交速卖通进行纠纷裁决。③若买家提起的退款申请原因是"货物在途",则系统会根据限时达时间自动提交速卖通进行裁决。

对于纠纷,为提高买家体验和对全球速卖通平台及平台卖家的信心,全球速卖通鼓励卖家积极与买家协商,尽早达成协议,尽量减少全球速卖通的介入;如果纠纷提交至速卖通,速卖通会根据双方提供的证据进行一次性裁决,卖家同意接受速卖通的裁决;并且,如果速卖通发现卖家有违规行为,会同时对卖家给予处罚。

如果买卖双方达成退款协议且买家同意退货的,买家应在达成退款协议后10天内完成退货发货并填写发货通知,全球速卖通将按以下情形处理:①买家未在10天内填写发货通知,则结束退款流程,并交易完成。②买家在10天内填写发货通知,且卖家30天内确认收货,速卖通根据退款协议执行。③买家在10天内填写发货通知,30天内卖家未确认收货,且卖家未提出纠纷的,速卖通根据退款协议执行。④在买家退货并填写退货信息后的30天内,若卖家未收到退货或收到的货物货不对版,卖家也可以提交到速卖通进行纠纷裁决。

第三节　跨境电子商务支付的法律制度

随着计算机信息技术的进步和发展,以银行信用为基础建立的汇票、支票、本票等支付服务体系已无法完全满足当今以全球化、网络化、电子化为特征的贸易支付需求,支付体系已经发生了革命性的变革,新时代的支付体系随之诞生。电子支付服务,作为非现金支付服务的一种重要形式,具有支付便捷、低成本、高效率等各种优势,支付范围也可以涵盖出行居住支付、跨境消费购物支付、基金理财、便民缴费等众多支付领域,电子支付将以其独特的市场优势在现代支付体系中扮演越来越重要的角色。

一、跨境电子商务新模式的合法性判断

(一) 基本原则

第一,中立性原则。原则上说,各种商业模式在法律面前,均是平等的。对于任何商业模

式,法律均应该保持中立,不歧视对待任何商业模式,同时,也提供一个公平竞争的制度环境。

第二,鼓励性原则。《电子商务法》(第3条)以及国务院发布的关于鼓励平台经济发展的政策与法规,都强调鼓励发展电子商务新业态。监管层与执法者对电子商务新模式应该采取包容审慎的态度。对于一些业态创新,不宜草率行事,扼杀商业模式的创新发展。

第三,实质性判断原则。认定某种商业模式不合法,不能采取机械的形式化的标准,而应该进行具体的论证和分析:①相关的商业模式,究竟是否具有实质的社会危害性?②相关的行为,是否扰乱了社会经济秩序?③相关的活动,是否在创造真实的价值?④整个事业计划,在具体运作当中,是否在商业逻辑上会导致必然出现的受害者群体?如果不能在这四个问题上给予明确而肯定的回答,就不能认定相关的商业模式存在合法性层面上的问题。

(二) 对"合法社交电商"与"非法传销行为"的区分

第一,分析相关的商业模式中,在各主体之间分享的利润的来源。如果相关利润来源于真实的产品销售所获得的正常佣金,而非下线以各种方式向上线所作出的贡献,那么,就不存在问题。

第二,分析终端的商品或服务的购买者,是否享有充分且得到实际保障的退换货权利。如果货物的销售者确保了终端购买者的此项权利,那么,应该不存在问题。

第三,针对团队计酬模式本身,应该考虑相关商业模式所设计的报酬结构是否会产生一种明显的不正当激励,使得产品或服务的购买者主要是为了提升自己在组织中的等级地位,而不是为了满足真实的消费需求而购买产品。如果这种情况不会普遍出现,应该不存在问题。

第四,如果以购买某种产品或服务,作为进入社交电商推广分销体系的前提条件,需要具体分析,如果解除"商品销售"与"商业机会"之间的捆绑关系,相关产品的销量是否会发生剧烈的波动或下降。如果答案是肯定,可以认为消费者的真实需求只是其中很小的一个因素,反之,则应该没有问题。

第五,如果涉及变相的非法集资等金融领域的违法犯罪行为,应该从金融监管的视角予以介入。尤其是当进入某种商业分销和利润分享体系的行为变相地成为某种投资活动时,需要加以密切关注和防范。

以上五个方面的判断,有助于从实质性的角度来把握相关的行为是否具有实质的、且应当受到处罚的社会危害性。

二、跨境电子商务支付风险

跨境电子商务行业虽然具有巨大的商机和潜力,但是,与线下市场和国内电子商务交易相比，它也面临着更为复杂的交易风险问题，比如，在支付方面，交易汇率的浮动等会引发一定的交易风险。如何有效应对这类新型风险，我们应当事先了解在线跨境交易中可能存在的支付风险，然后，再探讨与商议有效的解决方案。

第一，跨境电子商务在信息审核方面存在一定的缺失与问题。目前相关跨境电子商务的行业规则和法律法规相对不太成熟，在有效的法律法规出台之前，支付机构省去没有具体规定且成本较大的程序流程，在审核客户的身份信息上采取普通且成本较低的信息技术，而放弃采用效用高但成本高的大数据信息技术实现核查环节，以期追求利润的最大化。在跨境贸易中，利用技术漏洞伪造个人身份信息，导致主体身份虚假信息的案例逐渐泛滥。

第二，在客户付款和退款时，存在一定的汇率差距，这样会导致客户存在一定的汇率变动风险。在客户付款后商家收到货款前，汇率随着市场的变化而有所变动，汇率的变动直接关系到资金的实际购买力。支付机构在收到资金后，一般在下一个工作日集中进行结售汇。当消费者对货物不满意，货物退回商家过程中，购物资金存在兑换不足额的风险。

第三，跨境电子业务在监管方面存在一定的风险。尽管跨境支付业务有一定的发展规模，但各支付机构的需求大小、经营合规化程度、技术成熟条件不一样，导致业务发展紊乱。不仅在业务办理流程、国际收支统计申报、风险控制等运营方面没有统一的标准，而且在跨境贸易的过程中，客户外汇账户存在备付金被挪用或者损失的风险。

第四，跨境电子交易在网络支付方面存在一定的风险。相关数据表明，不仅是当前存在的各类网络支付安全问题直接制约着跨境贸易的发展，支付宝账号被盗、跨境支付资金无意间被转走、木马和钓鱼网站的泛滥等网络问题也影响了境内消费者的境外购物体验。由于互联网渠道的跨境资金支付风险，跨境贸易的推广严重被影响，境内客户可能面临个人隐私信息被窃取、银行卡被盗用的风险。在交易数据传输过程中，也可能会因信息故障或系统崩溃而导致支付信息丢失。另外，一些非法人员利用钓鱼网站或其他计算机技术盗取支付的账号和信息，会对交易方造成巨大的损失。

第五，在跨境电子交易中，第三方机构跨境支付可能产生相关的外汇问题。首先，在《跨境支付指导意见》的条例和规定中可以看出，外汇管理制度中存在第三方支付机构定位不明确的问题。如在主体参与跨境支付业务中，第三方支付机构本身并不是金融机构，但其却承担了部分类似银行的外汇处理职责。也就是说，由于《跨境支付指导意见》的法律地位太低，目前并不能解决如何从法律角度去明确第三方支付机构的外汇管理问题。其次，传统的外汇管理机制和制度也面临着挑战。一方面，跨境交付领域中，第三方支付机构的定位是跨境交付的收付款方，涉及的主体并不仅仅像传统外汇管理机制只涉及银行和当事主体。因此，监管机构并不能及时有效地进行相关方面的统计。如此，由于交易资金将在第三方支付机构中大量沉淀，长此以往，会产生资金安全和国际机构对外汇统计问题。另一方面，因为缺少以前所采纳的书面凭证，对跨境支付通过信息渠道来完成交易和传递交易信息的真实性需要加强把握。

另外,对于非预期损失的退单问题,也就是客户通过发卡行撤销订单付款,这也是值得我们去关注与解决的问题之一。

三、跨境电子商务支付风险防范对策

针对跨境电子商务存在的潜在法律风险,从第三方机构和监管机构的角度出发,提出如下具有建设意义的对策和建议。

(一)履行审核责任,保证交易真实

在信息审核方面,支付机构应严格按照外汇局及人民银行的有关指导意见,认真核查跨境支付业务参与者的身份和交易信息。不仅增加与交易直接参与者的信息交互环节,还要对留存客户和商户相关信息进行5年备查,确保参与者身份的合法性和真实性,防止出现同一个体操控境内客户和境外客户的现象。外汇分局应定期抽查审核交易方的身份信息,对于未按照规定办事的支付机构给予相应的处罚。此外,支付机构为了保证交易的真实性,应及时并准确地将相关业务信息和数据上报给有关机构。对于参加跨境试点业务的支付机构,外汇管理分局应该开展现场和非现场核查,并制定可实施的方案对支付机构进行长期有效监督,对违反相关规定和外汇管理法的支付机构,则予以低额度交易;情节严重的,给予支付业务资格吊销的处置。最后,支付机构与外汇局之间增加一个逆向的交付环节,以期确保身份信息审核结果能够及时提交。

(二)把控汇率风险,减少损失

汇率计算价格是不可由支付机构自行变更的,而应按照人民银行所提供的汇率标价为客户办理结售汇,保证境内客户在支付货款时不受支付机构差异的影响。另外,为了保证客户及自身合法权益,考虑到交易过程中的汇率等因素的变动会影响资金的购买力,支付机构应该事先与客户在货物退款、服务手续费等方面,就汇兑损益情况达成合理的协议。在汇率法规方面,首先应在外汇管理法规中确立第三方支付自身管理职责及其在跨境支付中的监管责任。然后,需要强化内外的监管制度和机制,落实责任的追究制度,保障跨境支付有序进行,适当填充跨境支付业务中外汇的统计制度,对检测信息和外汇信息进行有效的统计和联系。最后,要建立审查制度,针对异常的情况和交易账户,给予预警的风险控制。这里要求处理跨境支付业务的第三方记过应具备真实物品和虚拟物品隔离的管制机制,针对不同交易的信息分类协同管理,并应该定期向外汇管理局或者央行等监管机构汇报情况。另外,为使得跨境贸易和跨境交易的信息监测更加准确和细化,减少支付的风险并让我国尽早进入人民币国际化轨道,我们应在外汇管理局的协调下,与工商部门、海关合作,建立跨境贸易共享平台。

(三) 审慎监管业务，把控风险方向

外汇管理局在制定标准上应把握一个大体的方向，各分局因地制宜，设计一套适合本地区发展的业务运营方案来促进跨境贸易的扩大。另外，监管机构应整顿不合理的操作流程和相应的业务，为境内外客户和商家提供更好的服务，也为跨境电子商务提供一个健康、有序的运营环境。此外，监管部门应实时了解客户外汇备付金账户的收支范围。在未取得外汇管理局审批前，支付机构不得存入或提取现钞，即使在经营方面存在亏损的，也需要向外汇管理局上报情况，待批准后，才能通过自有外汇备付金账户进行外汇补充。

建立健全我国跨境电子支付服务监管法律制度，还可从国内法和国际法两个层面进行考虑。

1. 在国内法层面的完善建议

（1）合理配置监管权责。机构明确、权责统一，是实现有效监管的基本前提。跨境支付服务监管，属于电子支付服务监管的组成部分，要想实现跨境支付的有效监管，必须合理安排、设计电子支付服务的监管模式。

（2）完善外汇管理制度。在《非金融机构支付服务管理条例》的"跨境支付服务"中，进一步加强支付机构的跨境支付监管，严格落实跨境支付业务审批和动态监管机制，明确支付机构跨境支付中的外汇账户开立、结售汇等问题，切实防范非金融支付机构跨境支付业务的各种风险。其一，明确第三方支付机构的外汇管理职责。在《外汇管理条例》中明确第三方支付机构为外汇管理的主体范畴，明确赋予该类机构以非金融机构在跨境支付中的监管职责。其二，完善跨境支付中的外汇收支统计机制。将执行外汇收支信息统计与监测作为第三方支付机构的法定义务予以明确，落实责任追究制，强化内外部监督机制。其三，强化跨境支付中交易信息真实性的审查制度，落实审查责任，建立异常交易和异常账户预警机制。

2. 国际法层面的完善建议

（1）冲突化解与自我保护：强化 WTO 相关规则的法律解释。金融全球化与市场化的发展和支付国际化的需求，这都要求我们须重视电子支付服务法律监管的国际化问题。第一，电子支付服务国际化，这是不可逆转的发展趋势，我国应该强化对相关国际条约的解释，从多维角度界定"电子支付"。第二，电子支付服务市场国际化的法制构建。在我国，金融服务市场的全面开放，也只是一个时间问题。如何能在引入服务竞争和市场安全之间保持平衡，这是一个亟待解决的问题。从总体上讲，"第三方支付机构跨境电子支付"属于电子支付服务的一部分，应该及早建立健全自由、透明、开放式的电子支付服务监管体系。

（2）加强国际合作：建立以《国际贷记划拨示范法》为基础的区域性监管合作机制。从国家间法律协调上讲，我国应当加强与不同国家之间电子支付服务监管的立法协调，具体

包括电子支付服务内容、风险责任认定及监管标准等多个方面。但是,由于各国对第三方支付机构的法律定位、金融监管的历史传统、各国社会经济基础的差异以及各国利益之冲突等因素的存在,建立国际性的、有约束力的合作法律机制在短期内还不能实现。为了加强电子支付服务领域的国际合作,促进跨境电子商务的发展,可以考虑建立区域性的监管合作协议,例如,"中国—东盟电子支付服务监管合作协议""中国—非盟电子支付服务监管合作协议"以及"金砖国家电子支付服务监管合作协议",等等。

(四)加强技术研发,保障支付安全

支付机构,是跨境交易者的中介,处于跨境贸易的核心位置,为保障交易的安全,应加大技术的研发力度和提升跨境支付的网络安全技术,以期保障交易的安全,比如,开发可以精确验证参与者身份信息的系统;对跨境支付的数据信息进行加密;利用当前先进的大数据以及云计算数据技术,对跨境交易的参与者进行信用等级划分;在后续的交易中,对等级低的客户和商家着重考虑,为境内外客户通过更加安全、有保障的购物网络环境,赢得更多参与者的信赖,等等。此外,监管机构应通过定期检查跨境购物的网络环境和加大支付安全的违法处罚力度,为境内消费者营造一个和谐的跨境消费氛围。

(五)完善法规制度,保障服务高效

首先,跨境支付业务不仅属于电子支付监管的领域,也是该组织的监管组成部分,我们须安排和设计电子支付的监管模式来实现跨境支付的高效监管。对于第三方监管的问题,美国和欧盟的监管模式均依赖各自的监管传统和监管体系。而基于该服务的特殊性,我国跨境支付的监管模式应完善分类监管机制。这一模式是央行针对支付整体风险和电子支付风险所采取的,以期强化宏观监管的职能,克服分业监管的弊端,同时也可以弥补央行没有区分非金融机构和金融机构的缺陷。其次,应提高机关立法的深度,以期完善非金融机构的服务框架和机制,由央行、外汇管理局和银保监会等监管机构共同研究并出台非金融机构的管理法规。针对《跨境支付的指导意见》,需要详细拟定各项管理规定,使得其内容涵盖跨境电子支付的含义、监管技术、监管程序流程等风险控制措施。落实支付机构资金管理和信息管理的程序原则,并针对网页给予信息披露,允许境内消费者进行判别。

第三方支付、商业银行和专业汇款公司,这些是跨境电子转账汇款的主要渠道。用户对跨境汇款便捷性和低费率的需求,往往能够通过第三方支付得到满足。国家外汇管理局发布《国家外汇管理局关于开展支付机构跨境外汇支付业务试点的通知》,以支持跨境电子商务支付业务。

在跨境支付业务中,由于单证审核困难,保管信息难以与资金流相匹配,以及对基础交易真实性判断难度大等因素,不仅给外汇管理增加了难度,也更容易滋生国家型"洗钱""挪用客户资金"以及"信息安全机制缺失"等法律问题。具体体现在:支付账户未落实账户实

名制,为"黄赌毒"、洗钱、恐怖主义融资及其他违法犯罪活动提供便利。某支付机构通过开立大量假名支付账户,为境外赌博机构提供支付交易高达数亿元,非法跨境转移资金风险巨大。部分支付机构客户资金和信息安全机制缺失,安全控制措施不到位,对消费者的信息和财产安全构成严重威胁。可以说,业务创新层出不穷,跨境第三方支付的法律风险也呈现出不同的特点。

第四节 跨境电子商务的知识产权保护

一、跨境电子商务的知识产权保护现状

(一) 跨境电子商务中的知识产权保护情况

1. 知识产权在跨境电子商务中的作用

知识产权,在跨境电子商务活动中已成为传递品牌信赖的标志,买家主要通过专利、商标、版权识别消费产品的信息,进行产品的可靠度对比。知识产权因为自身的价值特性而成为消费者降低寻找成本和获得优质服务、提升生活体验品质的重要因素。跨境电子商务作为利用电子数据处理技术进行贸易活动的电子化商务运作模式,其核心是"数据信息",而这些数据信息往往以文字、图形、声音等方式进行呈现,而这些内容多少都会涉及商标、版权等不同种类的知识产权事宜。

2. 我国跨境电子商务知识产权保护的现状和挑战

目前,国内跨境电子商务行业的市场秩序比较混乱,侵犯知识产权,贩卖假冒伪劣产品等违法行为屡见不鲜,海外消费投诉众多,"劣币驱逐良币"现象严重,中国买家集体知识产权形象不佳,严重影响国外卖家对中国产品的消费信赖。

(二) 跨境电子商务侵权特点及表现形式

1. 特点

(1) 近年来,国内人民法院审理的包括跨境电子商务的知识产权纠纷案件呈上升态势,电子商务平台统计的数据显示电子商务的知识产权纠纷呈现上升趋势。

(2) 从纠纷产生到案件管辖的区域分布来看,电子商务知识产权纠纷案件主要集中在东部沿海及内陆发达省、市,这主要是由于"被告住所地"或者"侵权行为地"为此类案件的主要管辖原则,而目前从事电子商务的国内经营者多集中在北京、上海等直辖市以及长江三角洲、珠江三角洲等经济发达地区。

(3) 在电子商务知识产权侵权纠纷中,侵犯注册商标专用权纠纷案件和侵犯著作权纠纷案件占四成左右,侵犯专利权纠纷案件占不到一成,不正当竞争纠纷案件大概占一成,由此可见,大多数案件类型为侵犯著作权、注册商标专用权的纠纷,两者的比例大致相当。

(4) 案件的标的额大概在数万元和数十万元之间,数万元的案件比重较高。然而,虽然案件的标的额普遍不高,但此类案件引发了较为广泛的关注。

2. 表现形式

(1) 商标权侵权。

在跨境电子商务平台中,最为突出且最需要解决的问题,就是商标权保护问题。网络销售侵犯注册商标专用权的商品、在相同或类似商品上使用与他人注册商标相同或者近似的商标、商标被注册为域名、商标被使用于企业名称,等等,这些都是商标权遭遇侵权的主要情形。这几种情形,并不是单独的,有时候,也会同时发生。随着电子商务向纵深不断发展,商标权的侵权行为将越来越多地以综合化和新类型化的形式出现。

(2) 著作权侵权。

在跨境电子商务交易过程中,通常要将享有著作权的作品进行数字化,比如,将文字、图像、音乐等通过计算机转换成计算机可读的数字信息,以进行网络信息传输。将数字化的作品上传到网络之后,由于网络是无国界的,任何人都可以在任何地点、任何时间通过网络下载该等作品。如果行为人下载享有著作权的作品,通过电子公告板、电子邮件等进行传播、交换、转载,并且进行营利性行为,这明显就是损害了著作权人的利益,侵犯了著作权人的网络传播权,等等。

(3) 专利权侵权和假冒侵权。

在跨境电子商务中,"销售专利产品"或者"使用其专利方法"的行为,均是涉及专利侵权的主要行为。与版权和商标侵权的易判断性不同,专利权保护缺乏像著作权中信息网络传播那样详细而清晰的规范,加上专利权权属的判定是非常专业的问题,而第三方电子商务平台仅仅掌握产品的信息,而无法掌握产品的实物,因此,很难对交易平台与第三方电子商务相关权属作出判断,也很难界定自己的责任范围。

(三) 跨境电子商务知识产权侵权防范措施

1. 保护知识产权及发展自主产权

美国的知识产权制度对于我国的知识产权制度有着很大的影响,我国知识产权通过一段时间的发展,已经到了一个相对比较高的水平,但与美国等发达国家相比,还有一段挺大的差距。美国知识产权法的赔偿额度较高,在一些专利权的诉讼中,经常会出现几百万美元的赔偿金额。这对于那些违反专利法的商家而言,违法成本极高,所以它们不会轻易做出违反相关法律法规的侵权行为。目前,我国跨境电子商务的主要出口国家集中在欧美等一些发达国家,所以我们更加需要加强知识产权意识,充分发展自主产权,尽可能避免侵权行为的发生。

2. 做好产品研发与外观设计

国内企业进军欧美市场之前,一定要充分重视知识产权,做好自主品牌和款式的研发工作,尽量避免外观设计侵权或者商标侵权的行为。这样可以有效地降低法律风险。

3. 采用法律途径,最大限度保护自身权益

由于我国很多外贸企业在国内对很多法律法规的重视程度不够,违法成本也不高,导致商标侵权、外观设计侵权行为泛滥。然而,当产品出口面对海外买家时,他们的维权意识较强,一旦出现了侵权行为,就会通过平台或者诉讼的方式维权,此时大多数中国卖家将处于不利地位。我们应该加强法律意识,通过法律途径最大限度地保护自身权益。

4. 尽可能通过调解方式解决问题

在美国,大部分知识产权案件在判决之前,都是通过调解方式得到了很好的解决。对于中国商家而言,诉讼成本太高,在自身利益不受损的情况下,和买家达成调解,这将是最好的解决办法。不仅可以降低成本,也可以缩短时间,提高办事效率。

二、跨境电子商务的知识产权保护的相关法律制度

(一)跨境电子商务知识产权保护面临的问题

1. 消费者与商家的侵权认识不足

从消费者角度来看,国人对国外产品信任度高,但其实国外产品也存在知识产权问题,也存在假冒伪劣产品。另外,商家知识产权保护观念淡薄,尊重他人的知识产权,但对于维护自身合法权益的意识和能力普遍缺乏,但由于跨境电子商务多为邮件小包,价值较低,海关查获侵权商品只能予以收缴,无法适用罚款等其他制裁措施。

2. 海关对侵权行为认定困难

跨境电子商务这种新型业务形态与一般进口货物有所不同,,其商品境外来源复杂,进货渠道多,呈现出境外境内两头复杂的特点。此外,境内收货,一般无规律可循,因为其渠道复杂,且多为个人消费。而商品进境时品牌众多,与其他进口渠道比较,其涉及的商品品牌将大幅增加,且商品种类也比较丰富,而海关执法人员对相关品牌认识不足,难以确认是否有侵权行为。这些特点,会给开展知识产权维权活动带来一定困难。

3. 侵权责任划分困难

跨境电子商务是指交易主体(企业或者个人)以数据电文形式,通过互联网(含移动互联网)等电子技术,开展跨境电子交易的一种国际商业活动,涉及境内境外电子商务平台、

商家、支付、报关、仓储、物流等一系列企业,而"电子商务平台"又可分为"自营型电子商务平台"和"第三方电子商务平台",其主体多元、形式多样、结构复杂。"第三方电子商务平台"涵盖的知识产权客体极为广泛,成为知识产权侵权纠纷的重灾区。在第三方电子商务平台纠纷案件中,关于相关责任问题,比如,审查义务、归责原则,等等,这些责任划分从一般的电子商务到跨境电子商务的知识产权保护责任划分问题,一直都是争议不断,难以划分。

4. 国际争端解决困难

(1) 司法管辖权认定困难。跨境电子商务的跨国性与全球性特征,使得"侵权行为发生地"很难界定,这样就导致司法管辖权区域也难以确定。

(2) 国际间立法差异较大。在跨境电子商务中,还没有国际组织统一的立法指导,各国根据自己国家的实际需要,制定不同的立法标准,而我国更是缺少相关的法律法规,有关的立法在知识产权的保护方面还存在很多分歧。

(3) 国际维权困难。跨境电子商务涉及大量的中小电子商务企业,有的甚至是个人,这部分商家个人缺少对国外法律的基本认知。再加上跨国诉讼的费用是非常高昂的,所以,实践中若涉及侵权问题,国际维权的道路将是非常坎坷。

(二) 跨境电子商务知识产权立法现状及建议

1. 国际间的立法差异

(1) 国际电子商务立法差别很大。我国外贸电子商务起步较晚,直到 2019 年才出台《电子商务法》,其具体的执行与实践还有待于摸索。

(2) 立法缺乏知识产权保护的实体内容。尽管目前电子商务中知识产权保护的相关立法不断完善,但由于电子商务发展得过于迅猛,导致相关立法问题仍无法应对出现的新问题。虽然 TRIPS 协议已对电子商务中的知识产权保护问题做了详细规定,为 WTO 框架内电子商务的知识产权提供了强有力的保障,但是由于网络世界的特殊性,使得在一些问题上 TRIPS 协议显得无能为力,有关安全隐患、网络监管无力等问题依然存在。

(3) 国际争端解决机制不健全。目前对于知识产权的国际争端,WIPO 作为唯一一个拥有争端解决机构的国际组织,在知识产权国际保护方面发挥全球性影响。但在 WIPO 体制下,知识产权国际争端主要通过谈判协商、调解等灵活、方便的外交手段进行,但其也存在一定的缺点,例如:双方各执一词、互不相让时,会导致久拖不决;当争端双方争执与经济实力悬殊时,弱者处于不利地位,霸权和强权有了可乘之机。

2. 跨境电子商务知识产权立法的几点建议

(1) 完善我国现有跨境电子商务知识产权法律体系。立法应当强调电子商务过程中对知识产权的法律保护,明确合法与非法行为的界定,减少新形势下出现的新种类知识产权之权利不清晰与不稳定的状况。

（2）海关、工商等政府机关可以帮助建立起适应时代要求的跨境电子商务行业协会，制定跨境电子商务知识产权保护自律规范和内部监督机制。与此同时，依托海关监管和行业协会自律，通过建立电子商务认证中心、社会信用评价体系等，建立和健全跨境电子商务信用体系和信用管理机制。通过行业自律和信用管理，打击侵犯知识产权和销售假冒伪劣产品等行为。

（3）完善海关监管体系。首先，应尽快出台海关跨境电子商务知识产权保护监管制度和标准作业程序，尽量减少需要一线官员主观认定结果的操作程序，以降低执法难度和执法风险。其次，探索跨境电子商务知识产权保护监管的风险和后续稽查制度，一方面要加强前期信息收集制度，将跨境电子商务平台上的商品种类、品牌、价格等纳入情报搜集范围。另一方面，将后续稽查制度纳入监管工作，尽快出台跨境电子商务的稽查办法，加强对跨境网购商品的后续流向监管，对查验放行阶段的监管漏洞进行有效的弥补。

（4）借助电子商务平台进行数据监控和管理。一是海关执法单位加强与电子商务平台沟通和数据对接，对商品信息流进行合理监控管理，要求跨境电子商务运营者提供相关授权证明或采购单据等材料，切实加强货物来源渠道的管理，保留必要的货物来源证明材料、二是发挥跨境电子商务平台的管理责任，强化事前审查、事中监控、事后处理等一系列控制制度。

（5）加强国际合作。一是我国商务、海关等部门积极与相关国家推进跨境电子商务知识产权保护规则、条约的研究和制定，包括跨境电子商务侵犯知识产权行为的认定、产生纠纷的解决办法、产品监管和溯源机制等，建立跨境电子商务国际合作机制，为国内企业开展跨境电子商务创造必要条件。二是积极利用 WTO 等相关国际组织制定的标准和协商体系，帮助国内企业处理跨境电子商务贸易纠纷。

（6）强化人才培养，建立"专家辅助人"制度。知识产权保护涉及贸易、法律等方面的专业问题，特别是涉外知识产权的纠纷和诉讼都有很强的专业性。国家和企业应共同努力，大力培养知识产权专业人才，并给他们充足的空间与资源，发挥其在知识产权战略中的核心作用，造就一支包括各类专业人才和管理人才在内的知识产权队伍。

目前跨境电子商务纠纷中，知识产权纠纷案件数量上升速度迅猛。知识产权审判的机制和体制存在程序复杂冗长、司法效率不高、判案标准不一等突出问题。可以尝试建立配套的"专家辅助人"制度，以提高审判效率及质量。"专家辅助人"可以就其掌握的专业知识对鉴定意见或专业问题提出意见，为法院判案提供专业的技术支持，以期提高庭审质量和效率。由于立法的滞后与法律的不完善，各级法院在审理电子商务知识产权案件的过程中常发生很大争议，最突出的就是涉及第三方电子商务平台的纠纷案件。法院可针对电子商务侵犯知识产权纠纷案件出台统一规范的审理标准。

关键词

电子商务立法　电子签名　平台注册与搜索排序规则　平台交易与纠纷处理规则　支付风险　防范对策　知识产权侵权

本章小结

1. 近年来,电子商务发展迅速,联合国等国际组织和主要国家均对电子商务进行了相关立法。我国也相继出台了《电子签名法》和《电子商务法》等,使电子商务活动有了法律规范的指引。

2. 跨境电子商务平台规则,包括评价注册和产品发布规则、平台交易和放款规则、平台评价和纠纷处理规则。

3. 在跨境电子商务支付领域,应首先分析跨境电子商务新模式的合法性,进而对"合法社交电商"与"违法传销行为"进行区分。其次,具体分析跨境电子商务支付中存在的风险。最后,根据不同风险提出不同的防范对策。

4. 跨境电子支付服务涉及企业、个人、银行及第三方支付平台等多个主体,典型的跨境电子支付服务方式主要包括网上银行支付服务系统和有第三方支付平台参与的电子支付服务。

习题

一、单选题

1. 下列哪种行为不属于搜索作弊行为?(　　)
   A. 商品发布类目乱发　　　　　　B. 商品超低价、超高价骗曝光
   C. 商品价格与运费倒挂　　　　　D. 提供产品介绍较少

2. 下列不属于影响卖家搜索排名的因素是(　　)。
   A. 商品的信息描述质量　　　　　B. 商品的质量
   C. 商品与买家搜索需求的相关性　D. 商品的交易转化能力

二、多选题

1. 1999年12月,国际经济合作与发展组织制定了《电子商务消费者保护准则》,其中提出的保护消费者的三项原则是指(　　)。
   A. 确保消费者网上购物所受到的保护不低于其他日常购物方式
   B. 排除消费者网上购物的不确定性
   C. 在维护电子商务发展的前提下,建立和完善网上消费者保护机制

D. 保障消费者在网络交易时的知情权
2. 跨境电子商务支付风险包括下面哪几种风险？（   ）
   A. 汇率变动风险　　　　　　　　B. 监管缺失风险
   C. 网络支付风险　　　　　　　　D. 信息审核风险

三、判断题

1. 电子签章是指在数据电文中，以电子形式所含、所附或在逻辑上与数据电文有联系的数据。（   ）
2. 一个客户不可以在 Moneybookers 上注册多个账户。（   ）
3. 西联汇款适用于 1 万美元以下的中等额度支付。（   ）
4. Cash 和 PayPal 是目前使用最广泛的国际网购支付方式。（   ）

四、简答题

1. 什么是电子签名？电子签名是否与传统签名或者盖章具有相同的法律效力？
2. 我国《电子商务法》中对跨境电子商务做了哪些方面的规定？
3. 影响搜索排名的因素主要包括哪几个方面？
4. 作为卖家，一旦与买家发生纠纷，应当如何解决？
5. 跨境电子商务知识产权侵权行为有哪些表现形式？
6. 跨境电子商务知识产权保护的立法建议有哪些？

参考文献 Reference

[1] 鄂立彬,黄永稳.国际贸易新方式:跨境电子商务的最新研究[J].东北财经大学学报,2014(02):22-31.

[2] 李卫.跨境电商岗位任务分析和高职人才培养方案[J].进出口经理人,2016(04):125.

[3] 孙超.我国跨境电子商务的发展形态及发展策略分析[J].吉林工程技术师范学院学报,2018,34(03):77-79.

[4] 王锐.跨境电子商务内涵探析及国外发展经验对我国的启示[J].现代商业,2015(17):46-48.

[5] 林俊锋,彭月嫦.跨境电商实务[M].广州:暨南大学出版社,2016.

[6] 华树春.跨境电商概论[M].北京:中国海关出版社,2018.

[7] 陈战胜,卢伟,邹益民.跨境电子商务多平台操作实务[M].北京:人民邮电出版社,2018.

[8] 谈璐,刘红.跨境电子商务实操教程[M].北京:人民邮电出版社,2018.

[9] 唐德淼.跨境电子商务概论[M].北京:中国商务出版社,2018.

[10] 阮晓文,朱玉赢.跨境电子商务运营[M].北京:人民邮电出版社,2018.

[11] 邓志超,崔慧勇,莫川川.跨境电商基础与实务[M].北京:人民邮电出版社,2017.

[12] 易传识网络科技.跨境电商多平台运营实战基础(第2版)[M].北京:电子工业出版社,2017.

[13] 李林芝.我国跨境电商发展现状与策略分析[J].老字号品牌营销,2020(08):73-74.

[14] 李如秒.中国跨境电商发展评估与提升策略[J].浙江学刊,2020(03):151-156.

[15] 熊励,杨璐.上海跨境电子商务平台发展的动力机制及策略[J].科技管理研究,2016,36(13):159-163.

[16] 冀芳,张夏恒.跨境电子商务物流模式创新与发展趋势[J].中国流通经济,2015,29(06):14-20.

[17] 易雅琼.对韩跨境电商出口平台的选择[J].中国经贸导刊(中),2020(08):18-19.

[18] 邓志新.跨境电商:理论、操作与实务[M].北京:人民邮电出版社,2018.

[19] 朱桥艳,赵静.跨境电商操作实务[M].北京:人民邮电出版社,2018.

[20] https://www.paypal.com,PayPal 官网。

[21] https://www.westernunion.com/cn/en/home.html,西联汇款官网。

[22] 张静.跨境电商出口零售中小卖家开展品牌化运营的SWOT分析及策略探究[J].电子商务,2020(08):8-9+74.

[23] 王羽丹.试论跨境电商现状分析及趋势[J].中外企业家,2019(13):88-89.

[24] 金美兰.中国跨境电商出口贸易现状及发展趋势展望[J].中外企业家,2017(27):39-40.

[25] 金哲.我国跨境电商企业出口运营模式及优化策略研究[D].河北经贸大学硕士学位论文,2018.

[26] 刘莎.我国跨境电商现状及对策研究[J].经贸实践,2018(19):194.

[27] 隗静秋,廖晓文,肖丽辉.短视频与直播运营[M].北京:人民邮电出版社,2020.

[28] 郑昊,米鹿.短视频:策划、制作与运营[M].北京:人民邮电出版社,2019.

[29] 郭韬.短视频制作实战[M].北京:人民邮电出版社,2020.

[30] 高富平.从电子商务法到网络商务法——关于我国电子商务立法定位的思考[J].法学,2014(10):138-148.

[31] 冯燕妮.跨境电子商务法律借鉴与风险防范研究[J].文存阅刊,2017(17):30-30.

[32] 刘颖.我国电子商务法调整的社会关系范围[J].中国法学,2018(04):195-216.

[33] 郑红花.跨境电子商务法律法规[M].北京:电子工业出版社,2017.

[34] 王洪亮.电子合同订立新规则的评析与构建[J].法学杂志,2018,39(04):32-42.

[35] 王道发.电子商务平台经营者安保责任研究[J].中国法学,2019(06):282-300.

[36] 于霏.跨境电商亚马逊运营实战宝典[M].北京:电子工业出版社,2018.

[37] 严行方.跨境电商业务一本通[M].北京:人民邮电出版社,2016.

[38] 杨松,郭金良.第三方支付机构跨境电子支付服务监管的法律问题[J].法学,2015(03):102-105.

[39] 梁利民.跨境电子商务支付问题研究[J].金融经济,2016(16):95-96.

[40] 王文娟.基于SWOT分析的跨境电子商务支付问题研究——以山西省为例[J].现代经济信息,2015(15):341.

[41] 李鹤,杜瑞霞.我国跨境电子支付问题和对策分析[J].电子世界,2018(06):75-76.

[42] 曹磊,张周平.跨境电商全产业链时代:政策红利下迎机遇期[M].北京:中国海关出版社有限公司,2019.

[43] 新迈尔教育.跨境电商运营实战(第2版)[M].北京:清华大学出版社,2019.

[44] 速卖通大学.跨境电商物流阿里巴巴速卖通宝典(第2版)[M].杭州:电子工业出版社,2015.

[45] 谌远知.跨境电商中的知识产权风险与应对——以中国(杭州)跨境电子商务综合试验区为背景[J].中共杭州市委党校学报,2016,1(01):91-96.

[46] 王勉.跨境电子商务知识产权保护对策研究[J].环渤海经济瞭望,2020(02):58.

[47] 杨立新.电子商务交易领域的知识产权侵权责任规则[J].现代法学,2019(02):77-90.
[48] 陆黎梅.跨境电商知识产权保护问题研究[J].中国经贸导刊(中),2019(10):22-24.
[49] 范娜.跨境电商中知识产权保护的困境与对策研究[J].北方经贸,2019(05):78-79.
[50] 齐轶.跨境电子商务知识产权保护研究[J].中国管理信息化,2019,22(06):149-150.
[51] 郭丽.跨境电商发展实证研究——以山东省为例[M].山东:知识产权出版社,2018.

图书在版编目(CIP)数据

跨境电子商务实务/周玲俐主编. —上海:复旦大学出版社,2021.9
(复旦卓越)
跨境电子商务系列教材
ISBN 978-7-309-15926-4

Ⅰ.①跨⋯ Ⅱ.①周⋯ Ⅲ.①电子商务-高等学校-教材 Ⅳ.①F713.36

中国版本图书馆 CIP 数据核字(2021)第 181192 号

跨境电子商务实务
KUAJING DIANZI SHANGWU SHIWU
周玲俐　主编
责任编辑/姜作达

复旦大学出版社有限公司出版发行
上海市国权路 579 号　邮编:200433
网址:fupnet@fudanpress.com　http://www.fudanpress.com
门市零售:86-21-65102580　团体订购:86-21-65104505
出版部电话:86-21-65642845
上海华业装潢印刷厂有限公司

开本 787×1092　1/16　印张 21.25　字数 439 千
2021 年 9 月第 1 版第 1 次印刷

ISBN 978-7-309-15926-4/F·2830
定价:62.00 元

如有印装质量问题,请向复旦大学出版社有限公司出版部调换。
版权所有　侵权必究